電子株主總會

電子株主總會

金 淳 錫 著

全南大學校出版部

머리말 Preface

2000년 미국 델라웨어주 일반회사법은 세계 최초로 현장에서 주주총회를 개최하지 않고 가상공간에서만 주주총회를 개최하는 전자주주총회(버츄얼주주총회) 제도를 도입하였다. 그 이후 이 제도가 전 세계적으로 확산되어 주식회사의 의사결정 과정에 주주 참가를 촉진함으로써 주주총회의 형해화를 방지하고 기업지배구조의 개선에 기여할 것으로 기대되었다. 그러나 이러한 예상과는 달리 전자주주총회 제도는 그 발원지인 미국에서조차도 아직 활성화되지 못하고 있는 실정이다.

그 원인은 여러 가지가 있겠지만 가장 큰 이유는 주주가 경영진에게 경영성과를 추궁하고 응답하는 등 현장주주총회에서와 같은 회의체로서의 실질을 확보하기가 어렵다는 데에 기인한 것으로 보인다. 또한 현재의 정보통신기술로는 현장주주총회를 개최하는 것과 동일한 효과를 전자주주총회를 통하여 달성하기 곤란하다는 점도 그 한 요인이다. 이처럼 전자주주총회는 주주의 권리를 충분하게 보호하지 못하는 측면이 있으므로 주주행동주의자들에 의하여 비판을 받아 왔다. 또한 경영진의 입장에서도 전자주주총회에서는 투표가 실시간으로 이루어짐에 따라 각 의안에 대한 결의결과를 예측하기 어렵고, 법적으로 불확실한 점이 남아 있어서 전자주주총회로 전환하는 것을 주저하고 있다. 그러므로 전자주주총회의 발달을 위해서는 기술적으로나 법리적으로 아직도 해결하여야 할 과제가 많은 실정이다.

그러나 정보통신기술의 진전과 더불어 전자주주총회의 전 단계까지는 이러한 기술이 활발하게 활용되고 있다. 일본처럼 서면투표제도를 채택한 국가의 경우 이의 대체수단으로서 전자투표제도가 도입되어 활성화되고 있으며, 미국 등 위임장권유제도가 발달한 국가에서는 전자적 방법에 의한 위임장권유제도가 진전되고 있다. 그 이외에도 주주총회 소집통지를 전자적 방법으로 하거나, 각종 공고를 전자적 방법으로 하는 국가가 많아지고 있다.

우리 나라는 세계 최고 수준의 IT(Information Technology) 인프라를 구축하고 있음에도 불구하고 이를 활용하여 각종 사회제도를 개혁하는 데에는 신속하지 못한 편이다. 2001년 주주총회의 소집통지를 전자문서로 할 수 있도록 상법이 개정되었으나 거의 활용되지 않고 사문화되었다. 이러한 문제를 해결하기 위하여 2008년 5월 법무부가 입법예고한 상법 개정안에서는 전자투표제도를 비롯하여 전자주주명부, 전자공고 등 주주총회의 전자화를 활성화하기 위한 여러 가지 제도를 도입하고 있다.

주주총회의 전자화는 의결권 행사 수단을 다양화하며 이에 따라 주주에게 편리함을 제공한다. 또한 회사가 주주를 관리하는데 드는 비용과 시간을 절감할 수 있도록 할 뿐만 아니라, 기관투자가가 회사를 효율적으로 감시할 수 있도록 하는 등 장점이 많은 제도이다. 특히 외국인 주주의 증가로 인하여 정족수 확보에 어려움을 겪고 있는 기업의 경우에는 이 제도의 필요성이 크며, 의안에 대해서도 시간적 여유를 가질 수 있기 때문에 의결권 행사에 신중을 기할 수 있게 한다. 우리 나라도 이제 주주총회 전자화를 활성화하기 위한 법적, 제도적 기반의 구축을 위해 노력할 필요가 있다고 본다.

이 책은 먼저 전자주주총회를 도입하는데 수반되는 법적 과제를 검토하였다. 또한, 미국, 영국, 독일, 일본 등 주요 국가의 전자주주총회 제도를 비교법적으로 분석하였다. 이를 바탕으로 이 제도를 우리 나라에 도입하는 경우 제기되는 문제점들을 전자통지, 전자투표, 전자주주총회, 전자주주명부, 전자공고 등으로 구분하여 논의하였다. 특히 2008년 5월 입법예고된 법무부의 상법개정안에 대해서도 검토하고 그 개선방안을 제시하였다.

이 책은 저자가 그 동안 전자주주총회에 관하여 발표한 글들을 보완하여 가필한 것이다. 특히 2006년 한국상장회사협의회에서 출간한 "주주총회 전자화에 관한 연구"를 중심으로 수정, 보완하였다. 마지막으로 이 책을 출간하는 데에 도움을 주신 많은 분들께 감사드린다.

2008년 8월

전남대학교 연구실에서

김 순 석

목차 CONTENTS

CHAPTER Ⅲ

CONTENTS

CONTENTS

CHAPTER Ⅳ

전자주주총회의 도입방안 ___139

CONTENTS

CHAPTER I

서 론

제1절 서 설

정보통신기술의 눈부신 발전은 정치, 경제, 사회, 문화 등 모든 영역에서 많은 변화를 초래하고 있다. 그 동안 아날로그 방식에 의하여 처리되었던 여러 가지 제도가 정보통신기술을 활용함으로써 보다 신속하고 저렴한 비용으로 가능하게 되었으며, 구성원의 참여를 유도하는 데에도 중요한 수단으로 활용되고 있다.

기업의 생활관계를 다루는 상법, '자본시장과 금융투자업에 관한 법률' 등의 영역에서도 이러한 정보통신기술의 활용 가능성은 무한하다고 할 수 있다. 그러나 우리 나라는 세계 최고 수준의 IT(Information Technology) 인프라를 구축하고 있음에도 불구하고 이러한 법역에서 정보통신기술을 활용하는 데에는 소극적인 현상을 보이고 있다. 그 원인은 법사회학적 연구대상이 되겠지만 우선 생각해 볼 수 있는 것은 아무리 기술이 발달하더라도 그 사회 구성원의 의식이나 사고방식이 변하지 않으면 이를 제도로 수용하는 데에는 일정한 한계가 있다는 점이다.

미국 델라웨어주 일반회사법은 2000년에 세계 최초로 현장에서 주주총회를 개최하지 않고 가상공간에서만 주주총회를 개최하는 전자주주총회(버츄얼주주총회) 제도를 도입하였다. 그 이후 이 제도가 전 세계적으로 확산되어 주식회사의 의사결정 과정에 주주 참가를 촉진함으로써 주주총회의 형해화를 방지하고 기업지배구조의 개선에 기여할 것으로 기대되었다. 그러나 이러한 예상과는 달리 전자주주총회 제도는 그 발원지인 미국에서 조차도 아직 활성화되지 못하고 있다.

그 이유는 여러 가지가 있겠으나 가장 큰 이유는 현장 주주총회에서처럼 주주가 경영진에게 경영성과를 추궁하고 응답하는 등 현장 주주총회에서와 같은 회의체로서의 실질을 확보하기가 어렵다는 점에 기인한 것으로 보인다. 또한 현재의 정보통신기술로서는 현장 주주총회를 개최하는 것과 동일한 효과를 전자주주총회를 통하여 달성하기 곤란한 점도 그 한 요인이다. 이처럼 전자주주총회는 주주의 권리를 충분하게 보호하지 못하는 측면이 있으므로 주주행동주의자들에 의하여 비판을 받아 왔다. 또한 경영진의 입장에서도 전자주주총회에서는 투표가 실시간으로 이루어짐에 따라 각 의안에 대한 결의결과를 예측하기 어렵고, 법적으로 불확실한 점이 남아 있어서 전자주주총회로의 전환을 주저하고 있다. 그러므로 전자주주총회의 발달을 위해서는 기술적으로나 법리적으로 아직도 해결하여야 할 과제가 많은 실정이다.

그러나 정보통신기술의 진전으로 전자주주총회의 전 단계까지는 이러한 기술이 활발하게 활용되고 있다. 일본처럼 서면투표제도를 채택한 국가에서는 이의 대체수단으로서 전자투표제도가 도입되어 활성화되고 있으며, 미국 등 위임장권유제도를 채택한 국가에서는 전자적 방법에 의한 위임장권유제도가 발달하고 있다. 그 이외에도 주주총회 소집통지를 전자적 방법으로 하거나, 각종 공고를 전자적 방법으로 하는 경우가 많아지고 있다.

우리 나라는 세계 최고 수준의 IT 인프라를 구축하고 있으나 이를 활용하여 각종 사회제도를 개혁하는 데에는 신속하지 못한 편이다. 2001년 주주총회의 소집통지를 전자문서로 할 수 있도록 상법이 개정되었으나 거의 활용되지 않고 사문화되었다. 이에 따라 2008년 5월 법무부가 입법예고한 상법 개정안에서는 전자투표제도를 비롯하여 전자주주명부, 전자공고 등 주주총회의 전자화를 활성화하기 위한 여러 가지 제도를 도입하고 있다.

주주총회의 전자화는 의결권 행사 수단을 다양화하며 이에 따라 주주에게 편리함을 제공한다. 또한 회사의 관리 비용 및 시간을 절감하고 기관투자가에 의한 감시의 효율성을 높일 수 있는 장점이 있다. 특히 외국인 주주의 증가 등으로 인하여 정족수 확보에 어려움을 겪고 있는 기업의 경우에는 이 제도의 필요성이 크며, 의안에 대해서도 시간적 여유를 가질 수 있기 때문에 의결권 행사에 신중을 기할 수 있게 한다. 우리 나라도 이제 주주총회 전자화를 활성화하기 위한 법적 제도적 기반구축이 필요하다고 본다.

제2절 전자주주총회의 의의

Ⅰ. 주주총회 전자화의 단계

주주총회의 전자화라 함은 주주총회의 소집통지, 소집공고, 의결권행사, 의사운영 등에 전자적 방법을 활용하는 것을 말한다. 주주총회의 전자화는 크게 네 가지 단계로 구분하여 설명할 수 있다.

즉, ① 소집절차 및 소집공고의 전자화 단계, ② 의결권행사의 전자화 단계, ③ 주주총회 자체의 전자화로서 주주총회의 참가와 의사진행의 전자화 단계(이하 "온라인주주총회"라 한다), ④ 물리적 공간에서의 회의를 개최하지 않고 가상공간상에서만 주주총회를 개최하는 단계(이하에서는 "버츄얼주주총회"라 한다) 등이다.[1]

1. 소집절차의 전자화 단계

소집절차의 전자화단계에서는 주주총회의 소집에 대해 기존의 서면통지에 대신하여 기명주주에 대해서는 전자통지를 하고, 무기명주주에 대해서는 전자공고를 한다. 우리 나라는 2001년 상법 제363조 제3항에서 소집통지를 전자문서로 실행할 수 있는 제도를 도입하였으나 기업들에 의하여 외면당하여 사문화되고 있다. 즉, 소집통지를 전자화하는 정관변경은 하였으나 실질적으로 전자문서에 의해 소집통지를 하는 회사는 거의 없는 실정이다.[2] 그 이유는 소집통지를 전자문서로 하기 위해서는 주주의 동의[3]가 필요하고, 동의한 주주의 수가 적으면 인쇄비, 발송비 등 비용절감효과가 나

1) 권종호, "주주총회의 IT화, 그 필요성과 방향성에 관하여"(이하 "주주총회의 IT화"라 한다), 「비교사법」 제11권 제4호(하) (2004), 170면; 정경영, "전자주주총회의 법리에 관한 시론"(이하 "전자주주총회"라 한다), 「비교사법」 제12권 제4호 (2005), 455~458면.

2) 2007년 4월 1일 현재 주권상장법인 679개사의 사업보고서를 기준으로 한국상장회사협의회가 분석한 자료에 의하면 소집통지의 방법으로 "서면 또는 전자문서"를 정관에 규정한 회사가 410개사로 전체의 60.4%를 차지하고 있다. 그러나 현실적으로 전자문서에 의해 소집통지를 실행한 회사는 거의 없는 실정이다(자세한 내용은 제4장 제1절 Ⅰ. 참조).

3) 현행 상법 제363조 제1항에서는 주주의 동의에 관해서 규정하지 않고 있으나, 법무부 상법개정안 제363조 제1항에서는 주주의 동의가 필요한 것으로 규정하고 있다.

타나기 보다는 오히려 전자적 발송분과 서면 발송분을 구분하여 관리하여야 하므로 비효율적이기 때문이다. 또한 전자통지를 위한 세부적인 시행규정이 마련되지 않아 법적 불확실성이 해소되지 않았으며, 소집통지를 전자화하더라도 주주의 요청이 있으면 의결권 행사서면을 송부하여야 하는 등 효율성이 별로 없다는 점 등에 기인한다. 이러한 현상은 우리 나라 뿐만 아니라 2001년 소집통지의 전자화를 실현한 일본의 경우에도 마찬가지이다.[4] 따라서 소집통지의 전자화는 현행 제도를 유지할 경우 앞으로도 기업들로부터 외면을 받을 것으로 생각된다.

한편 소집공고의 전자화나 회사의 공고방법의 전자화에 대해서는 상법상 규정이 없었으나, 2008년 5월 법무부가 입법예고한 상법개정안 제289조 제3항은 전자공고제도를 도입하고 있다.

2. 의결권 행사의 전자화 단계

의결권행사의 전자화 단계는 전자투표, 의결권위임의 전자화, 주주제안 등의 전자화를 포함한다. 전자투표제도는 미국, 영국, 일본 등을 비롯한 많은 국가가 이미 도입하고 있다. 주주총회가 소집되어 개최되지만 주주가 주주총회에 참석하지 않고 전자적 방법으로 의결권을 행사하는 단계이다. 또한 이 단계에서는 주주가 회사에 의안이나 의제를 전자적 방법에 의하여 제안하고 의결권의 위임을 전자화하는 방식도 도입된다. 전자투표를 서면투표의 전자화로 파악할 것인지 아니면 전자주주총회에서의 전자투표와 동일한 성질의 제도로 파악할 것인지가 문제되며, 이는 전자투표 시한의 문제

4) 일본의 「2007년판 주주총회백서」에 의하면 전자적 방법에 의한 주주총회 소집통지를 채택한 회사가 전체 응답회사 1,939개사의 2%인 44개사에 불과하다(자세한 내용은 제4장 제1절 Ⅰ. 참조).

와도 연결된다.[5)]

의결권 행사의 전자화 단계에서는 주주총회의 회의체성을 확보하는 문제, 수정제안의 처리, 의결권의 행사기한, 주주의 본인 확인, 전자시스템 결함으로 인한 결의하자, 증권예탁결제원에 의한 의결권행사대리제도의 타당성 등이 문제된다.

3. 주주총회의 참여와 의사운영의 전자화 단계(온라인주주총회)

온라인주주총회 단계는 현장주주총회를 하면서 실시간으로 온라인으로 현장주주총회를 중계하고 주주가 참여할 수 있도록 하는 단계이다. 이 단계에서는 전자투표 이외에 전자토론이 가능하다는 점이 특징이다. 주주총회의 출석과 퇴장이 일부는 전자적으로 이루어지기 때문에 전자주주명부가 필요하게 된다. 이 단계에서는 주주의 전자적 참여와 퇴장의 적절한 통제문제, 현장주주총회에 참석한 주주와 온라인상으로 참석한 주주간의 참여기회의 공평성을 확보하는 문제 등이 거론된다.[6)] 온라인주주총회를 '불완전버츄얼주주총회'[7)]나 '광의의 전자주주총회'[8)]로 칭하기도 한다.

4. 버츄얼주주총회 단계

버츄얼주주총회 단계는 현장주주총회를 개최하지 않고 가상공간상에서만 주주총회를 전자적으로 개최하는 단계이다. 기술적으로 현장주주총회처럼 참가자간에 공평한 참여기회를 보장하고, 주주총

5) 정경영, 전자주주총회, 456면.

6) 정경영, "전자투표제도 도입을 위한 법제 정비방안에 관한 연구"(이하 "전자투표제도"라 한다), 「상사법연구」 제23권 제3호(2004), 104면.

7) 권종호, 「의결권행사의 전자화 등 전자주주총회 실현방안에 관한 연구」, 2004, 한국증권법학회, 6면.

8) 정경영, 전자주주총회, 460면.

회의 회의체성을 유지할 수 있는지 여부가 관건이다. 2000년 미국의 델라웨어주 일반회사법에서 도입하여 실시하고 있으나 그 이외의 주 회사법에서 아직 채택하지 않고 있는 실정이다. 버츄얼주주총회를 '완전버츄얼주주총회'[9] 또는 '협의의 전자주주총회'[10]로 칭하기도 한다.

버츄얼주주총회 단계에서는 현장주주총회가 개최되지 않기 때문에 정보격차로 인하여 주주총회에 참가하지 못하거나 의결권을 행사할 수 없는 주주가 발생할 수 있는데 이러한 문제를 해결하는 방안이 마련되어야 한다. 또한 현장주주총회에서와 동일 수준으로 주주간 참여기회를 보장하고 주주총회의 운영을 공정하게 할 수 있는 제도적 정비가 문제된다.

Ⅱ. 전자주주총회의 개념

세계 최초로 버츄얼주주총회를 입법화한 델라웨어주 일반회사법에 의하면 주주총회는 이사회의 전적인 재량에 의하여 물리적 장소가 아닌 원격통신에 의해 개최될 수 있다고 규정하고 있다.[11] 전자주주총회는 회사가 주주확인 절차를 시행하고, 주주가 전자주주총회에 참가하여 의결권을 행사할 수 있도록 하는 조치를 취하며, 주주의 의결권행사 내역을 기록하는 수단을 구비하여야만 허용될 수 있다.[12]

9) 권종호, 전게보고서, 6면.

10) 김성탁, "전자주주총회의 법제화에 관한 연구 — 전자화시대에 있어서 기업지배구조에 대한 새로운 접근방법의 모색 —", 「비교사법」 제11권 제3호 (2004), 295면; 정경영, 전자주주총회, 459면.

11) Del. Code Ann. tit. 8, § 211(a)(1) (2000).

12) Rodman Ward, Jr., Edward P. Welch & Andrew J. Turezyn, Folk on the

이러한 규정으로부터 유추하여 버츄얼주주총회를 주주가 총회에 직접 참석하지 않고 전자통신기술을 활용한 원격통신의 방법으로 총회의 결의에 참여하는 주주총회로 정의하기도 한다.[13] 또는 전자주주총회를 협의와 광의로 구분하여 협의의 전자주주총회를 현장주주총회를 개최함이 없이 주주가 전자적 방식으로 참여하여 진행(토론, 의결)되는 주주총회로 정의하기도 한다. 반면 광의의 전자주주총회는 현장주주총회에 출석하는 대신 전자적 방식으로 참여하여 진행하는 주주총회로 정의하여 현장주주총회를 포함하는 개념으로 정의한다.[14] 한편 전자주주총회라는 용어를 사용하지 않고 버츄얼주주총회라는 용어를 사용하면서 이를 물리적 공간이 아닌 사이버공간에서 개최되는 주주총회로 정의하는 견해도 있다.[15]

이처럼 전자주주총회라는 용어는 매우 다의적으로 사용되고 있다. 이 글에서는 전자주주총회를 전술한 주주총회 전자화의 단계 중 온라인주주총회와 버츄얼주주총회를 포함하는 광의의 개념으로 사용하고자 한다. 즉, 전자주주총회는 현장주주총회를 개최하면서 동시에 사이버공간상에 주주총회를 개최하는 경우(온라인주주총회)와 현장주주총회를 개최하지 않고 사이버공간상에서 개최되는 주주총회(버츄얼주주총회)를 포함하는 개념으로 사용하고자 한다.

반면 주주총회의 전자화는 주주총회를 전자화하는 모든 단계 즉, 소집통지의 전자화, 의결권행사의 전자화, 온라인주주총회, 버츄얼주주총회 등을 포함하는 개념으로 사용한다.

Delaware General Corporation Law, 4th ed., vol. 1, Aspen Publishers, 2005, §211.1.

13) 김성탁, 전게논문, 295면.

14) 정경영, 전자주주총회, 459~460면.

15) 권종호, "버츄얼주주총회의 실현을 위한 법리적 과제 — 입법의 방향성에 관한 제언 —", 「기업법연구」 제19권 제3호 (2005), 113면.

제3절 전자주주총회의 도입효과

Ⅰ. 전자주주총회 도입에 따른 장점[16)]

1. 개인투자가의 참여 증가

전자주주총회가 기업지배구조에 미치는 영향에 대해서는 불확정적인 요소가 많기 때문에 단언할 수 없지만, 상당한 영향을 미칠 것으로 예상된다. 또한 주주 직접민주주주의 실현에도 기여할 것으로 전망된다.

주주 특히 개인투자가가 주주총회에 적극적으로 참가할 수 있게 된다. 의결권행사가 전자화됨에 따라 주주로서는 총회에 참가하는 비용이 절감되어 의결권 행사가 용이해 진다. 대부분의 사람들에게 인터넷은 경제적·심리적으로 비용이 낮은 통신수단이 되었으며, 지금까지 회사경영에 관심을 갖지 않았던 개인주주나 소액주주가 적극적으로 발언할 가능성이 있다.[17)] 다른 한편 개인이나 소액주주의 참여가 증가하게 되면 주주의 투표행동을 예측하기 어렵게 되며, 안정주주가 적어지고 결의결과의 예측가능성이 감소한다는 우려도 있다. 전자투표에 의해 주주가 주주총회에 참가하거나 퇴장하는 전술을 구사함으로써 주주총회에 영향을 미칠 가능성도 높아진다.[18)] 인터넷에 의한 의결권행사를 인정하는 경우 일반투자가가 현

---

16) 神作裕之, “株主總會のIT化”, 「民商法雜誌」 第126卷 第6号 (2002.9.15.), 798~800面.

17) 小塚莊一朗, “株式會社運營の電子化·IT化”, 「法學教室」 No. 264 (2002), 43面.

18) 岩村充·坂田繪里子, “わが國における株主總會電子化の可能性と課題”, 「電子株主總會の研究(岩村充·神田秀樹 編)」, 弘文堂, 2003, 77~78面.

실적으로 주주총회에 적극적으로 참가할 것인지 여부, 만일 그렇게 된다고 하더라도 그것이 기업지배구조에 어떠한 영향을 미칠 것인지 등은 미지수이다.

2. 효율적인 경영통제 가능

첫째의 가정이 현실화되면 보다 효율적인 의사결정이 가능하게 되며, 나아가 회사의 실적 향상으로 이어질 수 있다. 주주의 적극주의의 실현에 의해 회사의 실적이 향상될 수 있기 때문이다.[19] 물론 이러한 효과가 발생할 것인지 여부에 대해서는 불명확한 부분이 적지 않다. 특히 공개회사의 지배구조 시스템에서 주주의 의결권은 경영자의 설명책임의 근거로 되며, 주주총회에 적극적으로 참가함으로써 효율적인 경영통제를 할 수 있게 된다.

3. 주주에 대한 정보공시의 촉진

회사로부터 주주에 대한 정보공시가 촉진될 가능성이 있다. 회사의 웹사이트에 의결권행사에 필요하고 유익한 정보가 적극적으로 공시될 것으로 기대된다. 인터넷의 편리성을 감안하면 주주가 회사정보에 접근하기 쉽다는 장점은 회사의 정보공시수단으로서 바람직한 것이다. 그 이유는 장소적·시간적 제약이 없이 직접 그리고 즉시에 접근할 수 있으며, 취득한 정보를 판단근거로 하여 시간을 들여 검토할 수 있기 때문이다. 무엇보다도 특히 회사의 웹사이트를 통하여 주주만이 접근하는 형태로 정보를 제공하는 경우에는 다음과 같은 네 가지 점에 유의할 필요가 있다. 즉, ① 전자정보로

19) George P. Kobler, "Shareholder Voting over Internet: A Proposal for Increasing Shareholder Participation in Corporate Governance", 49 Alabama L. Rev. 673, 684-89 (1998).

서 일정한 정보가 제공된다는 취지를 적절한 방법으로 통지할 것, ② 전자매체에 대한 적절한 접근방법을 강구하는 것, ③ 기기의 문제와 접근시간의 문제에 대해 배려할 것, 그리고 ④ 정보제공에 대해 증거를 남길 것 등이다.

4. 주주와 회사간의 커뮤니케이션의 증대

주주로부터 회사에 대한 의사표시의 전달이 용이하게 됨에 따라 경영진과 주주간에 사전에 질의응답 및 의견교환이 이루어질 가능성이 높다. 개인주주로부터 회사에 대한 정보전달이 쉽게 되기 때문에 주주로부터 경영자에 대한 정보제공도 촉진된다. 질의응답이 주로 인터넷을 통해 이루어질 지도 모른다. 그 경우 총회에서 질문에 설명을 요하지 않게 될 가능성이 있다. 전자적 방법에 의한 주주의 의결권행사가 촉진되면 결의결과의 예측이 어렵게 될 수 있다. 그래서 주주총회 개최 전에 주주와 의견교환을 하고, 특히 반대할 가능성이 높은 주주와 사전협의를 하는 것이 유익하다고 생각되기 때문이다. 그러나 이와는 반대로 주주총회가 한층 형식적인 것으로 전락할 위험성도 있다.[20] 인터넷에 의한 의결권행사가 인정되면 주주의 의결권행사가 용이하게 되는 반면, 경영자측이 직접적인 행동을 통해 결의를 성립시키기 위해 필요한 수의 의결권을 모집할 기회도 생기기 때문이다.

정보의 생산·전달이 용이해질수록 정보의 질에 대한 판단이 점점 중요해진다. 따라서 생산·전달되고 있는 정보의 정확성을 담보하는 문제와 정보가 정확하더라도 일반투자가에 대해 당해 정보를 정리분석하는 정보매개업자의 역할이 점점 중요하게 될 수 있다.

---

20) 松井秀征, “株主總會制度の基礎理論”, 「私法」 第64号 (2002), 184面.

5. 주주간 의사전달의 용이

주주와 경영자간에 의사전달이 밀접하게 됨과 더불어 주주 상호간의 의사전달도 용이하게 된다. 특히 주주총회와의 관계에서 중요한 것은 의제 · 의안제안권이나 주주총회소집권을 행사하기 위해 필요한 주주를 모집하기 위하여 인터넷이 활용될 수 있다는 점이다. 그 결과 소수주주권의 행사가 지금보다 더 용이하게 될 것으로 생각된다.

Ⅱ. 전자주주총회의 단점

경영자와 주주와의 관계에서 볼 때 주주총회 전자화가 주주에게 반드시 유리한 것만은 아니다. 예컨대 주주들의 집단적인 로그오프(퇴장)전략은 전체 주주의 이익을 위하여 사용될 수도 있지만, 전체 주주의 이익을 침해하면서 특정한 집단의 주주 이익만을 위하여 사용될 수도 있다. 또한 경영자측에 의한 의결권의 매수문제도 기술발전에 따라 심각해질 수도 있을 것이다.[21)]

또한 기관투자가의 영향력이 증대하는 것이 반드시 긍정적인 결과만을 초래한다고 볼 수 없다는 점도 지적된다. 즉, 기관투자가가 투자대상기업에 압력을 행사하게 되면, 실질적인 심의나 결정은 주주총회의 결의 이전의 사전교섭에 크게 의존할 개연성도 높아지게 된다.[22)]

---

21) Douglas R. Cole, “E-Proxies for Sale? Corporate Vote-Buying in the Internet Age”, 76 Wash. L. Rev. 793 (2001). 공개회사의 경우 의결권매수를 제한하는 것이 합리적이라고 주장하면서 근래 이를 허용하는 판례와 학설의 경향에 대해 의문을 제기하고 있다.

22) 大杉謙一, “株主總會の電子化とその審議の實質”, 「電子株主總會の研究(岩村充 · 神田秀樹 編)」, 弘文堂, 2003, 104~105面.

현장주주총회가 완전히 배제되는 버츄얼주주총회의 경우 정보격차로 인하여 일부 주주의 권리를 침해할 가능성이 있다. 또한 전자주주총회는 현장주주총회에 비하여 현장감이 부족하기 때문에 사전에 충분한 정보가 제공되지 않을 경우 주주총회가 형식화될 우려가 있다.23)

전자주주총회의 기술적 안정성을 확보하는 것도 문제이다. 주주의 확인절차, 질의응답의 공정한 운영, 해킹에 대비한 시스템의 보완장치 마련 등이 필요하며 이를 위해서는 상당한 비용이 수반된다. 전자투표의 경우 투표결과에 대한 예측 가능성이 낮아진다는 문제점도 제기된다.24)

또한 인터넷이 안고 있는 일반적인 문제점이 전자주주총회에서도 그대로 나타날 수 있다. 즉, 정보의 홍수나 정부평가의 어려움으로 인하여 주주가 권리행사를 신중하게 하지 않거나 총회의 운영에 무관심해질 가능성도 있다. 회사 경영진은 자신의 경영권을 공고히 하는 수단으로 인터넷 매체를 효과적으로 활용함으로써 오히려 지배구조를 왜곡시킬 위험성도 존재한다.25)

23) 정경영, 전자주주총회, 461면.

24) 권종호, 전게보고서, 17~18면.

25) 김성탁, 전게논문, 301~302면.

CHAPTER II

전자주주총회 도입에 따른 법적 과제

제1절 주주총회의 회의체성

주주총회는 회사의 구성원인 주주가 직접 참가하여 결의에 의해 회사의 기본적 의사결정을 하는 필요상설의 기관이다.[26] 주주에 의한 토론과 결의를 통하여 주주의 총의에 의한 의사결정을 하는 기관이기 때문에 주주총회는 당연히 회의체이다.[27]

Ⅰ. 서면투표제도와 주주총회의 회의체성

종래 서면투표제도에 대한 비판으로서 ① 주주 전원이 서면에 의해 의결권을 행사하게 되면 주주총회에서 의견교환이나 질의응답과 토론 없이 의사결정이 이루어지므로 합리적인 결정을 기대하기 어려우며, ② 소규모 비상장법인의 경우 대주주의 서면투표에

---

26) 정찬형, 「상법강의(상)[제11판]」, 박영사, 2008, 758면; 江頭憲治朗, 「株式會社法[第2版]」, 有斐閣, 2008, 281面.

27) 鮎瀨典夫, "株主總會制度をめぐるこれまでの議論と電子株主總會", 「電子株主總會の研究(岩村充・神田秀樹 編)」, 弘文堂, 2003, 12面.

의하여 회사의 의사가 총회 결의 전에 사실상 결정됨으로써 개인기업으로 전락할 염려가 있다는 점이 지적되었다. 또한 ③ 총회에서 새로운 의견이 제출되고 활발한 토의가 이루어졌더라도 결의의 결과에 아무런 영향을 미치지 못하며, ④ 서면투표는 주주의 의사가 찬반이나 기권 중의 하나로 명시되기 때문에 수정안이나 부대결의 등에 대하여 영향을 미치기 어렵다는 문제도 제기되었다.28)

그러나 서면투표제도에 찬성하는 견해는 현대 대회사의 규모와 주주 수를 감안하여 일반주주가 주주총회에 적극으로 참가하여 발언하는 데에는 실제 총회장에 대한 출석만이 아니라 서면투표나 위임장 등을 통해 간접적으로 총회에 참가하는 것도 포함하여야 하며, 서면투표제도의 의의를 주주의 주주총회에 대한 접근수단의 충실이라는 관점에서 적극적으로 평가한다.29)

이에 대해 주주총회는 원래 주주가 직접 회의체로서 총회에 출석하여 의제·의안의 설명을 듣고 질문을 하며 토론을 거듭하여 자기결정을 하고 의결권을 행사하는 것으로서, 토론과정을 생략하는 서면투표제도는 회의체를 본질로 하는 주주총회제도와는 상반하며 서면투표제도는 주주총회를 더욱 형해화시킨다는 비판이 제기된다.30)

구미의 다수의 국가들은 서면투표제도를 채택하지 않았기 때문에31) 전자투표제도의 도입에 따른 주주총회의 회의체성의 확보가

28) 최기원, 「신회사법론[제12대정판]」, 박영사, 2005, 477면.

29) 前田重行, "株主總會の意思決定機構に對する株主のアクセスとその手段—書面投票制度について", 「竹內昭夫先生還曆記念·現代企業法の展開」, 有斐閣, 1990, 608~609面.

30) 服部榮三, "昭和56年商法改正の意義とその問題點", 「自由と正義」第32卷 第9号 (1982), 15面.

31) 서면투표제도를 채택하고 있는 유럽 국가는 프랑스, 벨기에, 이탈리아 정

문제되었다. 그러나 우리 나라를 비롯하여 일본 등은 서면투표제도를 채택할 당시에 이 문제가 이미 거론되었기 때문에 전자투표제도를 채택하는 단계에서는 회의체성은 크게 문제되지 않고 있다. 즉, 이러한 서면투표제도의 문제점에도 불구하고 현실적으로 주주가 총회에 출석할 가능성이 적은 이상 직접적으로 의사를 표명하는 제도의 존재가 바람직하다는 것이다.[32]

Ⅱ. 이사회의 회의체성과 주주총회의 회의체성

이사회의 회의체성과 주주총회의 회의체성을 비교하는 경우 양자의 심의 및 결정의 구조상 차이점을 주목할 필요가 있다. 이사회의 경우 각각의 경영전문지식을 가진 이사가 대등한 입장에서 토의를 하고 각자의 지식과 경험이 집적된 결과 頭數主義에 의해 경영방침 등에 대한 결정이 이루어진다. 반면 주주총회의 경우 주주총회를 구성하는 각 주주의 지식·정보량이나 자본다수결에 따른 의결권수가 가지각색이며, 따라서 심의는 주주 상호간의 직접적인 토의보다도 각 주주로부터 경영진에 대한 질문·의견표명과 경영진에 의한 응답을 중심으로 진행되기 때문에 각 주주는 이러한 의견교환에 근거하여 의결권을 행사한다. 이사회와 주주총회에 있어서 이러한 심의 및 결정의 구조상 차이점은 양자에서 추구되는 회의체성의 내용과 요건에도 차이를 가져올 수 있다. 또한 서면투표제도의 유무에 관한 차이점도 양자의 심의 및 결정의 구조상 차이를 반영한 것으로 보인다.[33]

도이며, 미국도 서면투표제도를 채택하지 않고 있다.

32) 小塚莊一朗, 前揭論文, 42面.

33) 鮎瀨典夫, 前揭論文, 17面.

이사회는 이사 전원으로 구성되고 그 회의의 결의에 의해 업무 집행에 관한 회사의 의사를 결정하며, 업무집행이 위임된 대표이사를 감독하는 필요적 기관으로서 이러한 회의체에 의한 결정구조가 채택된 것은 이사의 권한이 광범위한 점에 비추어 이사 상호간에 공정한 협의를 통하여 타당한 결론에 도달하는 것을 기대하기 때문이다.[34] 이에 따라 서면결의는 허용되지 않지만, 전화회의나 텔레비전회의는 허용된다. 즉, 출석자가 한 곳에서 회의하는 것과 마찬가지로 적시에 적절한 의견표명을 서로 할 수 있는 상태에서 심의가 이루어진 경우 적법한 이사회로서 인정된다. 이에 비해 주주총회의 경우 서면투표에 의한 의결권행사가 제도화된 점 등에 비추어 주주총회가 이사회에 비하여 그 회의체로서의 성격이 낮다고 볼 수 있다.[35]

Ⅲ. 버츄얼주주총회와 주주총회 회의체성

주주총회의 회의체성으로부터 주주총회 운영상 필요한 요건으로는 ① 의장의 질서유지권 및 의사정리권의 적절한 운용을 전제로 어떠한 참가주주에게도 질문과 의견표명의 기회를 균등하게 부여하는 것, ② 특정한 참가주주의 질문 및 의견표명과 경영진의 응답내용이 어떠한 형태로든지 다른 참가주주에게도 파악될 수 있도록 하는 것이 중요하다.

버츄얼주주총회의 경우 총회에 참가하는 주주 수가 크게 증가할 수 있기 때문에 그 경우 의장의 질서유지권과 의사정리권을 어떻게

34) 鈴木竹雄 · 竹内昭夫, 「會社法[第3版]」, 有斐閣, 1994, 274面.

35) 弥永眞生, “電子的手段による株主總會召集通知等と議決權行使”, 「商事法務」 No. 1577 (2000), 25面.

적절하게 운용할 수 있을 것인가가 문제된다. 이를 해결하기 위해서는 정보기술과 총회의사규칙 등이 구비되어야 한다.36)

제2절 전자주주총회의 법률문제

Ⅰ. 적법성37)

전자주주총회의 두 가지 유형 즉, ① 현실의 특정한 장소에서 현장주주총회를 개최하면서 인터넷 등을 통해 주주가 주주총회에 참가하는 유형(온라인주주총회)과 ② 현장주주총회를 개최하지 않고 모든 출석주주가 인터넷을 통해 주주총회에 참가하는 유형(버츄얼주주총회)이 상법상 적법한 것인지 여부가 문제된다.

온라인주주총회에 대해서는 종래부터 복수 회의장을 텔레비전회의시스템에 의해 접속하여 주주총회를 개최하는 것은 위법이 아니라고 해석되었다.38) 따라서 물리적인 회의장에서 주주총회가 개최되고 있는 경우에 인터넷 등을 통하여 참가하는 것도 인정된다고 해석할 수 있다.39) 여기서는 상법 제364조가 "정관에서 다른

---

36) 鮎瀨典夫, 前揭論文, 20面.

37) 岩村充・坂田繪里子, 前揭論文, 66~70面.

38) 大阪地判平10・3・18判時1658-180. 판례는 의장 및 주주가 동일한 실내에 존재하는 것을 요구하지 않고 회의장의 확장을 적법한 것으로 본다(大判昭 5・12・16刑集9-907).

39) 弥永眞生, "電子的手段による株主總會召集通知等と議決權行使", 「商事法務」 No. 1577 (2000), 24面 이하; 森本滋, "主要國における株主總會の現狀と關聯改正の動向―序論", 「商事法務」 No. 1584 (2001), 7面; 小塚莊一朗, "株式會社運營の電子化・IT化", 「法學敎室」 No. 264 (2002), 42面;

정함이 없으면 주주총회는 본점소재지 또는 그 인접한 지"에 소집할 것을 요구하고 있는 점이 문제된다. 물리적인 장소의 소재지를 개최지로 하고, 인터넷 등을 통하여 참가하는 주주는 물리적인 회의장소에서 개최되고 있는 주주총회에 인터넷 등을 매개로 하여 참가하고 있는 것으로 해석한다면, 특별한 문제는 없을 것이다. 원래 상법 제364조의 취지는 주주가 출석하기 불편한 원격지를 소집지로 하는 등 이사의 자의적인 소집지 선정을 방지하고 주주의 총회출석 및 권리행사의 기회를 확보하기 위한 것이므로, 주주의 출석 및 권리행사에 특별하게 문제가 생기지 않는 한, 온라인주주총회의 개최를 인정할 수 있다고 본다.

한편 버츄얼주주총회에 대해서는 소집지에 관한 상법 제364조가 유지되고 있는 이상 허용되지 않는다고 본다.40) 그러나 전술한 동조의 취지에서 보면 적어도 모든 주주가 동의하는 경우에는 버츄얼주주총회 개최를 부정할 필요는 없다고 본다.41) 또한 동조에는 "정관에 다른 정함이 없으면 …"이라고 규정하고 있기 때문에, 만일 정관에서 별도로 규정하고 있으면 버츄얼주주총회도 허용된다고 보는 견해도 제기된다.42)

이처럼 전자주주총회의 개최가 해석에 의해 일정한 범위로 인정된다고 하더라도 현행 상법상 전자주주총회에 대해서 특별한 규정

神作裕之, "株主總會關係規定改正", 「商事法務」 No. 1641 (2002), 12面; 岩村充・坂田繪里子, "電子株主總會の可能性と問題點", 「ジュリスト」 No. 1215 (2002), 89面.

40) 小塚莊一朗, "株式會社運營の電子化・IT化", 「法學教室」 No. 264 (2002), 42面.

41) 弥永眞生, "電子的手段による株主總會召集通知等と議決權行使", 「商事法務」 No. 1577 (2000), 25面.

42) 岩村充・坂田繪里子, 前揭論文, 68面.

은 없는 실정이다. 그러므로 전자주주총회 운영에 관해서는 전자주주총회의 출석과 퇴장, 의사진행방법, 의결권행사방법, 전자주주총회를 운영하기 위한 시스템 개발에 이르기까지 검토하여야 할 문제가 산적하고 있다. 따라서 이러한 문제에 대한 명확한 규정이 없을 경우 기업들은 사후적으로 총회결의에 문제가 생길 위험이 있는 전자주주총회의 도입을 주저할 것이다.

Ⅱ. 출석과 퇴장[43)]

전자주주총회를 상정하는 경우 우선 문제되는 것은 무엇을 총회출석으로 하고 무엇을 퇴장으로 할 것인가이다. 인터넷 이용을 상정하는 경우 로그온 또는 로그오프를 통해 전자주주총회에 참가하거나 퇴장한 것으로 볼 수 있을 것이다. 그러나 전자주주총회에는 회의장이 존재하지 않기 때문에 그 실행은 간단하지 않다.

전자주주총회에서는 주주가 총회가 시작할 때에 로그온을 하였더라도 그 후 총회의 개최시간 중에 단말기로부터 떨어져서 다른 장소로 가버리더라도 의사진행을 인식하면서 계속 참가하고 있는지를 확인하는 방법이 없다. 따라서 이러한 불확실성이 총회의 유효성 문제를 야기하지 않도록 하기 위해서는 일단 로그온을 한 이상 로그오프의 조작을 할 때까지는 주주가 실질적으로 어떠한 상태에 있더라도 총회에 참가하는 것으로 본다는 규정을 정관 등에서 미리 정할 필요가 있다. 이 때 주주총회의 시작시점과 종료시점의 두 가지 시점에서 참가확인을 하면, 주주총회의 개최 중 계속하여 모두 참가하고 있다고 정하는 것은 적절하지 않다. 개별 의안에 대해서 심의 시작시점과 심의 종료시점에서 참가확인을 하여야 한

43) 岩村充・坂田繪里子, 前揭論文, 70~72面.

다. 왜냐하면 특별결의를 필요로 하는 의안이나 이사·감사역의 선임의 의안 등 정족수를 필요로 하는 의안에 대해서는 불출석이나 퇴장은 의안의 성립여부에 영향을 미치며, 개별 주주가 채택할 수 있는 중요한 전술 가운데 하나이기 때문이다.[44)]

더욱이 로그온을 한 이상은 퇴장으로 인정하지 않고, 일정한 조건 아래에서는 로그오프의 조작이 있더라도 이미 실행된 로그온 수를 카운트하여 계속한다는 규정을 정관에 둘 수 있는지 여부가 문제된다. 현장주주총회에서도 개별적인 결의사항에 대하여 의안의 채택절차 직전에 회의장의 출입을 금지할 수 있다. 그렇다면 전자주주총회에서도 의결권행사자를 확정하고 총회결의의 안정성을 유지하기 위하여 최저한의 제약, 예컨대 의장이 의안의 채택절차에 들어간다는 선언을 한 후에는 로그오프를 할 수 없도록 제약하는 것은 가능하다고 본다. 다만, 로그오프를 제한적으로 운용함에 따라 그것이 부당하게 주주의 권리행사를 제한하게 되면, 그러한 규정 자체의 유효성이 문제로 될 것이다.

이러한 규정을 두기 위해서는 별도의 입법이 필요한지 아니면 정관 또는 총회의사운영규칙 등에서 정하면 충분한지 여부가 문제된다. 현행 상법상 의장에 관한 규정처럼 의사운영의 세칙사항을 정관에서 정하는 경우가 있으며, 입법수단이 반드시 필요한 것은 아니라고 해석된다. 그러나 전자적 수단에 의한 참가자의 입장·퇴장과 그 계산방법 등에 대하여 의사운영규칙에서 정할 수 있다고 보는 견해[45)]도 있으나, 이는 주주의 권리에 직접적으로 관련되고 주지의 필요성이 큰 사항이므로 정관에서 정해야 한다고 본다.[46)]

---

44) 柴田和史·神田秀樹, "電子株主總會への展望", 「電子株主總會の硏究(岩村充·神田秀樹 編)」, 弘文堂, 2003, 140面 註) 9.

45) 柴田和史·神田秀樹, 前揭論文, 139面.

현장주주총회의 참가와 전자주주총회 참가가 경합하는 문제에 대해서도 일정한 규정을 둘 필요가 있다. 전자주주총회에 참가하고 있던 주주는 의사진행의 상황을 보아 현장주주총회에 참가하거나, 그 역으로 행동할 수 있다. 이 때 현장주주총회에 입퇴장 처리가 인원수에 의해 이루어질 수밖에 없는 이상, 현장주주총회와 전자주주총회를 합산한 정족수를 틀리게 카운트하거나 의결권을 이중으로 행사시킬 가능성을 완전히 배제하기는 어렵다. 참가교체를 어디까지 제한할 수 있는가 혹은 의결권의 이중행사가 생긴 경우 현장주주총회와 전자주주총회 중 어느 총회에서의 행동이 우선하는가를 미리 정할 필요가 있다.

Ⅲ. 의사운영상의 문제

1. 공정성의 확보

온라인주주총회나 버츄얼주주총회에 참가하는 경우 문제되는 것은 의안의 설명, 주주의 질문 및 의견의 표명, 수정동의 등의 제출, 회의체로서의 실질을 어떻게 확보할 것인가 등이다. 주주총회는 주주와 경영자, 주주 상호간에 질의응답이나 논의가 이루어지는 다방면의 복잡한 커뮤니케이션의 장이다. 더욱이 주주총회 의장의 의사정리권한, 질서유지권은 참가자와 회의장을 공유함으로써 실질적으로 감독될 수 있지만, 전자주주총회[47] 참가자는 의장의 공평한 의사진행을 감독할 수 없다는 문제점이 제기된다.[48]

46) 岩村充・坂田繪里子, 前掲論文, 71面 註) 10.

47) 전자주주총회라는 개념은 전술한 버츄얼주주총회가 온라인주주총회를 포괄하는 의미로 사용한다.

48) 神作裕之, 前掲論文, 796面; 岩村充・坂田繪里子, 前掲論文, 73面.

현장주주총회에서는 총회의 참가자와 의장이 함께 마주보는 場으로서 회의장이 존재하며, 이러한 場의 공유를 전제로 하여 총회 의장에게 회의에 관한 재량이 부여된다고 볼 수 있다(질서유지권한·의사정리권한, 상법 제366조의2 제2항). 의장의 재량은 참가자와 場을 공유하는 것에 의해 감시되고 실질적으로 제약된다. 이에 반해 전자주주총회에서는 참가자가 회의장을 볼 수 없다. 의사진행을 담당하는 의장이나 의장의 보조자들은 로그온 상황이나 질문메시지의 도착상황을 통하여 회의장을 볼 수 있지만, 로그온하고 있는 개별 참가자들은 다른 참가자의 상황을 볼 수 없다. 이것은 현 경영진에게 우호적인 주주에게 우선적인 발언허가를 하는 등 의장의 불공정한 의사운영에 대한 출석주주의 감시 메커니즘을 약화시키기 때문에, 그러한 불공정한 의사운영의 가능성을 배제하기 위한 방안이 강구되어야 한다.

온라인주주총회의 경우 현장주주총회의 상황이 온라인주주총회 장소에 전달될 수 있다면, 현장주주총회 참가자에게 불공정한 의사에 대한 실질적인 감시역할을 기대할 수 있을 것이다. 반면 버츄얼주주총회를 개최하는 경우에는 의사진행의 공정성을 확보하기 위하여 외부감시인의 입회를 인정하는 제도적 수단이 필요하다. 이에 따라 주주총회를 감시할 총회검사인 등을 선임하는 방안을 검토할 필요가 있다.[49]

2. 적절한 질문권의 보장

총회에서는 질문과 설명이 병렬적으로 진행되는 것은 허용되지 않으며, 항상 하나의 질문에 대하여 하나의 설명이 이루어지는 직

49) 岩村充·坂田繪里子, 前揭論文, 72~74面.

렬적 의사진행이 필요하다.[50] 이러한 議事진행을 전제로 하면 전자주주총회에서도 어떠한 질문을 의장이 의사에 포함시킬 것인가라는 문제가 생긴다. 즉, 현장주주총회에서는 주주가 행한 질문의 내용은 의장의 지명에 의해서 주주가 발언을 하여 비로소 회의장에서 인식되며, 발언이 행하여지기 전에는 의장도 알 수 없다. 그러나 전자주주총회에서는 미리 입력된 설명청구의 내용을 의장 또는 의장의 보조자가 점검할 수 있으므로 의장이 회사에게 유리한 질문을 자의적으로 채택할 가능성이 있지만, 그러한 자의적인 의사운영은 총회결의의 유효성에 관한 다툼의 원인으로 될 가능성이 있다.[51] 이러한 위험을 배제하기 위해서는 전자주주총회 시스템에 입력된 질문의 전부를 의사에 포함시키든지, 질문이 많아서 모든 청구를 의사에 포함하기 어려운 경우에는 무작위로 추출한 일부의 질문만을 의사에 포함시킬 수 있을 것이다.

이러한 무작위 추출만이 아니라 주주가 입력한 질문을 적극적으로 의장이 점검하여 중요하다고 생각되는 질문을 선별하여 우선적으로 의사에 포함시키는 방안도 있으며, 그 자체가 위법은 아니다. 이렇게 의사운영을 하는 편이 건설적인 의사운영이 이루어질 가능성이 높다. 그러나 이러한 건설적인 의사운영은 경영진에 반대하는 주주측에서 보면 자의성을 가진 것으로 비난할 여지가 있기 때문에 총회결의의 안전성을 높인다는 관점에서 유리한 방법은 아니라는 점도 주의해야 한다.

---

50) 岩村充・坂田繪里子, "電子株主總會の可能性と問題點", 「ジュリスト」 No. 1215 (2002), 92面.

51) 취급되지 않았던 질문은 議事에 포함되지 않는 이상 총회장에서 주주의 질문으로 보지 않으며, 이사의 설명의무의 이행의 문제도 생길 수 있으므로 이러한 문제의 해결책이 필요하다.

이처럼 의사운영의 공정성에 관한 다툼이 후일 생길 가능성에 대비하여 전자주주총회에서는 議事에 관한 자료의 증거를 확실하게 보존하고, 특히 입력되었지만 의사에 포함되지 않았던 질문의 내용과 입력시간을 확실하게 기록해 두는 것이 중요하다.[52] 또한 입력된 질문으로부터 무작위로 추출한 일부 질문을 의사에 포함시키는 것이 예상된 경우에는 그 무작위성을 증명하기 위한 구조를 만들고, 요구된 경우에는 무작위성에 관한 감사가 가능하도록 해 두는 것이 바람직하다.[53]

3. 동의

동의는 일반적으로 원안수정의 동의와 의사진행에 관한 동의로 대별될 수 있다. 원안수정의 동의에 대해서는 서면투표제도와의 관계가 문제된다.[54] 즉, 의결권행사서면을 송부하는 주주는 의안의 심의 및 의결 이전에 당해 의안에 대한 찬성·반대의 태도를 결정하기 때문에, 예측하지 않은 사태에 대해서는 그 태도를 결정하고 있지 않았음에도 불구하고, 찬성·반대·기권·결석 중 어느 한가지로 처리하여야 한다는 문제가 제기된다. 그러나 전자주주총회에 참가하는 주주는 당연히 의결하는 때에 자유로운 의사에 의해 투표내용을 결정할 수 있기 때문에 이러한 문제가 생기지 않는다. 오

52) 델라웨어주 일반회사법은 주주가 총회에서 한 투표 또는 행위의 기록을 유지하도록 전자주주총회에 특유한 요건으로 부과하고, 운영의 상세한 사항은 실무에 위임하고 있다(Del. Code Ann. tit. 8, §211(a)(2)).

53) 岩村充·坂田繪里子, "わが國における株主總會電子化の可能性と課題", 「電子株主總會の硏究(岩村充·神田秀樹 編)」, 弘文堂, 2003, 74~76面.

54) 前田重行, "株主總會の意思決定機構に對する株主のアクセスとその手段—書面投票制度について", 「竹內昭夫先生還曆記念·現代企業法の展開」, 有斐閣, 1990, 579面, 617面 이하 참조.

히려 이 점이 전자주주총회에 참가하는 최대의 장점이라고 할 수 있다. 따라서 전자주주총회에 의해 참가하는 주주는 현장주주총회에 출석하고 있는 주주가 제출한 원안수정의 동의에 대해서 투표권이 인정되어야 한다.

한편 의사진행에 관한 동의는 의장불신임 동의, 휴식의 동의, 검사인 선임의 동의, 질의종결의 동의, 토론종결의 동의, 散會의 동의, 延會·속행에 관한 동의 등이 있다. 이러한 의사진행에 관한 동의에 대해서는 의결권행사서면을 송부한 주주는 출석하고 있지 않는 것으로서 다루는 것이 통설이며,[55] 실무상의 취급도 마찬가지이다. 그러나 전자주주총회에서는 주주총회 발언 및 질의응답의 모두가 가공되지 않고 동시생중계로 발신된다면, 의사진행에 관한 동의에 대해서 전자주주총회에 의해 출석하고 있는 주주의 투표권이 배제될 이유는 없다.[56]

문제는 전자주주총회에 참가하는 주주가 동의를 제출하는 것을 어떻게 취급할 것인가 라는 점이다. 이 때 선결문제의 동의가 제출되면 의장은 의사진행을 일시정지하고 그 동의를 우선적으로 다루어야 한다. 인터넷에 의한 동의제출권의 행사에 대해서는 전술한 질문권의 경우와 같이 의장은 그 내용을 보지 않고 무작위로 동의제출을 희망한 자의 발언을 허용하여야 한다.[57]

---

55) 前田重行, 前揭論文, 620面.

56) 만일 주주총회에서 발언 및 질의응답 전체가 가공되지 아니하고 동시생중계로 발신되었음에도 불구하고, 또한 현장주주총회에서 "장의 분위기"를 감지할 수 없다는 이유에 의해 전자주주총회에 의해 참가하는 주주에게 의사진행에 관한 동의에 대해서 투표권이 인정되지 않는다고 생각하면, 같은 이유에 의해 의안에 대한 의결권 행사도 인정할 수 없게 된다.

57) 柴田和史·神田秀樹, 前揭論文, 143~144面.

4. 의결

전자주주총회에서는 의결부분이 중요한 문제로 되는 경우는 적다. 의결을 하기 직전부터 의결이 종료할 때까지 몇 분간은 현장주주총회에서도 회의장을 폐쇄하는 것처럼, 전자주주총회에서도 의결 직전에 각 주주의 출석확인을 한 후 수 분간 회의장을 폐쇄하고 그 사이 의결을 하게 된다. 회의장 폐쇄 직전에 출석확인을 하는 것은 당해 의안에 대해서 출석주주의 의결권 총수를 확정하기 위한 것이다. 전자주주총회에 참가하는 주주가 직전에 출석이 확인되었으나, 그 의결권행사에서 찬성이나 반대에 클릭하지 않은 때에는 기권한 것으로 취급한다.[58] 동시에 전자주주총회에 참가하는 주주에 대해서는 직전에 출석이 확인된 경우에만 의결권행사를 인정하게 된다.[59] "회의장의 폐쇄"는 미리 의사운영규칙에서 정하여 두는 것이 바람직하다.[60]

Ⅳ. 전자주주총회 결의의 하자[61]

전자적으로 참가한 주주 중 일부가 원격통신이 제대로 기능하지 않아서 법적으로 출석이나, 투표를 하지 않았다고 해석되는 경우가

---

58) 직전에 출석을 확인하고 회의장을 폐쇄하지 않은 때에는 찬성에도 반대에도 클릭하지 않은 주주가 주주총회에 출석하였지만 기권을 하고 있는지, 기권과 함께 이미 퇴장한 것인지 여부를 판단할 수 없게 된다.

59) 회의장의 폐쇄 후에는 주주총회 회의장에 입장할 수 없고, 투표도 할 수 없다는 것을 의미한다. 회의장의 폐쇄 후에는 출석확인이 될 수 없는 주주가 의결권을 행사할 수 있더라도 회사측 컴퓨터의 조작에 의해 투표행위 자체를 수용하지 않게 된다.

60) 柴田和史・神田秀樹, 前揭論文, 145面.

61) 柴田和史・神田秀樹, 前揭論文, 146~148面.

있으며, 또한 주주총회결의에 하자가 발생하여 취소소송의 대상으로 되는 경우도 있을 수 있다. 원격통신이 제대로 기능하지 아니한 경우 중 회사측에 귀책사유가 있는 때에는 결의방법이 현저하게 불공정한 것으로서 결의취소사유로 될 수 있다(상법 제376조). 또한 총회에 출석하고자 한 주주가 대부분 전자적 참가를 예정하고 있었기 때문에 인터넷 상에서 대규모 트래픽 장해가 발생하여 참가하지 못하고, 극히 소수의 직접 출석한 주주만에 의해 총회결의가 이루어진 경우는 극단적인 경우이지만, 회사측에 귀책사유가 없더라도 총회결의가 부존재(상법 제380조)라고 해석될 여지가 있다.[62]

또한 귀책사유의 여하나 당해 발생 후 대응상황에 따라 이사의 책임도 문제될 수 있다. 반면 장해가 주주의 관리영역 내에서 발생하여 그 원인에 대해 주주에게 귀책사유가 있는 경우에는 기본적으로는 주주총회 결의의 하자는 인정되지 않는다고 본다.

장해의 발생이 위의 어느 경우에도 해당하지 않는 때에 주주총회결의 하자가 있다고 보아야 하는지 여부는 제반의 사정을 종합적으로 참작하여 검토되어야 할 문제이다.[63]

제3절 우리 나라에서 전자주주총회 도입의 장애 요인

우리 나라에서 주주총회 전자화에 대한 실무적 유인이 없는 이유로는 세 가지가 거론된다. 첫째, 상법상 주주총회 결의정족수가

62) 大杉謙一, 前揭論文, 90面.

63) 柴田和史・神田秀樹, 前揭論文, 147~148面.

너무 완화되어 있다는 것이며, 둘째, 증권거래법상 Shadow Voting 제도로 인하여 주주총회가 형해화되고, 셋째, 증권거래법상 위임장 권유제도에 문제가 있으며, 넷째 적절한 입법이 이루어지지 않은 점 등이 거론된다.64)

Ⅰ. 주주총회 정족수

상장법인은 일반적으로 주주가 넓게 분산되어 있으므로 주주총회에서 정족수 확보를 용이하게 하기 위하여 주주총회의 전자화를 추진하게 된다. 따라서 주주총회의 정족수 요건이 높게 책정되어 있는 국가일수록 전자화에 대한 유인을 더 갖게 된다고 볼 수 있다.

우리 나라의 주주총회 결의정족수제도는 1995년 상법개정을 계기로 크게 변화하였다. 그 이전에는 발행주식총수의 과반수출석(의사정족수)과 출석의결권의 과반수(보통결의) 또는 3분의 2 이상(특별결의)(의결정족수)을 결의요건으로 하고 있었다. 그러나 1995년 정족수 확보의 어려움을 해소한다는 차원에서 의사정족수 개념을 폐지하고, 출석의결권의 과반수 또는 3분의 2 이상을 결의요건으로 하면서, 그 결의에 가담한 의결권이 발행주식총수의 4분의 1 이상(보통결의) 또는 3분의 1 이상(특별결의)일 것으로 개정하였다(상법 제368조 제1항, 제434조).

이에 따라 개정 전에는 발행주식총수의 과반수를 확보하지 못하면 불가능하였던 일들이 개정 이후에는 발행주식총수의 4분이 1이나 3분의 1 이상을 확보하면 가능하게 되었다. 이로 인하여 회사들은 정족수 확보에 별 어려움을 느끼지 못하기 때문에 주주총회의

---

64) 권종호, 주주총회의 IT화, 185면.

전자화에 대한 필요성을 절감하지 못하고 있는 실정이다.[65] 주주총회 전자화의 진전과 더불어 결의정족수를 1995년 이전으로 환원하는 문제를 검토할 필요가 있다고 본다. 이 경우 새로운 결의요건을 책정할 때에는 주요국의 결의요건과 비교검토하여 기업들에게 주주총회 개최에 대한 과도한 부담을 주지 않으면서도 주주 권리의 실효성을 확보할 수 있는 수준을 모색하여야 할 것이다.

Ⅱ. 증권거래법상 Shadow Voting 제도

Shadow Voting 제도[66]라 함은 증권예탁결제원 명의로 명의개서된 주식을 소유하고 있는 주주가 주주총회 회일 5일전까지 증권예탁결제원에 그 의결권 행사의 뜻을 표시하지 아니하면 일정한 예외적인 경우를 제외하고 증권예탁결제원이 그 의결권을 행사할 수 있는 제도를 말한다(증권거래법 제174조의6 제5항). 이 때 증권예탁결제원은 주주총회에 참석한 주식수에서 증권예탁결제원이 의결권을 행사할 주식수를 차감한 주식수의 의결내용에 영향을 미치지 아니하는 방법으로 의결권을 행사하여야 한다(동법 시행령 제78조의7 제1항). 즉, 총회에 참석한 주주들의 찬반투표 비율에 따라 예탁

65) 권종호, 주주총회 IT화, 185~186면.

66) Shadow Voting 제도와 유사한 제도로서 미국의 Street Name 주식에 관한 은행이나 증권회사의 재량투표제도(Discretionary Voting)를 들 수 있다. 이 제도는 NYSE Rules 제452조에서 규정하고 있는데, 실질주주의 지시가 없을 경우 은행이나 증권회사가 재량으로 Street Name 주식에 관하여 의결권을 행사할 수 있다. 이는 총회 의결권의 내용에 영향을 미치지 않는 방법으로 의결권행사를 하여야 하는 Shadow Voting과 다른 점이다. 그러나 재량투표의 경우에도 합병 등 주주권리에 실질적인 영향을 미치는 사항에 대해서는 인정되지 않는다(권종호, 주주총회 IT화, 186면 주) 33).

된 주식의 의결권을 행사하는 것이다. 발행회사는 주주총회 회일의 7일전까지 증권예탁결제원에 의결권 행사를 요청하여야 한다(증권업감독규정 제7-22조).

이 제도는 1991년 입법 당시 주주총회의 개최가 원활하게 이루어질 때까지 과도기적인 제도로서 도입된 것이다. 따라서 주권상장법인과 코스닥상장법인에 대해 주주총회의 전자화가 진전될 경우 Shadow Voting 제도는 그 존재이유를 상실하게 될 것이다.

한편 2002년 이 제도를 폐지하기 위한 증권거래법 개정안이 발의된 바 있으나, 서면투표나 전자투표 등 대안이 마련될 때까지 논의를 유보하였다. 특히 이 제도 운영의 실제는 회사가 주주총회 결의를 위하여 주주의 총회 참석을 유도하고 주주를 배려한 의사결정을 하는데 있어서 부정적 요인으로 작용하고 있다. 주주총회를 개최하는 상장법인이 의결정족수가 부족할 경우 증권예탁결제원에 요청하여 손쉽게 정족수 요건을 충족시킬 수 있기 때문에, 일방적으로 회사에게 편리한 제도이며 주주총회의 형해화를 심화시키는 요인으로 평가된다.[67] 따라서 주주총회의 전자화와 더불어 증권예탁결제원의 예탁주식에 대한 의결권행사제도는 폐지되어야 할 것이다.[68]

Ⅲ. 의결권대리행사의 권유 제도상의 문제

현행법상 주주총회에 출석하지 않는 주주가 의결권을 행사할 수 있는 제도로는 서면투표제도(상법 제368조의3 제1항), 의결권의 대

67) 이 제도에 대한 비판은 이철송, "현대회사의 소유구조의 변화와 회사법논리의 재정립", 「법경제연구(Ⅱ)」(한국개발연구원, 1995), 79~84면 참조.

68) 김재범, "서면투표제도를 이용한 주주총회의 운영", 「경영법률」 제12집(한국경영법률학회, 2001), 183면; 이철송, 전게논문, 84면.

리행사제도(상법 제368조 제3항) 및 의결권대리행사의 권유 제도(증권거래법 제199조 제1항, 동법 시행령 제85조, 동법 시행규칙 제36조의21)를 들 수 있다. 또한 2008년 5월 국회가 입법예고한 법무부 상법개정안 제368조의4에 의하여 도입될 예정인 전자투표제도도 이러한 방식의 의결권 행사제도에 해당한다. 상법개정안의 전자투표제도는 서면투표제도를 전자화하는 형식으로 이루어졌기 때문에 서면투표제도의 장단점은 전자투표제도에 그대로 적용된다고 할 수 있다.

서면투표제도와 의결권대리행사의 권유 제도는 모두 주주 본인이 주주총회에 출석하지 않고 의결권을 행사하는 방식이라는 점에서는 공통적이다. 그러나 전자는 주주 자신이 직접 의결권을 행사하는 방식으로서 타인의 의사가 개입할 여지가 없지만, 후자는 대리인이 주주를 대신하여 주주총회에 출석하여 의결권을 간접적으로 행사하는 방식으로서 대리인이 주주의 의사에 반하여 의결권을 행사할 수 있다.[69]

이러한 제도상의 차이점으로 인하여 주주총회 운영상 서면투표제도보다 의결권대리행사의 권유 제도가 회사에게 더 재량의 여지를 부여하게 된다. 우리 나라 의결권대리행사의 권유 제도의 특징은 모든 주주를 대상으로 주주총회마다 반드시 위임장권유를 하여야 하는 강제권유방식이 아니라, 이사의 재량에 의하여 필요한 경우에 한하여 특정한 주주만을 대상으로 선택적으로 할 수 있다는 점이다. 또한 대리인의 선임이나 결의사항에 관하여 회사측에 절대적인 재량권을 부여하는 백지위임이 이루어져도 유효하다. 이 경우 대리인이 주주의 의사에 반하는 의결권 행사를 하더라도 이는 주

69) 권종호, 주주총회 IT화, 188~189면.

주와 대리인간의 위임계약상의 문제이며, 회사와의 관계에서 그 의결권 행사는 유효하고 주주총회결의의 효력에도 영향이 없다.[70] 이에 따라 회사가 자신의 영향력 아래에 있는 자를 대리인으로 선임하면 주주총회 결의에 상당한 영향력을 행사할 수 있는 구조로 되어 있다. 이러한 면은 회사측에게 재량의 여지가 없는 서면투표제도와 대비되는 점이다.

현행의 의결권행사대리행사의 권유 제도를 유지하는 한 주주총회에 출석하지 않은 주주에게 의결권을 부여하는 방식으로서 회사에게 재량의 여지가 없는 서면투표제도를 채택할 유인이 부족하다고 볼 수 있다. 이는 법무부 상법개정안이 채택하고 있는 전자투표제도가 서면투표의 전자화라는 측면을 고려하면, 향후 전자투표제도가 도입되더라도 마찬가지이므로 기업들이 전자투표제도를 실제로 얼마나 운영하게 될 지는 미지수이다.

의결권대리행사의 권유 제도는 연혁적으로 일본을 경유하여 미국 제도를 모델로 하여 도입되었다. 그러나 주주보호에 중심을 둔 미국[71]과는 달리 우리 나라는 일본처럼 주주총회 운영의 편의를

---

70) 이철송, 「회사법강의[제15판]」, 박영사, 2008, 441면; 임재연, 「증권거래법[전정판]」, 박영사, 2007, 931면; 김정수, 「현대증권법원론」, 박영사, 2002, 534면; 권종호, 주주총회 IT화, 189면. 반면 회사가 의결권대리행사의 권유자인 경우에 대해서는 회사가 주주의 의사를 알고 있었으므로 주주의 의사에 반한 의결권행사는 무효이고(민법 제130조) 주주총회결의 취소의 사유가 된다는 견해(이철송, 전게서, 441면; 임재연, 전게서, 931면)와 유효하다는 견해(김정수, 전게서, 202면)로 학설이 구분된다.

71) 미국의 위임장권유제도는 원칙적으로 주주총회마다 모든 주주를 대상으로 실행하도록 사실상 의무화되어 있으며, 법률상 백지위임이 불가능하고, 주주의 지시에 반하는 의결권행사에 대해서는 명문으로 그 효력을 부인하거나 새로운 해석론 전개함으로써 해결할 수 있다(권종호, "서면투표제도, 과연 입법상의 성과인가?", 「상사법연구」 제19권 제2호(2000),

도모하는데 중점을 두고 있다. 그러나 일본은 대회사에 대하여 서면투표제도를 의무화하고 있으며, 상장법인이 모든 주주에 대하여 의결권대리행사의 권유 제도를 채택한 경우에는 서면투표제도를 채택하지 않을 수 있도록 하여 두 제도가 상호 보완적으로 운영되고 있다. 반면 우리 나라의 경우 서면투표제도와 의결권대리행사의 권유 제도가 모두 회사의 임의적인 선택사항으로 되어 각각 독립적으로 운영되고 있다. 전술한 주주총회 결의정족수 요건과 Shadow Voting 제도 아래에서는 서면투표나 의결권대리행사의 권유 제도를 굳이 선택하지 않더라도 주주총회를 쉽게 운영할 수 있는 실정이다. 더구나 총회에 출석하지 않는 주주에게 의결권을 부여하는 제도를 운영한다고 하더라도 서면투표제도보다는 의결권대리행사의 권유 제도를 선호할 수 밖에 없는 상황이다.

따라서 단순히 회사의 편의만을 고려할 것이 아니라 주주총회에서 주주의 의사가 실질적으로 반영될 수 있도록, 의결권대리행사의 권유 제도는 당초 동 제도가 입안되었던 미국이나 그 보완방식인 일본의 제도 등을 고려하여 수정, 개선할 필요가 있다고 본다.

Ⅳ. 입법의 불비

주주총회 전자화를 위한 입법이 이루어지지 아니한 점도 전자주주총회 제도를 발전시키는 데에 커다란 걸림돌이 되고 있다. 주주총회를 담당하는 실무자들은 실정법상 명문의 규정이 없을 경우 법적 위험부담을 염려하여 전자주주총회로의 전환을 주저하게 된다. 2008년 5월 법무부가 입법예고한 상법개정안에서 전자투표, 전자주주명부, 전자공고 등에 대한 규정을 도입한 것은 이러한 불확

492~493면).

실성을 해소하는 데에 긍정적으로 작용할 전망이다. 그러나 후술하는 것처럼 금번 상법개정안도 개선하여야 할 점이 산재하여 있으며, 특히 자세한 규정이 시행령 등에 위임되어 있다. 향후 전자주주총회제도를 채택하고자 하는 기업들의 법적 불확실성을 제거할 수 있도록 시행령 등에서 보다 세부적인 규정을 마련할 필요가 있다.

CHAPTER III

주요국의 전자주주총회 제도

제1절 미국

Ⅰ. 주주총회 전자화 관련 법제 정비

1. 의결권행사의 전자적 위임

미국의 경우 주식의 대부분은 실질적인 소유자의 편의를 도모하기 위하여 그 명의가 아니라 은행이나 증권회사(strcct name) 명의로 보유되고 있다. 또한 주식이 금융기관을 수임자로 하여 신탁적으로 보유되는 경우도 있다.[72] 여기서 증권회사 등은 실질주주의 의결권 관련 업무를 합리화하기 위하여 ADP사(Automatic Data Processing, Inc.)에 아웃소싱을 하게 되었다. ADP사는 실질주주가 의결권행사를 내부적으로 지시하는 방법으로서 전화나 전신, 인터넷이라는 전자적 방법을 권장하여 왔다.[73]

---

72) 黒沼悅朗,「アメリカ證券取引法[第2版]」, 弘文堂, 2004, 207面.

73) 山田尙武, "會社運營の電子化 — 株主總會の電子化を中心に —",「ジュリスト」 No. 1206 (2001), 86面.

현재는 정보통신 기술의 발전에 따라 많은 주의 회사법에서 주주가 전자적 방법에 의해 의결권행사를 위임하는 것을 정면으로 인정하기에 이르렀다. 전형적으로 개정모범회사법(Revised Model Business Corporation Act : RMBCA) 제7.22조 (b)항에 규정하고 있는 것처럼 주주가 의결권행사를 위한 대리인(proxy)을 선임하는 경우에 종래 위임장에 서명하는 방법에 추가하여 전자적 송신(electronic transmission) 방식에 의할 수 있도록 되었다.74) 전자적 송신 방식에 의한 경우 그 자체로 주주 등이 수권하였다고 판단될 수 있는지, 그러한 판단을 할 수 있는 정보가 필요하게 되었다. 사회보장번호(Social Security Number), 생년월일, 개인인식번호(Personal Identification Number) 등이 이러한 정보에 해당된다.75) 또한 RMBCA에 따르면 대리인의 선임은 회사가 전자적 송신을 수령한 시점에 유효하게 된다(동조 제(c)항).

이처럼 주주는 의결권행사의 전자적 위임이라는 방식을 통하여 전자투표를 할 수 있다. 현재 기업은 주주에 대하여 전화나 인터넷에 의해 의결권행사의 위임을 권유하는 경우가 많으며, 이러한 경향은 앞으로도 계속될 것으로 보인다. 인터넷을 통한 전자적 방법에 의한 의결권행사의 위임을 인정하고 있지만, 주주총회의 소집통지 자체는 우송 등에 의한 패스워드의 송부가 필요하다고 정한 주법이 적지 않다는 점에 유의할 필요가 있다.76)

---

74) Del. Code Ann. tit. 8, §212(c) (2000); N. Y. Bus. Corp. L. §609(i).

75) Michael D. Goldman & Eileen M. Filliben, "Corporate Governance: Current Trends and Likely Developments for the Twenty-First Century", 25 Del. J. Corp. L. 683, 692 (2000).

76) 池田順一, "アメリカにおける株主總會の電子化について", 「電子株主總會の硏究(岩村 充・神田秀樹 編)」, 弘文堂, 2003, 24~25面.

2. 정보전달 수단으로서 전자매체 이용에 대한 SEC의 해석지침[77)]

상장회사의 위임장권유에 대해 규제하는 1934년 증권거래소법 제14조 및 동규칙 14a에 따르면, 위임장권유를 할 때 위임장설명서(proxy statement)나 연차보고서(annual report) 등의 서면[78)]을 첨부하도록 규정하고 있다. SEC는 이러한 서면에 대하여 전자적 방법에 의해 송부할 수 있다는 점을 명확히 하였다. 즉, 연방증권관련법에서는 정보를 전달하는 때 이용하여야 하는 매체에 대하여 정함이 없었지만, 1995년 10월 SEC는 연방증권관련법 아래에서 투자자에게 정보전달(information delivery – 위임장관계서류 이외에 사업

---

77) Use of Electronic Media for Delivery Purposes, SEC Release Nos. 32-7233; 34-36345, 1995 WL 588462 (Oct. 6, 1995). SEC는 연방증권거래법에 근거하여 회사로부터 주주에 대한 정보전달을 전자매체를 통하여 할 수 있도록 하였다. 사업보고서, 위임장설명서 등을 CD-ROM, 전자메일 등에 의해 송부할 수 있는 것이 명확하게 되었다. 다만 전자매체에 의한 정보전달은 수신인이 동의한 경우에만 인정되며, 또한 수신인은 그 동의를 회사에게 철회할 수 있다. 동의한 자에 대한 경우에도 정보를 인터넷 웹사이트에 게재한 것에 불과한 때에는 이를 별도의 전자메일 등으로 통지하여야 한다. 이는 정보를 송부하였다는 것 자체를 적시에 알릴 필요가 있기 때문이다(黑沼悅朗, "アメリカにおける株主總會に關する規整 —デラウェア州法を中心として—", 「比較會社法硏究(森本 滋 編)」, 商事法務, 2003, 116面). 그 이외에도 SEC는 전자매체의 활용에 대해 1996년과 2000년에도 관련 해석지침을 발표하였다(Use of Electronic Media by Broker-Dealers, Transfer Agents, and Investment Advisors for Delivery of Information, Exchange Act Release No. 33-7288, 1996 WL 242059 (May 9, 1996); Use of Electronic Media Exchange Release Nos. 33-7856; 34-42728, 2000 WL 502290 (April 28, 2000)).

78) Rule 14a-3(a)에 의하면 위임장을 권유할 때 Schedule 14A에서 요구되고 있는 정보를 포함하였다는 위임장설명서를 첨부할 필요가 있다. 그리고 이사를 선임하는 정기주주총회에서 회사가 권유를 하는 때는 연차보고서를 첨부하는 것도 필요하다(Rule 14a-3(b)).

설명서의 송부도 포함된다)에 대해서는 전자매체에 의할 수 있다는 견해를 나타냈으며, 연차보고서나 위임장설명서 등을 전자메일 등으로 송부할 수 있다는 점을 명확히 하였다. SEC에 의하면 전자적 방법에 의한 송부가 연방증권관련법 아래에서 정보전달로서 인정되기 위해서는 첫째, 정보수령자에게 충분한 통지가 필요하다. 예컨대, CD-ROM이나 전자메일처럼 전자문서 그 자체가 송부된 경우에는 통상 그것으로 충분한 통지라고 할 수 있지만, 인터넷상에 문서를 게시하는 경우에는 원칙적으로 그것만으로는 족하지 않으며, 당해 게시가 이루어진 것을 알리는 별도의 통지가 필요하다. 둘째, 수령자가 전자정보에 대하여 접근할 수 있어야 하고, 접근에 과도하게 부담이 되는 매체는 안되며, 또한 수령자가 그 정보를 보존할 수 있어야 한다. 예컨대, 수령자가 인터넷상으로부터 자신의 컴퓨터에 정보를 다운로드할 수 있어야 한다. 셋째, 수령자가 요구하는 경우 종이매체로 정보를 전달할 수 있어야 한다. 즉, 수령자가 전자매체에 의해 정보전달을 받는 것에 대한 동의를 철회하거나, 또한 동의를 철회하지는 않으면서 특별히 종이매체로 정보전달을 요구하는 경우에는 회사는 종이매체에 의해 정보를 제공하여야 한다. 넷째, 전자매체에 의한 정보전달은 회사측에서는 우편에 의한 것과 같은 정도로 정보전달요건이 충족되었다고 신뢰하기에 충분하여야 한다. 구체적으로는 특정한 전자매체를 통하여 정보를 수령한 것에 대하여 투자자로부터 informed consent를 얻고 있거나 전자메일의 수령통지 등 실제로 주주가 정보를 수령한 것을 나타내는 증거를 확보할 필요가 있다.

이러한 회사관계서류의 전자화에 의해 인쇄, 우편 등의 비용을 절감하면서, 신속한 정보전달이 가능하게 되었다. 현재 많은 상장회사가 홈페이지에 연차보고서를 게시하고 있다.[79]

3. 위임장 전달방식에 관한 SEC지침의 개정(통지 및 접근 모델)[80]

SEC는 최근 위임장관련 규칙에 대한 두 가지의 개정을 통하여 위임장권유 방식을 크게 변화시킬 수 있게 되었다. 이에 따라 새로운 위임장서류의 전달방식이 만들어졌는데 이를 "통지 및 접근 모델(Notice and Access Model)"이라 칭한다. 발행회사는 신모델을 활용하거나 아니면 기존의 전통적인 전달방식을 채택할 수 있다. 그러나 기존방식을 사용하더라도 개정규칙은 발행회사로 하여금 위임장서류를 적법한 웹사이트에 게시하여야 하며, 우송된 위임장서류에서 인터넷이 이용 가능함을 통지하여야 한다.

첫째번 개정은 2006년 12월 13일 이루어졌는데, SEC는 1934년 증권거래소법에 의한 위임장규칙을 개정하여 발행회사 등에게 위임장설명서와 사업보고서(이하 위임장서류라 한다)를 주주에게 제공하는 새로운 방식을 제공하였다. 동규칙은 위임장서류를 웹사이트에 게시하고 주주에게 위임장서류가 웹사이트에서 접근 가능함을 통지하는 것이다. 이러한 통지는 주주총회 40일 전까지 이루어져야 하며, 이 때 주주총회 소집통지만이 동시에 이루어질 수 있다. 위임장카드는 인터넷 통지를 발송한 후 10일 이후에 별도로 발송하여야 한다. 또한 이 경우 주주의 요청이 있으면 위임장서류의 하드카피가 무료로 제공되어야 한다. 이 규정은 2007년 3월 30일부터 발효하였으나, 최초 시행은 2007년 7월 1일부터 이며 기업결합과 관련된 위임장권유에는 적용되지 않는다.

통지 및 접근 모델은 1995년 SEC 해석지침의 문제를 보완하기

---

79) 池田順一, 前揭論文, 25~27面.

80) Internet Availability of Proxy Materials, Release Nos. 34-55146, IC-27671 (Jan. 22, 2007); Shareholder Choice Regarding Proxy Materials, Release. Nos. 34-56135, IC-27911 (July 26, 2007).

위한 것이다. 즉, 1995년 해석지침에 따르면, 위임장서류를 웹사이트에 공시하고 통지를 하였더라도 모든 주주가 인터넷에 접근할 수 있는 것은 아니라는 이유에서 이러한 방식의 전달이 허용되지 않았다. 따라서 이 경우 주주의 동의나 주주가 인터넷에 접근하였다는 증거가 없는 한 적절한 전달방식으로 인정되지 않았던 것이다.[81] 그러나 통지 및 접근 모델에서는 이러한 전달방식이 특별히 주주의 동의나 주주의 인터넷 접근에 대한 증거가 없더라도 가능하게 되었다.[82]

또한 통지 및 접근 모델은 주주에 대한 위임장서류의 전달수단으로서 인터넷 활용의 효율성을 증진하기 위한 것이다. 1995년 SEC 해석지침을 운영하는데 나타난 문제는 전자적 전달방식에 대한 동의 요청에 주주들이 무관심한 점이었다. 1997년 인텔사는 12만명의 주주에게 동의요청을 하였으나 9%인 11,000명의 동의밖에 얻지 못하였고, 2000년 American Express사의 경우에도 82,000명 주주 중 2%의 동의밖에 얻지 못하였다. 이처럼 위임장권유에 참가하는 주주의 비율이 낮음에도 불구하고 위임장권유비용이 높은 점이 문제로 지적되었으며, 특히 위임장경쟁을 하고자 하는 제3자의 경우 회사가 비용을 부담하는 경영진보다 그 부담이 더 컸다.[83] 한편 인터넷의 이용이 보편화되고, 2005년의 경우 위임장의 전자적 전달에 동의한 1,070만명 중 85%가 전자투표나 전화투표를 하였

81) Broc Romanek & David Lee, "E-Communication to Shareholders Outside the Offering Process", 37 U. Tol. L. Rev. 387, 389 (2006).

82) Adam G. Brimer, "Getting Wired at the SEC: Reforming the Proxy Process To Account for New Technologies", 58 Ala. L. Rev. 179, 189 (2006).

83) David B.H. Martin, David H. Engvall, Keir D. Gumbs & Andria M. Boateng, "Electronic Proxy Delivery: SEC Adopts "Notice and Access" Rules", SM 101 ALI-ABA 153, 155 (2007).

다는 점 등을 고려하여 통지 및 접근 모델을 도입하게 된 것이다.[84)]

대부분 위임장권유는 발행회사, 명의개서대리인, 은행, 증권회사 및 그 대리인간에 조정이 필요한 매우 복잡한 과정을 포함한다. 이 과정은 주로 미국의 증권거래 및 결제제도에 기인한 것이다. 미국 증권결제제도상 주주는 등록주주와 실질주주로 구분되며, 실질주주는 "스트리트 네임 보유자"로 불리는 은행, 증권회사 등의 명의로 증권을 보유한다. 등록주주의 증권은 등록주주의 명의로 보유되지만, 스트리트 명의 보유자의 주식은 은행, 증권회사 또는 이들을 대신한 다른 대리인의 명의로 보유된다. 대부분 주법들은 등록주주에게만 의결권을 부여하기 때문에 실질주주는 의결권이 없고 이들 대신에 명의를 가진 중개업자가 의결권을 가진다. 발행회사는 위임장서류를 등록주주에게 송부하고 스트리트 명의 보유자를 파악하고 교신하기 위하여 중개업자에게 의지한다. SEC 위임장규칙과 자율규제기관의 규칙은 중개업자가 발행회사로부터 위임장서류를 수신한 이후 신속하게 실질주주에게 제공하도록 규정하고 있다.[85)] 그러나 이러한 중개업자는 대부분 의결권 관련 업무를 직접 다루지 않고 대리인은 ADP사(Automatic Data Processing, Inc.)를 고용하여 처리한다. 실질주주는 의결권이 없기 때문에 ADP사가 실질주주에게 위임장카드를 대신하여 의결권행사의 지시를 요청한다. 실질주주는 의결권 지시를 완성하여 ADP사에 회신하고, ADP사는 일람

84) Adam G. Brimer, op. cit., p. 192.

85) Securities Exchange Act of 1934, Rules 14b-1, 14b-2. 중개기관은 발행회사의 위임장서류를 수령일로부터 5 근무일 이내에 실질주주에게 송부하여야 한다. 또한 요청을 받은 일자로부터 7 근무일 이내에 중개기관은 발행회사에게 실질주주의 숫자, 실질주주의 주소·성명·증권의 위치, 중개기관 대리인의 신원 등을 제공하여야 한다.

표를 만들어서 발행회사나 발행회사의 검사인에게 송부한다. 통지 및 접근 모델은 이러한 구조 내에서 작동하도록 설계되었다.[86)]

둘째번 개정은 2007년 6월 20일 이루어졌는데, SEC는 발행회사가 SEC의 신모델인 "통지 및 접근 모델"을 채택하였는지 여부에 관계없이, 발행회사와 위임장권유자는 위임장서류를 웹사이트에 게시하고 인터넷에서 이용 가능함을 주주에게 통지하여야 한다. 이 규정은 발행주식의 시장가치가 7억불 이상 등에 해당하는 대형회사의 경우 2008년 1월 1일부터, 그 이외의 회사는 2009년 1월 1일부터 적용된다.

이에 따라 "통지 및 접근 모델"을 활용하는 발행회사는 모든 주주에게 위임장권유서류를 종이로 보낼 필요가 없게 되었으며 위임장권유에 수반되는 비용을 대폭 절감할 수 있게 되었다. 이 개정 지침은 위임장경쟁을 하는 제3자의 경우에도 발행회사가 어떠한 위임장 전달방식을 채택하고 있는지를 불문하고 새로운 전달방식으로 채택할 수 있으므로 위임장권유 비용을 절감할 수 있을 것이다.[87)]

4. 델라웨어주 일반회사법

주주총회의 전자화에 대해서는 미국이 가장 적극적으로 추진하고 있다. 2000년 델라웨어주 일반회사법(Delaware General Corporation Law)[88)]의 개정은 델라웨어주 변호사협회의 회사법분과위원

86) David B.H. Martin, David H. Engvall, Keir D. Gumbs & Andria M. Boateng, op. cit., pp. 155-156.

87) Michael L. Herman, "E-Proxy: Understanding the New Delivery Options for the 2008 Proxy Season", 1640 PLI/Corp 91, 95 (2008).

88) 델라웨어주에 본사를 두고 있는 법인은 68만개 이상이며, 주식회사가 28만개, 기타 형태가 40만개이다. 그 중에는 Fortune 500에 등재되어 있는

회 산하 "델라웨어일반회사법기술위원회"의 15개월간의 연구를 거쳐 이루어진 것이다.[89] 이 중 기업에서 사용되는 정보통신기술과 관련된 조항은 신설된 제232조와 더불어 9개의 개정조항이다.[90] 2000년 일반회사법의 개정을 통하여 주주총회의 전자적 개최를 허용함으로써 전자적 방법에 의한 의결권행사제도를 도입하였다(동법 제211조). 이사회의 결의, 주주인증을 위한 일정한 기술적 요건을 구비하면 주주 및 위임장 소지인은 원격통신수단(remote communication)에 의하여 주주총회의 참석 및 의결권 행사가 가능하다. 델라웨어주 일반회사법은 주주총회의 전자화를 위하여 ① 전자적 방법에 의한 주주총회 소집통지(제222조, 제230조), ② 전자적 방법에 의한 회사관계서류의 작성·비치(제224조), ③ 전자적 방법에 의한 의결권위임 등에 관한 사항(제212조)도 입법화하였다.

기업의 약 60%를 비롯하여 미국 증권시장에 상장되어 있는 기업의 약 50%가 포함된다(<http://www.state.de.us/corp/aboutagency.shtml>). 따라서 델라웨어주 회사법이 가지는 실무상 중요성은 매우 높다. 그러나 2006년 2월 현재 미시건주에도 269,409개의 주식회사와 369,091개의 기타 형태가 본사를 두고 활동 중이라는 사실에 비추어(<http://www. michigan.gov/cis/0,1607,7-154-10557_112901_12923-37344--,00.html>) 델라웨어주회사법의 중요성은 특히 대규모회사에 적용되는 것으로 보인다.

89) 델라웨어주 회사법을 설립준거법으로 하는 회사가 많은 것은 단지 델라웨어주가 회사법상 규제완화 경쟁인 "race to the bottom"에서 승리하였기 때문이라는 이유만으로는 설명되지 않는다. 일반적으로 델라웨어주회사법이 유연하고 진보적인 점, 200년 이상 판례법이 축적되고 확실성이 있는 점, 입법부나 법원이 시시각각 변화하는 기업수요에 민첩하게 대응하는 점, 각주의 회사법 변호사들이 델라웨어주법에 익숙한 점 등이 이유로 거론된다(池田順一, 前揭論文, 35面 註) 30).

90) Del. Code Ann. tit. 8, § 232 (2000); Del. Code Ann. tit. 8, §§ 141, 211, 219, 222, 224, 228, 229, 230 and 231 (2000).

Ⅱ. 소집통지의 전자화

1995년 연방증권관련법상 「정보전달을 위한 전자매체의 이용에 관한 SEC의 해석지침」[91]이 발표된 이래 인터넷을 통하여 위임장설명서나 사업보고서 등을 주주에게 송부할 수 있게 되었지만, 델라웨어주 일반회사법의 경우에는 주주에 대한 소집통지는 우편 등의 매체에 의하도록 규정하고 있었다. 이에 따라 델라웨어주 일반회사법 제232조는 주주총회 소집통지를 포함한 회사로부터 주주에 대한 통지를 전자적 송신방식에 의할 수 있도록 개정되었다.

주주에게 유효하게 통지할 수 있는 방식을 제한하지 않으면서, 회사법 조항, 정관, 부속정관 등의 규정에 근거하여 회사가 주주에게 하는 통지(주주총회의 소집통지 포함)를 주주의 동의를 얻는 경우에는 전자적 송신방식(form of electronic transmission)에 의하더라도 유효하다. 주주의 동의는 회사에 대해 서면통지를 함으로써 철회될 수 있다. 이러한 주주의 동의는 다음의 경우 철회된 것으로 본다. 즉, ① 회사가 연속하여 2회 이상 당해 주주에 대하여 전자적 송신에 의한 통지를 할 수 없고 또한, ② 이를 회사의 통지담당자, 명의개서대리인 등 통지 책임을 부담하는 자가 알고 있는 경우이다. 다만 2회 연속 전자적 송신에 의한 통지가 이루어지지 않았음에도 불구하고 부주의에 의해 이를 동의의 철회로 취급하지 않은 경우일지라도 총회나 기타 행위가 무효로 되는 것은 아니다(제232조 (a)항).[92]

제232조 (a)항의 개정이유서에 의하면, 동 조항은 전자적 송신방

91) Use of Electronic Media for Delivery Purposes, SEC Release Nos. 32-7233; 34-36345, 1995 WL 588462 (Oct. 6, 1995).

92) Del. Code Ann. tit. 8, § 232(a) (2000).

식에 의해 발신되고 수신된 통지가, 수신자가 당해 전자적 송신방식에 의한 통지 제공에 동의하지 않았다는 이유만으로 무효화되는 것을 의미한 것은 아니다.[93]

주주에게 전자적 송신에 의한 통지가 이루어진 시기에 대해서는 ① 팩시밀리의 경우 주주가 동의한 번호로 발신된 때, ② 전자메일의 경우에는 주주가 동의한 메일주소로 발신된 때, ③ 전자네트워크에 게재하고 또한 별도의 통지를 주주에게 발신한 경우에는 이러한 게재 또는 별도의 통지 중 늦은 시기에, ④ 기타 전자적 송신방식의 경우에는 주주에게 발신된 때 이루어진 것으로 본다(제232조 (b)항). 여기서 '발신되었다(directed)'는 용어는 송신작업의 시작을 의미하는 것이며, 통지가 유효하기 위하여 실제로 수신이 필요한 것은 아니라는 점을 나타내기 위한 것이다.[94]

주주에 대한 통지가 전자적으로 이루어졌다는 선서증명서(affidavit)[95]를 회사의 통지담당자, 명의개서대리인, 기타 대리인이 작성한 경우, 이 증명서는 사기가 없는 한 일응의 증거(prima facie

93) Rodman Ward, Jr., Edward P. Welch & Andrew J. Turezyn, Folk on the Delaware General Corporation Law, 4th ed., vol. 1, Aspen Publishers, 2005, §232.1.

94) 2000년 델라웨어주회사법 개정작업의 입안자들은 "sent", "delivered", "transmitted" 등의 용어를 사용하는 것을 반대하였다. 뉴욕주회사법의 경우도 "directed"를 사용하지만(N.Y. Bus. Corp. Law §605(1988)), 반면 코네티컷주회사법은 "transmitted"를 사용한다(Conn. Gen. Stat Ann. §33-603(c)(2)) (James L. Holzman & Thomas A. Mullen, "A New Technology Frontier for Delaware Corporations", <http://www.prickett.com/A%20NEW%20 TECHNOLOGY.htm>, Fn. 64; 池田順一, 前揭論文, 34面).

95) 어떠한 사실에 대하여 선서집행자 앞에서 자발적으로 선서하고 작성한 진술서를 말한다. 대부분의 증거는 이러한 선서증명서에 의해 제출되며 특히 약식명령을 위한 사전심의단계에서 많이 활용된다.

evidence)로 간주된다(제232조 (b)항). 이 조항은 통지책임자가 선서증명서를 작성하도록 하는 증거관련 조항이다. 주주총회의 서면통지에 관해서도 마찬가지의 규정을 두고 있다.[96] '기타 대리인(other agent)'은 2000년 개정에서 추가되었으며 이러한 기타 대리인에 의한 선서증명서[97]에 대해서도 일응의 증거로 간주한다.

'전자적 전송(electronic transmission)'[98]이라 함은 종이의 물리적 전달을 직접 수반하지 않고, 수신자가 보관, 추출 및 검토할 수 있는 기록을 창출하며 또한 자동화 과정을 통하여 수신자가 종이에 직접 재현할 수 있는 통신방식을 말한다(제232조 (c)항). 전자적 송신방법은 한정되어 있지 않지만 팩시밀리, 전자메일에 의한 통지, 웹사이트의 게재와 그 취지의 통지, 데이터 테이프, 디스크 및 유무선 전보를 포함한다.[99] 그러나 웹사이트의 게재만으로는 통지한 것으로 되지 않으며,[100] 음성메일(voice mail)도 자동화 과정을 통하여 종이에 직접 재현될 수 있는 기록을 창출하는 기술적 플랫폼이 없는 한 전자적 전송에 해당하지 않는다.[101]

원격통신에 의한 주주총회 참가를 인정하는 경우 주주총회 소집통지에 원격통신의 방법을 기재하여야 한다(제222조 (a)항).

---

96) Del. Code Ann. tit. 8, § 222(b) (2000).

97) 회사의 대리인으로서 종종 위임장권유자(proxy solicitors)들이 이러한 선서증명서의 작성절차를 실행한다.

98) 이 정의는 의도적으로 광범위하게 규정되었으며 종이의 물리적 전달을 직접적으로 수반하지 않는 통신이라는 맥락에서 이해되어야 한다(James L. Holzman & Thomas A. Mullen, op. cit., Ⅰ.).

99) 팩시밀리, 전자메일, 전자네크워크상의 게재 등은 제232조 (b)항에서, 유무선 전보와 기타 전자적 전송은 제212조 (c)(2)항에서 각각 언급하고 있다.

100) Del. Code Ann. tit. 8, § 232(b)(3) (2000).

101) James L. Holzman & Thomas A. Mullen, op. cit., Ⅰ.

Ⅲ. 주주총회의 전자적 참여

1. 제211조의 개정 의의

2000년 개정법 중 가장 획기적인 조항은 전자주주총회제도를 채택한 제211조이다. 이 조항은 회사가 주주총회를 개최하는데 있어 정보통신기술의 활용을 확대할 수 있도록 하였다. 즉, 이사회가 재량으로(in its sole discretion) 결정하면 주주총회가 물리적 장소가 아니라 전적으로 원격통신에 의해 개최될 수 있다. 원격통신에 의한 주주총회 참가를 승인하고 투표도 허용하고 있다.[102)]

이사회가 그 재량에 의해 인정한 때는 주주총회에 직접(physically) 출석하지 않은 주주 또는 위임장소지인은 원격통신(remote communication)[103)]의 방법에 의해서 주주총회에 출석할 수 있다. 이 경우 정족수의 산정이나 투표에 대해서 당해 주주총회에 본인이 출석하여(present) 투표한 것으로 본다는 취지를 규정할 수 있다.

2. 원격통신 방법에 의한 총회참가의 요건

원격통신의 방법에 의한 출석을 인정하기 위해서는 다음의 요건을 충족하여야 한다. 즉, 회사는 ① 원격통신의 방법에 의해 총회에 출석하여 투표가 허락된 자가 주주 또는 위임장보유자인 것을 증명

---

102) John H. Small, “Delaware’s 2000 Legislation for LP’s, LLC’s and Corporations”, <http://www.prickett.com/00legislation.htm>.

103) 원격통신은 정의되어 있지 않다. 원격통신은 제232조의 전자적 전송의 정의와 다르며 더 넓은 개념이다. 예컨대, telephone conference는 제211조 (a)(2)항의 규정상 원격통신에 의한 참가에 해당하지만, 전화나 음성메일에 의한 투표는 제232조의 전자적 전송에 해당하지 않으며, 제211조 (e)항의 전자적 전송에 의한 서면투표가 되지도 못한다.

하는 합리적인 조치를 실행하고, ② 총회절차를 그 진행과 거의 동시에 볼 수 있는 기회를 포함하여 총회에 참가하여(participate) 제출된 안건에 대해 투표하는 합리적인 기회를 주주 또는 위임장소지인에게 부여하는 합리적인 조치를 실행하고, ③ 주주 또는 위임장 보유자가 총회에서 원격통신수단에 의해 투표하고, 기타 행위를 한 때는 그러한 투표 또는 행위의 기록을 보존하여야 한다(제211조 (a)항 제2호).

원격통신의 방법은 제한이 없지만 커뮤니케이션이라는 용어로부터 쌍방통신이 가능한 수단이 상정되어 있다고 보인다. 회사는 허용된 원격통신방법을 특정하여 소집통지에 기재하여야 한다(제222조 (a)항). 원격통신에 의한 출석·투표를 가능하게 하는 '합리적 조치'가 무엇을 의미하는지는 명확하지 않다. 전형적으로는 주주총회가 주된 회의장에서 개최되는 경우에 (i) 종된 회의장에서 그 진행상황을 방영하고 전화 등으로 교환하는 방법, (ii) 웹사이트에 그 진행상황을 게재하고 차트를 이용하여 교환하는 방법 등을 생각할 수 있다. 어느 것이든 총회에 참가하는 기회를 주주에게 부여하는 합리적인 조치가 실행되어야 한다. 원격통신의 방법에 의한 출석은 원격지에 거주하는 주주로서는 장점이고, 또한 정족수를 확보하는 데에는 유리하지만, 회사로서는 개최비용의 절감에는 기여하지 않을 지도 모른다.[104] '합리적인 조치'와 '합리적인 기회'가 법률상 정의되어 있지는 않지만 이는 이사의 신인의무(fiduciary duties)와 일치하도록 해석되어야 한다.[105]

---

104) 黑沼悅朗, 前揭論文, 121面.

105) James L. Holzman & Thomas A. Mullen, op. cit., Ⅲ.

Ⅳ. 의결권 행사의 전자화

주주의 의결권 행사방법의 전자화는 주로 위임장 권유 및 회신의 전자화로 이루어지고 있다. 정관이 서면투표만을 허용하는 경우에도 회사는 '원격통신'에 의해 주주총회를 개최하고 '전자적 전송'에 의한 투표를 받을 수 있다. 주주는 제211조 (a)항 제2호의 요건[106]이 충족되는 경우에 원격통신에 의해 투표를 할 권한이 있지만, 원격통신에 의한 투표는 이사선임에 관해서는 제211조 (e)항의 전자적 전송요건을 만족시키지 못할 수 있다는 점에 유의해야 한다.[107] 제211조 (e)항은 이사선임에 대해 정관에 다른 규정이 없는 한 원칙적으로 서면투표에 의하도록 하고 예외적인 경우에 전자적 전송에 의한 투표를 허용한다. 그 예외조건으로는 ① 이사회의 승인이 있어야 하며, ② 당해 전자적 전송이 주주나 위임장소지인에 의해 승인되었다는 점을 판단할 수 있는 정보를 포함하거나, 당해 정보와 함께 제출되어야 한다는 것이다.

의결권행사의 위임장에는 특정한 형식을 요구하지 않으며, 주주가 유효한 위임장을 부여할 수 있는 수단을 열거하고 있다. 1990년 개정에서 정보기술의 발전에 대응하여 위임장 부여수단이 확대되었다. 즉, 위임은 전신(telegram), 케이블, 기타 전자적 송신(electronic transmission)의 수단에 의할 수 있다. 다만 전자적 송신은 그것이 주주에 의해서 수권된 것을 나타내는 정보를 포함하거나, 그러한 정보와 함께 제출되어야 한다(제212조 (c)항).[108] 또한 copy, 팩시밀

---

106) 전술한 제3장 제1절 Ⅲ.2. 참조.

107) James L. Holzman & Thomas A. Mullen, op. cit., Ⅲ.

108) 개정이유서에 의하면 이 조항은 주주의 위임권한을 타인에게 부여하기 위하여 한정되지 않는 다양한 수단을 제공하는데 목적을 두고 있다 (Rodman Ward, Jr., Edward P. Welch & Andrew J. Turezyn, op. cit.,

리, 원격통신, 기타 신뢰할 수 있는 위임장의 복제물이 위임장으로 인정될 수 있다(제212조 (d)항).

이 개정에 의해 주주는 전자적 방법으로 위임장을 송부할 수 있게 되었다. 이는 다른 주에서도 많이 채택하고 있다. Street name으로 보유되고 있는 주식에 대해 실질주주로부터 명의인에 대한 의결권행사의 지시는 이러한 개정 이전에도 전자적 방법에 의할 수 있었다. 명의개서대리인이나 저명한 위임장권유회사는 인터넷에 의해 의결권행사를 중개하는 시스템을 가동하고 있다.[109]

Ⅴ. 버츄얼주주총회

이사회는 그 재량으로(in its sole discretion) 주주총회가 어떠한 물리적 장소에서도 개최되지 않고 그 대신하여 원격통신의 방법만에 의해서 개최될 수 있다는 취지를 정할 수 있다. 이 경우 모든 주주·대리인의 출석은 원격통신의 방법에 의해야 하기 때문에 원격통신에 의한 주주총회 출석을 규정한 제211조 (a)항 제2호의 전술한 세 가지 요건이 만족되어야 하며, 또한 소집통지에 원격통신의 방법을 기재하여야 한다. 실제 개최방법으로는 웹사이트에 주주총회의 진행을 차례로 게재하는 것이 예상된다. 이 경우 인터넷에 접근한 주주에게 질문·토의의 기회가 부여되지 않으면 주주총회는 인정되지 않는다(제211조 (a)항 제1호).

그러나 이사회가 현장주주총회를 개최하지 않고 버츄얼주주총회만을 개최하기 위해서는 정관에 의해 주주총회 장소의 결정권한을 가지고 있어야 한다. 또한 이러한 결정을 이사회만의 재량으로 한

---

§212.1.).

109) 黒沼悅朗, 前揭論文, 116面.

이유는 제211조 (a)항 제2호의 원격통신에 의한 주주총회 참가요건의 경우와 마찬가지로 주주로부터 회사에 대해 원격통신에 의한 주주총회 개최요구로부터 영향을 받지 않게 하기 위해서이다. 즉, 통신기술과 위임장의 전자적 위임 시스템이 비약적으로 발전하였음에도 불구하고, 실시간 전자투표시스템은 아직 초기단계이기 때문이다. 이러한 시스템의 안정성과 효과성은 아직 불확실하다. 또한 인터넷 투표제도의 도입에는 상당한 비용이 수반되며, 관련 법령의 이행의무를 수반한다. 기업문화와 주주와의 관계는 주주총회 개최방식에도 영향을 미친다. 따라서 원격통신에 의한 주주총회 참가나 투표를 허용할 것인지 여부에 대한 판단은 이사의 경영판단의 영역인 위험과 혜택을 형량하여야 하는 문제를 수반한다.

정관이나 부속정관에 현장주주총회 장소를 특정하는 규정이 있으면 이사회는 현장주주총회를 개최하지 않고 버츄얼주주총회만을 개최할 수는 없다. 버츄얼주주총회가 상당한 관심을 끌었지만 전적으로 온라인이나 다른 전자매체만에 의한 주주총회를 개최하는 데에는 미국 기업들은 천천히 반응할 것으로 보인다.[110]

Ⅵ. 주주명부의 전자네트워크상 공개

회사의 임원은 주주의 주소와 각 주주의 명의로 등록된 주식수를 기재한 주주명부를 주주총회 개최 10일 전까지 ① 소집통지에 주주명부 접근방법을 기재한 후 전자네트워크에 공개하거나 또는 ② 회사의 본점에 공개하여야 한다. ①의 경우 회사는 주주명부의 정보가 주주에게만 이용 가능하도록 합리적인 대책을 취할 수 있다.[111] 더욱이 총회가 물리적인 장소에서 개최된 경우 주주명부는

110) James L. Holzman & Thomas A. Mullen, op. cit., Ⅲ.

개최시간 중 개최장소에서 출석한 주주에 의해 열람될 수 있어야 한다. 또한 총회가 원격통신의 방법에 의해서만 개최된 경우는 소집통지에 주주명부에 접근방법을 기재한 후, 총회 개최기간 중 합리적으로 접근할 수 있는 전자네트워크에 공개하고 주주에 의해 열람될 수 있어야 한다(제219조 (a)항).

종래 주주명부의 공개는 총회에서 결의방법의 공정을 기하기 위하여 법에 의해서 이루어질 수 있었지만, 주주명부의 공개와 원격통신의 방법에 의한 출석·투표를 조합시키면 위임장권유 쟁탈전을 격화시킬 가능성이 있다. 이것을 의식한 것인지 제219조는 동조항에 포함된 어떠한 규정도 주주명부에 메일주소나 기타 전자적 연락 정보를 포함하도록 회사에게 요구하지 못한다는 단서를 두고 있다.[112]

Ⅶ. 주주제안의 전자화

델라웨어주 일반회사법에는 주주제안권에 관한 조항이 없다. 주주총회 특별결의사항의 대부분은 이사회가 제안하여 주주총회의 승인을 받는 것으로 회사법상 규정되어 있기 때문에, 이에 대해 주주가 제안하는 것은 허용되지 않았다.

그러나 1934년 증권거래소법은 등록회사에 대하여 특칙을 두고 있다. 미국의 주주제안제도는 위임장권유제도의 일부로서 규율되고 있다. 위임장권유제도는 1934년 증권거래소법 제14(a)조와 이에 근거한 SEC Regulation 14A에 근거하고 있는데, 주주제안제도는 Regulation 14A를 구성하는 규칙 중의 하나인 Rule 14a-8에 의하

111) 예컨대, 패스워드 등을 활용할 수 있을 것이다.

112) 黒沼悦朗, 前掲論文, 122面.

여 규정된다.[113] 주주제안의 방식은 Rule 14a-8에 의한 방식과 주주총회에 직접 출석하는 방식이 있다.

Rule 14a-8에 의한 방식의 경우 주주제안을 하기 위한 요건으로서 주주는 제안하기 전 1년 동안 의결권주식의 1% 또는 시가 2,000달러에 상당하는 주식을 보유한 명의주주나 실질주주이어야 한다. 제안권의 행사시한은 위임장서면이 발송되기 120일 전까지이다.

주주제안을 하는 주주는 주주총회 회일까지 당해 증권을 보유하여야 한다. 주주제안자는 실질주주이면 되고, 등록보유자일 필요는 없다. 주주는 1건의 제안밖에 할 수 없으며, 제안과 그 이유를 합하여 500단어 이내로 기재하여야 한다. 회사는 위임장용지에 주주제안에 대해 찬성, 반대, 기권의 기입란을 두어야 한다.

한편 동 규칙은 주주제안이 금지되는 13가지의 사항을 규정하고 있는데 가장 중요한 내용은 '적절한 의제'인지 여부이다.[114] 예컨대, 다음의 경우에는 회사는 주주제안의 기재를 거절할 수 있다. 주법에 비추어 주주총회의 적절한 결의사항이 아니라고 인정되는 때(다만, 권고제안은 인정된다), 주회사법에 의하면 이사회에 위임되어야 하는 일상적인 업무에 관한 것,[115] 이사의 선임에 관한 것,[116]

---

113) 17 CFR §240.14a-8.

114) 17 CFR §240.14a-8(i); 정경영, "주주제안제도에 관한 비교법적 고찰", 「상사판례연구」, 2004, 107~108면; 권종호, "우리 나라 주주제안제도의 문제점과 개선방안", 「상장협」 제41호, 2000, 32~38면.

115) 주주제안의 금지사유로서 가장 중요한 사항이지만, 미국 법원이나 SEC는 아직 명확한 기준을 제시하지 못하고 있는 실정이다. 주요 판결로는 Medical Committee for Human Rights v. SEC, 432 F.2d 659 (D.C. Cir. 1970); Amalgamated Clothing & Textile Workers Union v. SEC, 15 F.3d 254 (2d Cir. 1994); New York City Employees' Retirement System v. SEC, 45 F.3d 7 (2d Cir. 1995) 등이 있다(김건식·송옥렬, 전게서, 246면 주) 34).

과거에 제안되었으나 일정비율 이상의 찬성을 얻지 못하였던 것 등이다.

주주는 제안의 제출시기를 증명할 수 있으면 전자적 방법(electronic means)에 의해서 제안을 회사에 제출할 수 있다(Rule 14a-8(e)). 주주총회에서 제안을 유효하게 하기 위해서는 제안자 또는 그 대리인이 주주총회에 출석하여야 한다. 회사가 주주총회의 전부 또는 일부를 전자매체에 의해서 하고, 또한 회사가 그 매체를 통하여 제안을 허용한 때에는 제안자는 전자매체에 의해서 주주총회에 출석할 수 있다(Rule 14a-8(h)(2)).[117)]

Ⅷ. 이사회의 전자화

기본정관 등에 달리 정하지 않는 한 이사회는 모든 이사이든 아니면 일부 이사이든 동시에 서로 음성을 들을 수 있는 통신수단에 의해 이사회에 참가하는 것이 인정되며, 이러한 통신수단을 통하여 議事를 집행할 수 있고, 이것에 의해 이사회에 참가한 이사는 그 회의에 출석한 것으로 본다(MBCA 제8.20조 (b)항). 각 주의 회사법에서도 동일한 규정을 두고 있다.[118)]

Ⅸ. 전자주주총회 사례

1. Bell & Howell사

Bell & Howell사[119)]는 이미 1996년에 주주총회를 인터넷을 통해

---

116) 이사선임제안을 금지하는 취지는 아니며, 이사의 선임제안은 위임장권유규칙에 따라서 한다는 취지의 규정이다.

117) 黒沼悦朗, 前掲論文, 117~118面.

118) 예컨대, 델라웨어주회사법 제141조(i)항 등 참조.

방송하였다. 동사는 하이테크 기업으로서 이미지를 제고하기 위하여 이를 시행한 것이다. 1996년 당시에는 인터넷에 접근할 수 없는 사람들이 많았기 때문에, 회사가 주주에게 무료 소프트웨어를 제공하고 5달러에 1개월간 인터넷에 접속할 수 있도록 배려하였다. 주주총회는 파일로 보관되어 온라인상 제공되었다. 현장주주총회에는 40명 정도만이 참가하였으나 950명 이상이 온라인으로 주주총회를 시청하였다. 주주들은 웹사이트의 오디오 기능을 통하여 주주총회장의 회의내용을 청취하였고, 동시에 파워포인트로 작성된 차트와 그래프를 보았다. 그러나 인터넷을 통하여 주주총회를 본 사람들은 의사정족수나 의결정족수를 계산할 때 주주총회에 참석한 것으로 간주되지 않았다. 1997년에는 온라인 위임장투표를 추가하였는데 4백만주 이상의 의결권이 전자위임을 통하여 투표하였다. 1997년의 경우 1,700명 이상의 주주가 동시에 주주총회를 온라인상 보았으며 대부분 해외에 있는 주주들이었다. 주주총회 종료 후에도 1,603명이 보관된 파일을 보았다. 더욱이 온라인 참가자들에 대하여 주주총회 2일 전부터 주주총회 종료시간까지 이사들에게 이메일로 질문할 수 있도록 배려하였다. 모든 질문이 회의기간 중 읽히고 응답을 받았다. Bell & Howell사는 주주총회에 실시간으로 온라인 접속을 제공하는 장점은 1만에서 1만 2천 달러 정도의 저렴한 비용이라고 한다. 이러한 비용은 주주총회를 운영한 회사에 지불한 수수료와 마이크, 컴퓨터, 모뎀 등 비용과 홍보회사에 대한 비용 등을 포함한 것이다. 동사는 인터넷 중계를 통하여 주주들에게 정보전달을 위하여 기술을 활용한다는 긍정적 이미지를 획득하

119) 동사는 일리노이주를 근거로 델라웨어주에 등록한 기업으로 정보접근과 전파에 관한 시스템 및 서비스의 제공을 주요한 업무로 하고 있었다. 1996년 당시 9억 달러의 순매출과 6천명의 종업원을 두고 있었다.

였다.[120] 따라서 상대적으로 저렴한 가격으로 Bell & Howell사는 델라웨어주회사법이 실현하고자 하는 전자주주총회를 이미 2000년 개정법이 성립하기 전에 이미 실현한 것이다.[121]

2. Inforte Corporation

Inforte Corporation[122]은 2001년 4월 정기총회를 전적으로 온라인에서만 개최하였다. 이는 2000년 개정된 델라웨어주회사법을 적용하여 현장주주총회 없이 온라인을 통해서만 개최한 최초의 주주총회이다. 주주에 대한 통지에서 동사의 CEO는 Inforte사의 영업이 앞선 기술자문을 제공하는 것이기 때문에 회사가 선전하는 것을 실행하고 주주들과 통신하기 위하여 웹캐스트와 이메일을 활용한다고 발표하였다. Inforte사의 버츄얼주주총회 등록페이지는 참가자에게 '회의전 질문사항'란을 제공하였다. 더욱이 Inforte사는 주주총회 진행 중에 주주는 물론 외부인에 대해서도 이메일로 질문하도록 허용하였다. 회사는 모든 질문에 대하여 응답하였다. 음성을 실시간으로 듣고 참가자는 파워포인트 슬라이드를 보았다. 2001년 주주총회가 성공적이어서 2002년에도 인터넷 주주총회를 개최하였다.[123]

---

120) Michael D. Goldman & Eileen M. Filliben, "Corporate Governance: Current Trends and Likely Developments for the Twenty-First Century", 25 Del. J. Corp. 683, 694 (2000).

121) Daniel Adam Birnhak, "Online Shareholder Meetings: Corporate Law Anomalies or the Future of Governance?", 29 Rutgers Computer & Tech. L.J. 423, 439 (2003).

122) 일리노이주를 근거로 델라웨어주에 등록한 기업으로 전략적 기술자문업에 종사하고 있다. 2001년 4,700만 달러의 매출과 294명의 종업원을 고용하고 있었다.

123) Daniel Adam Birnhak, op. cit., pp. 439-440.

Inforte사는 이 주주총회가 기업공개 이후 첫 주주총회였음에도 불구하고 버츄얼주주총회를 개최함으로써 상당한 시간과 비용을 절감하였다. 당초 주주총회 예산으로 2만 달러를 책정하였으나 웹캐스트와 총회검사인 선임 등에 2천 달러를 소비하였을 뿐이다. 시간절약은 주주총회 계획이 단순해지고 경영진과 이사의 출장이 필요 없게 된 점에서 비롯된다. Inforte사는 약 5,500명의 등록주주 및 실질주주를 보유하고 있었다.

델라웨어주회사법 제211조는 이사회가 원격통신의 방법에 의한 주주총회를 개최할 수 있도록 허용하면서, 원격의 주주와 위임장보유자들이 의사정족수 및 의결정족수 산정에서 출석한 것으로 간주되도록 규정한다. 다만 이 경우 제211조 (a)항 제2호의 조건들을 충족시켜야 하는데 Inforte사는 다음과 같이 이를 해결하였다.

첫째, 주주 또는 위임장보유자임을 증명하는 합리적인 조치를 취하여야 한다. Inforte사는 팩스를 통하여 투표를 수령할 준비를 하였고(실제는 한 명도 없었음) 총회검사인이 팩스상의 성명과 통제번호를 명의개서대리인과 위임장행사대행사(ADP)의 기록을 통해 확인할 준비를 하였다.

둘째, 원격지의 참가자가 회의에 참석할 합리적인 기회를 가지도록 합리적인 조치를 시행하여야 한다. Inforte사는 모든 투자자(주주 이외에도)에게 회의 전부터 회의기간까지 이메일 질문을 허용하였다(실제 질문한 사람은 없었음).

셋째, 회의의 진행과정을 읽고 들을 수 있는 기회를 포함하여 실질적으로 동시에 회의에 참가할 수 있도록 하여야 한다. Inforte사는 PR Newswire를 통하여 실시간 오디오 웹캐스트를 사용하였고, 주주총회 의장은 모든 이메일 질문을 청중에게 낭독할 준비를 하였다.

넷째, 원격통신의 수단에 의해 이루어진 투표와 행위에 관한 기록을 보존하여야 한다. Inforte사는 투표를 팩스로 취합하였기 때문에 이 조건을 달성하기 용이하였다. 2002년에는 온라인 투표를 허용하였고 기록보관도 더 쉬워졌다.[124)]

3. Ciber Inc.

Ciber Inc.[125)]은 2002년 온라인 주주총회를 개최하였다. Ciber사의 CEO는 매번 주주총회 때마다 종업원, 회계 및 법률자문가들을 제외하고 10명 이하의 주주가 총회에 참석한다고 불평하였다. 회사의 내부사이트를 통하여 Ciber사는 28,000명 이상이 주주총회에 참석하도록 독려하였다.[126)]

그 이후 우량기업이나 하이테크 관련 기업을 중심으로 100개 이상의 기업이 웹캐스트 방식으로 현장주주총회를 주주들에게 중계하였다. 이 중에는 AT&T, Dell, Intel, Yahoo, Texaco 등이 포함된다.[127)]

Ⅹ. 미국의 주주총회 전자화의 실제운영방식(Intel사의 사례)[128)]

미국에서 기관투자가는 주주로서 권리를 등록할 때에 자신의 명

---

124) RR Donnelley, Real Corporate Lawyer <http://www.realcorporatelawyer.com/faqs/fameetings.html>.

125) 콜로라도주에 본사를 두고 델라웨어주에 등록한 기업으로 정보기술통합자문서비스를 제공한다. 2001년 매출액은 5.6억 달러이며 종업원은 5천명이다.

126) Daniel Adam Birnhak, op. cit., pp. 440-41.

127) RR Donnelley, Real Corporate Lawyer <http://www.realcorporatelawyer.com/faqs/fameetings.html>.

128) 山田尙武, "會社運營の電子化 — 株主總會の電子化を中心に —", 「ジュリスト」 No. 1206 (2001), 86~88面.

의로 하지 않고 nominee 명의[129]를 사용하는 것이 관례이다. 또한 투기목적으로 증권에 투자한 회사나 개인은 자신의 명의로 주식을 등록하지 않으며 다수의 주식은 주요한 뉴욕증권회사의 명의(street name)[130]로 등록되어 있다.

미국에서 전자적 위임에 의한 의결권행사는 인터넷 시대에 앞서 nominee와 증권회사 등과 실질주주 사이에 계약관계를 통해 발전하였다. 즉, nominee나 증권회사가 자신이 취급하는 실질주주의 의결권에 관한 업무를 합리화하기 위하여 ADP Global Proxy Service 등에게 의결권행사 실무를 아웃소싱하여 이러한 회사가 전화, 전보 등을 통한 방법에 의하여 의결권행사(의결권행사에 대한 내부적 지시)를 권유하였다. 본격적인 인터넷시대를 맞이하여 이러한 아웃소싱회사가 인터넷에 의한 투표를 추진하였다. 전자적 위임에 의한 의결권행사가 발전함에 따라 주주명부에 스스로 등록한 주주가 증가하였다. 등록주주는 이를 허용하는 입법에 따라 전자적 위임에 의한 의결권행사가 가능하게 되었다.

---

129) Nominee name이라 함은 기관투자가와 금융중개업자, 대부분의 은행이 고객 또는 자기의 계좌에 보유하고 있는 증권에 대하여 명의보유자(record holder)로 행동하기 위하여 구성한 파트너쉽을 말한다(Louis Loss, Fundamentals of Securities Regulations, 5rd ed., Aspen, 2004, p. 594).

130) Street name이라 함은 증권회사가 고객 또는 자기의 계좌에 보유하고 있는 증권을 등록하기 위하여 사용하는 nominee name의 한 형태를 말한다(Louis Loss, op. cit., p. 594). 여기서 "street"는 "Wall Street"를 의미한다. 1999년 통계에 의하면 미국의 상장회사의 70~80%가 street name으로 등재되어 있는 것으로 나타났다(Thomas Hazen, The Law of Securities Regulation, 5th ed., West, 2005, p. 388). 미국의 중앙예탁기관인 DTC(Depository Trust Company)의 예탁유가증권은 전부 DTC의 nominee 명의인 "Cede & Co"로 집중명의개서되어 주주명부에 등재되고 보관된다(증권예탁원, 「증권예탁결제제도[전정판]」, 2003, 200면).

실제 주주가 어떠한 방법으로 의결권을 행사하는지를 Intel사의 경우를 예로 검토한다. Intel사는 미국 온라인증권회사(인터넷에서 주식의 매매를 하는 증권회사)를 통하여 주식을 보유하고 있다(street name으로 보유).

(1) 2000년 4월 증권회사로부터 주주에게 ① 2000년 주주총회 소집통지와 위임장설명서(Proxy Statement), ② 사업보고서, ③ 의결권행사용 회신용 카드, ④ 회신용 봉투가 송부되었다. 회신용 카드에는 12자리의 통제번호(Control Number)가 기재되어 있었다.

(2) 위임장설명서에는 "증권회사나 ADP 투자가 통신서비스 프로그램에 참가하고 있는 은행을 통하여 주식을 보유한 자는 <www.proxyvote.com>으로 접속하라고 기재되어 있다. 곧 직접 자신의 명의를 등록한 주주(Intel사의 경우 Harris Bank가 등록기관임)는 <www.harrisbank.com/wproxy>라는 URL에 접속하게 된다.

(3) 위임장에 관한 자료를 우편으로 수취한 사람은 12자리의 통제번호를 준비한다. 화면을 클릭하고 투표를 한다. 화면을 클릭하면 사업보고서와 위임장설명서를 읽을 수 있다.

(4) 이후 의제에 따라 클릭하여 투표를 한다. 모든 의제에 대하여 클릭을 완료하면 "Proxy Final Submission"의 화면에 이르게 된다. 여기서 지금까지 투표결과가 일람될 수 있다. 오류가 있으면 이전 화면으로 되돌아간다. 투표가 확실하게 이루어졌는지 여부를 전자적으로 확인하고자 하는 사람은 자신의 전자메일주소를 입력한다. 이 확인은 수신처에서 현실적으로 송신되었는지 여부의 확인이며, 후일 주식회사에서 실제로 의결권의 대리행사가 이루어졌는지 여부는 아니다.

(5) 그리고 세 가지 화면이 표시된다. 즉, ① "여러분은 이제 미래의 주주를 위하여 통신자료(사업보고서, 위임장설명서, 4분기보고

서)를 인쇄물이 아니라 전자적으로 수취하는 방법을 선택할 수 있습니다. 이 방법에 의해 여러분은 투자하고 있는 회사의 우편비용을 절감할 수 있습니다. 이는 동시에 여러분이 우체국에 가지 않더라도 전자적으로 투표할 수 있다는 것도 의미합니다." ② "이 전자적 방법에 참가할 것인지 여부는 여러분의 선택사항입니다. 미래의 주주를 위하여 통신자료를 전자적으로 송신하는 데에는 여러분의 허가가 필요합니다. 또한 동시에 여러분은 4자리의 ID번호를 선택해야 합니다. 많은 분들이 사회보장번호의 최후의 4자리를 사용합니다." ③ "신중하게 선택하시기 바랍니다." 등이다.

여기서 주주는 금후 사업보고서, 위임장설명서, 4분기보고서 등의 자료를 인쇄물이 아니라 전자적으로 수취하는 방법을 선택할 수 있다.

(6) 4자리의 ID번호의 등록화면으로 가서 재차 확인하기 위하여 4자리의 ID번호를 입력한다. 이러한 절차가 모두 끝나서 "Final Submission"을 클릭하면 "Thank You For Voting"으로 되면 투표는 완료된다.

이러한 절차는 Fedex사, Compaq사, Amazon.com사도 마찬가지이다.

2001년에는 Proxy Vote Com사로부터 전자메일로 주주총회의 안내가 이루어졌다. 거기에는 12자리의 통제번호가 기재되고 또한 메일 중에 Proxy Vote Com사의 홈페이지 URL인 <www.proxyvote.com> (현재는 <central.proxyvote.com>으로 변경됨)이 기재되어 있으며, 이를 클릭하면 의결권의 전자적 투표를 할 수 있는 구조로 되었다. 방법은 이미 기술한 것과 거의 유사하지만 2000년에는 4자리의 ID번호를 등록하는 것에서 이번에는 4자리 번호를 입력하는 것으로 변경되었다. 그 이외에 특히 본인의 동일성을 확인하는 절차는 없다.

또한 이러한 전자메일 중의 <www.intel.com/intel/annual00>을 클릭하면 사업보고서에, <www.intel.com/intel/finance/proxy01>을 클릭하면 위임장설명서에 접속하는 구조로 되었다. 특히 이 전자메일에 사업보고서, 위임장설명서 그 자체는 첨부되지는 않는다.

이러한 구조는 실제로 체험하면 간단하다. 투표에 걸리는 시간은 1분에 불과하다.

이처럼 의결권행사의 전자화가 널리 보급되어 완성되었다. 그러나 이것은 종이매체에서 행하여졌던 것을 전자화한 것이며, 회사의 비용절감, 주주의 편리성을 확보한다는 점에서 의의는 있지만, IT 혁명이라는 문맥에서 보면 그 시작에 불과하다.

미국은 1999년을 전자주주총회 원년이라고 하며, 주주총회를 인터넷상에서 실황중계한 회사가 100여개사 정도로 급증하였다. 2000년 6월 성립한 델라웨어주회사법의 개정은 주주총회를 어떠한 물리적 장소에서도 개최하지 않고 원격통신(remote communication) 방법만으로 개최하는 것 소위 버츄얼주주총회를 인정하였다. 이러한 사이버를 통한 주주총회는 인터넷에 접속한 주주에게 질문·토의의 기회를 주는 것이 요건으로 된다. 따라서 주주가 매우 많은 공개회사의 경우에는 그 실현이 어렵지만 주주가 적고 세계 각지에 산재해 있는 주식회사의 경우에는 유효하다고 생각된다.

〈의결권행사 사이트의 화면〉[131)]

ProxyVote®

ENGLISH ProxyVote® July 10, 2006

Welcome to the fastest, most convenient, and secure Proxy Voting Service.

To submit your Proxy Voting instructions over the Internet, complete these two simple steps:

1. Enter your 12 or 14 digit CONTROL NUMBER*:

* Voting Instruction Form and Proxy Card recipients: This number can be found

next to the label **Control No.** or ➔ in the box next to the arrow

* E-mail Notification recipients: This number can be found next to the label

Control Number.

2. Select one of the following options and click on VOTE:

Postal Mail Recipients
If you received your voting notification by Postal Mail:

E-Mail Recipients
If you received your voting notification by E-mail: Enter your 4-digit Personal Identification Number (PIN)****
Forgot your PIN? Click here

131) <https://central.proxyvote.com/PVWeb/logon.do>.

XI. ADP(Automatic Data Processing, Inc.)

ADP사의 ICS(Investor Communication Services)는 동사의 중개서비스그룹의 한 사업부문이다. 1989년에 서비스를 시작하여 현재는 800개의 은행과 증권회사, 400개의 뮤추얼펀드, 14,000개의 상장회사에 대해 서비스를 제공하고 있다. ADP ICS는 상장회사의 각종 사업보고서, 공시사항, 사업설명서, 위임장권유서, 배당금, 주주에 대한 각종 통지 등을 주주에게 전달하는 한편 관련 업무를 전자적으로 처리하고 있다.

ADP ICS의 2005년도 주주총회 통계에 의하면 전자적 방법에 의한 수령에 동의한 주주에게 위임장자료를 인터넷으로 송부한 회사는 2,392개사로 전년비 13%가 증가하였다. 동사는 단순히 전자투표 등의 대행만이 아니라 상장회사의 위임장투표와 각종 기록의 보고업무를 보조하고 있다. 예컨대 ProxyEdge라는 인터넷 툴을 개발하여 발행회사가 위임장의 전자적 전송이나 전자투표, 각종 기록의 보관 등에 관해 SEC 규정을 준수하기 위해 필요한 업무를 지원하고 있다.132)

XII. 전자주주총회 전망

전자주주총회 도입을 위하여 2001년 메사추세츠주 의회는 입법안을 마련하여 하원을 통과하였으나 상원에서 강한 반대에 부딪혀 성사되지 못하였다. 2000년 델라웨어주 일반회사법을 제외하고 미국 내에서 아직까지 전자주주총회를 도입한 주는 없는 실정이다.

132) 자세한 내용은 <http://ics.adp.com/release11/public_site/about/seats.html> 참조.

이처럼 전자주주총회가 별로 확산되지 못하고 있는 이유는 여러 가지로 거론되고 있다.

첫째, 주주의 권리가 충분하게 보호되지 않는다는 점이다. 그 이유는 버츄얼주주총회의 플랫폼을 감독할 적절한 장치가 없으며, 질문이 응답될 것이라는 보장이 없고, 주주가 상호 의견을 교환할 수 있는 게시판이 없기 때문에 주주간 정보전달이 제한적이며, 주주간 합의가 부족함에도 불구하고 이사회가 독자적인 결정으로 버츄얼 주주총회를 개최할 수 있는 점 등에 기인한다.[133)]

둘째, 인터넷을 통한 실시간 전자투표시스템 등 주주총회 전자화를 위한 인프라가 아직 발전도상에 있다는 점이다.

셋째, 원격통신의 방법에 의해 실시간으로 투표활동이 이루어짐에 따라 각 의안의 결의결과를 예측하기 곤란하다는 우려도 제기된다. 의결권행사의 전자적 위임이 인정되어 주주가 시간적으로 총회개최에 근접한 시점에 투표할 가능성이 있는 현재에도 경영진은 총회의 개최 전에 각 의안에 대한 투표결과를 예측할 수 있다. 그러나 원격통신 방법에 의한 투표가 인정되면 주주는 총회 회장에 참가하지 않고서도 투표를 할 수 있으므로 총회개최 때까지 투표를 유보할 수도 있다. 위임장을 제출한 주주도 총회 당일에 원격통신의 방법으로 총회에 출석하여, 위임장의 내용과 다른 투표를 하는 것으로 앞서 제출하였던 위임장을 철회할 수도 있을 것이다. 특히 기관투자가들의 경우 종래 포트폴리오에 포함된 모든 회사의 주주총회에 참석하는 것은 곤란하였지만, 원격통신 방법에 의한 참가가 가능하게 되거나, 위임장을 제출하지 않고 총회개최 때까지 투표를 연기하거나 총회 당일에 위임장을 철회하는 것도 가능할

133) Anatoli van der Krans, "The Virtual Shareholders Meeting: How To Make It Work?", 2 J. Int'l Comm. L. & Tech. 32, 35 (2007).

것이다. 이처럼 총회결의의 결과를 예측하기 어렵다는 점이 경영진에게는 부담으로 작용하게 된다.[134)]

넷째, 전자주주총회에 대한 주주들의 부정적인 인식이다. 주주들은 전자주주총회를 신뢰하지 못하고 있으며, 메사추세츠주에서 보는 것처럼 주주행동주의자들의 강한 저항[135)]은 결국 의회로 하여금 입법을 포기하도록 하였다. 전자주주총회가 입법화된 델라웨어주에서 조차도 전자주주총회가 주주의 권리에 부정적 영향을 미치는 것을 우려한다. 주주는 정기총회에서 자신들의 견해를 피력할 근본적인 권리를 가지고 있으며, 정기총회가 주주들이 경영자를 만날 수 있는 유일한 기회라는 점에서 주주행동주의자들은 델라웨어주 회사법이 이러한 주주의 권리를 침해하고 있다고 주장한다. 또한 주주들은 대체로 버츄얼주주총회가 현장주주총회보다 열등하다고 보는데, 그 이유는 어떠한 형태의 원격통신도 주주가 직접 참가하는 현장주주총회처럼 그렇게 효과적이지 않기 때문이라고 한다.[136)] 특히 주주수가 넓게 분산된 상장회사의 경우 소수주주가 경영진의 책임을 대면하여 추궁하고, 현장주주총회 참가가 제공하는 심의기회를 확보할 수 있는 전자적 수단의 제공이 문제된다.[137)]

다섯째, 회사들이 버츄얼주주총회로 전환하는 것을 꺼리는 점이다. 전술한 주주들의 부정적인 의견과 더불어 버츄얼주주총회를 둘러싼 법적으로 불명확하고 불확실한 장점들로 인하여 기업들은 관

---

134) 池田順一, 前揭論文, 36面.

135) 이들의 비판은 주로 버츄얼주주총회가 회사경영자를 불만족한 주주로부터 격리시키는 시도라거나, 비민주적이라거나, 회사책임의 부재를 제도화하는 것 이라는 점 등이었다(Daniel Adam Birnhak, op. cit., p. 444).

136) Daniel Adam Birnhak, op. cit., pp. 445-446.

137) Elizabeth Boros, "Virtual Shareholder Meetings", 2004 Duke L. & Tech. Rev. 8, 23 (2004).

망자세를 취하고 있다.[138)]

이처럼 버츄얼주주총회는 알려진 여러 가지 장점에도 불구하고 아직까지 보완해야 할 사항이 많은 제도이다. 따라서 버츄얼주주총회의 문제점을 해소하기 위한 제도 즉, 공정한 감독을 보장하는 법제도나 주주간 정보교환을 확산할 수 있는 게시판 등이 활성화 된다거나, 주주들의 부정적인 인식을 해소할 획기적인 통신기술 등이 개발되지 않는 한 전자주주총회의 확산은 더딜 것으로 전망된다.

제2절 영국

영국 상무부(Department of Trade and Industry : DTI)는 1998년 3월 영국회사법의 전면적인 재검토를 위하여 전문가위원회를 구성하여 개정작업에 착수하였다. 그 동안 수차례에 걸친 회사법의 개정이 있었지만 이번 개정은 1962년 Jenkins 위원회가 재검토한 이래 근 40년만의 본격적인 회사법 개정이었다. 이를 통해 너무 복잡하거나 19세기적인 제도들을 대폭 수정하여 21세기에 맞는 간단하고 효율적인 회사법을 만들고자 하였다.

DTI는 위원회의 검토결과를 종합하여 2005년 3월 7일 백서[139)]를 발간하여 회사법개정안을 제안하였으며, 각계의 의견수렴과 의회의 논의를 거쳐 최종안을 완성하였다. 2006년 영국회사법은 2006년 11월 8일 국왕의 승인을 받아 성립하였으며, 전체 법안의 발효일은 2009년 10월부터이다. 그러나 주주총회 등 일부 조항에

---

138) Anatoli van der Krans, op. cit., p. 35.

139) DTI, Company Law Reform, 2005, <http://www.berr.gov.uk/files/file13958.doc>.

대해서는 2007년 10월 1일부터 발효하였다.[140] 2006년 영국회사법은 개정작업에 8년이라는 장기간이 소요되었으며, 1,300개 조항과 16개의 Schedule로 구성된 방대한 법률이며, 또한 DTI는 후속법령을 제정 중에 있다. 2006년 영국회사법은 1985년 회사법, 1989년 회사법, 2004년 회사법 등을 대체하게 된다.[141]

주주총회 전자화에 관련된 규정으로는 2006년 회사법 이외에도 주무장관이 정한 모범정관 및 상장규정(The Financial Service Authority Listing Rules)을 들 수 있다. 회사는 모범정관의 전부 또는 일부를 정관으로 채택할 수 있다(제19조 제3항). 또한 회사가 정관을 등기하지 않거나, 등기하더라도 모범정관을 배제하거나 수정하지 않는 한, "적절한 모범정관"의 규정은 당해 회사의 정관으로서의 효력을 가진다.[142] 여기서 적절한 모범정관이라 함은 회사가 등기할 때 시행되고 있는 모범정관[143]을 말한다(제20조 제1항, 제2항).

---

140) Department for Business Enterprise and Regulatory Reform(BERR), Companies Act 2006 Table of Commencement Dates, <http://www.berr.gov.uk/files/file42847.doc>.

141) Geoffrey Morse, et al., Palmer's Company Law: Annotated Guide the Company Act of 2006, Sweet & Maxwell, 2007, pp. 49-51.

142) 1985년 회사법에서는 Table A가 모범정관의 역할을 하였으나, 2006년 회사법에서는 주무장관이 별도로 모범정관을 규정하도록 하였다. 영국에서는 시기적으로 크게 세 가지 유형의 모범정관이 회사에 의해 채택될 수 있다. 즉, 2007년 10월 1일 이전에 설립된 회사의 경우 1985년 회사법(또는 그 이전 회사법)에 의한 Table A를 정관으로 채택할 수 있으며, 2007년 10월 1일 이후 2008년 10월 1일 이전에 설립되는 회사는 2007년에 회사법규정에 따라 개정된 Table A를 채택할 수 있다. 반면 2008년 10월 1일 이후 설립된 회사의 경우에는 새로운 모범정관을 채택하게 될 것이다(Brian Cain, "Companies Act 2006: Articles of Association", in Tolley's Company Law and Insolvency, Bulletin 5, November 2007).

143) 모범정관(안)이 발표되어 논의 중이다(The Companies (Model Articles)

Ⅰ. 소집통지의 전자화

1. 소집통지의 방식

2006년 회사법 제307조는 공개회사에 대해서는 원칙적으로 정기총회의 경우 회일 21일 이전에, 임시총회의 경우는 14일 이전에 소집통지를 하고(동조 제2항), 폐쇄회사에 대해서는 정기총회와 임시총회 모두 14일 이전에 하도록 규정하고 있다(동조 제1항). 회사는 정관에서 이 기간을 연장할 수 있으나, 단축하려는 경우에는 특별한 다수의 결의가 필요하다(동조 제3항 내지 제6항).

소집통지의 방식은 서면, 전자적 방법(electronic form), 웹사이트 방법에 의하거나 이러한 방식을 복수로 활용할 수 있다(제308조). 웹사이트 방법에 의한 소집통지가 유효하기 위해서는 회사가 주주에게 웹사이트상의 통지가 존재함을 통보할 때에, 당해 통보는 주주총회의 소집통지에 관한 것이라는 점을 명시하고, 주주총회의 장소 및 일정을 구체적으로 제시하여야 하며, 공개회사의 경우에는 당해 총회가 정기총회인지 여부를 언급하여야 한다. 또한 이러한 통지가 소집통지일부터 주주총회 종료일까지 웹사이트상에서 접근될 수 있어야 한다(제309조).

정기총회의 소집통지는 주주총회 일시와 장소가 포함되어야 하며, 주주총회에서 다루어질 업무의 일반적 성격을 기술하여야 한다. 소집통지의 내용은 정관의 규정에 따른다(제311조). 이처럼 영

Regulations 2007, July 2007, <http://www.berr.gov.uk/files/file40794.doc>). 이 초안에는 Model Articles of Association for Private Companies Limited by Shares, Model Articles of Association for Private Companies Limited by Guarantee, Model Articles of Association for Pubic Companies 등 세 가지의 모범정관(안)이 포함되어 있다.

국회사법은 웹사이트 공시를 포함하여 소집통지의 내용에 장소(place)가 포함되도록 규정하고 있는 점에 비추어 버추얼주주총회를 허용하지 않고 있다.

또한 제333조는 주주총회 등에 관련된 서류를 전자적 방식으로 송신하는데 대해 규정하고 있다. 즉, 회사가 주주총회 소집통지에서 전자주소(electronic address)를 제공한 경우 주주총회 절차와 관련된 서류나 정보를 전자적 방법으로 당해 전자주소로 송부하는 데 동의한 것으로 간주된다(동조 제1항).

2. 문서 및 정보의 도달시기

제1147조는 문서 및 정보의 도달시기에 관하여 규정하고 있다. 즉, 문서 또는 정보가 우편(문서 또는 전자적 방식을 불문)에 의해 영국에 있는 주소에 발송된 경우, 그리고 회사가 이러한 문서나 정보가 적절하게 주소가 기록되어 발신되었다는 것을 증명한 경우, 의도된 수신자가 발신 후 48시간이 경과한 때에 수신한 것으로 간주된다(동조 제2항). 한편 문서나 정보가 전자적 방법으로 송신되고, 또한 회사가 적절하게 발송하였다는 것을 입증할 수 있는 경우에도 마찬가지로 발송 후 48시간이 경과하면 수신한 것으로 본다(동조 제3항).

문서나 정보가 웹사이트 방법에 의하여 송신되거나 제공된 경우, 의도된 수신자가 다음의 경우에 수신한 것으로 본다. 즉, 당해 자료가 웹사이트상 최초로 접근 가능한 때, 또는 그 후 수신자가 당해 자료가 웹사이트 상에서 접근 가능하다는 사실의 통지를 받은 때(또는 받은 것으로 간주된 때)이다. 본 조항에서 시간을 계산할 때는 근무일만을 고려해야 한다(동조 제4항, 제5항).

회사가 주주 또는 채권자에게 발송하는 문서나 정보에 본 조항을 적용하는 데 있어서, 회사의 정관이나 채권약정서에 본 조항과 다른 규정이 있는 경우에는 당해 정관이나 채권약정서에 따른다. 또한 주주나 채권자 이외의 제3자에 대한 경우에는 회사와 제3자 간의 약정이 본 조항과 다른 경우에는 당해 약정에 따른다(동조 제6항).

회사법상 의사전달과 관련된 조항에서 "주소"의 개념에는 전자적 방법에 의해 문서나 정보를 송수신할 목적으로 사용되는 숫자나 주소를 포함한다(제1148조 제1항).

3. 수신자의 동의

회사에 대해 문서나 정보가 유효하게 발송되거나 제공되기 위해서는 '회사가' 전자적 방법으로 발송이나 제공하는 데에 동의하거나, 또는 회사법상의 조항에 따라 회사가 동의한 것으로 간주되어야 한다(제1144조 제1항, Schedule 4 Part 3).

또한 회사가 문서나 정보를 유효하게 발송하거나 제공하기 위해서는, 전자적 방법으로 당해 문서나 정보를 발송하거나 제공하는 데에 수령인이 동의하거나, 또는 수령한 회사가 회사법상의 조항에 따라 동의한 것으로 간주되어야 한다(제1144조 제2항, Schedule 5 Part 3).

4. 웹사이트 방법

웹사이트 방법에 의한 문서나 정보의 전달이 유효하기 위해서는 수령인이 웹사이트 방법으로 송신하는데 동의하거나, 다음의 규정에 따라 동의한 것으로 간주되어야 하고, 당해 동의를 철회하지 않았어야 한다(Schedule 5, Part 4, Para. 9).

웹사이트 사용에 대한 주주의 동의가 있는 것으로 간주되기 위한 조건으로는 회사가 주주 등에게 개별적으로 일반적 송신이나 웹사이트 방식에 동의하는지 질문을 하여야 하고, 회사가 이러한 질문을 발송한 후 28일이 경과하여 회신을 수령하여야 한다. 만일 회사의 질문에 회신을 하지 않을 경우의 효과를 명확하게 기술하지 않거나, 동일하거나 유사한 서류나 정보에 대해 그 전에 이루어진 질문 이후 12개월이 경과하지 않은 경우에는 수령인은 동의한 것으로 간주되지 않는다. 채권자의 동의에 대해서도 유사한 규정을 두고 있다(Schedule 5, Part 4, Para. 10, 11).

웹사이트 방법에 의해 발송되는 서류나 정보는 수령자가 읽고, 복사본을 보관할 수 있도록 하는 합리적인 형태나 방법으로 제공되어야 한다. 여기서 읽을 수 있다는 의미는 맨눈으로 읽을 수 있어야 하고, 맨눈으로 읽을 수 있는 이미지로 구성되어야 한다(Para. 12).

회사는 의도된 수령자에게 서류나 정보가 웹사이트 상에 존재한다는 사실, 웹사이트의 주소, 웹사이트상 접근 가능한 장소, 서류나 정보의 접근방법 등을 통보하여야 한다. 서류나 정보의 발송시기는 이러한 통보가 이루어진 날 또는 그 후 통보한 이후 웹사이트상 당해 서류나 정보가 최초로 나타난 날짜이다(Para. 13). 웹사이트상 공시기간에 대해서는 회사법상에 규정된 기간이나 관련 규정이 없는 경우에는 통보가 지정 수령인에게 이루어진 이후 28일간이다(Para. 14).

Ⅱ. 의결권의 대리행사

주주는 대리인에 의해 의결권을 행사할 수 있다(제324조). 한편 회사가 주주총회에 관련하여 보낸 위임장서류나 회사가 발행한 대리인 권유서류에 전자주소를 제공한 경우에도, 당해 주주총회에 관련된 위임장권유에 대한 서류나 정보를 전자적 방식으로 그 전자주소로 전송하는 데에 동의한 것으로 간주된다(제333조 제2항). 여기서 위임장권유에 관련된 서류에는 주주총회에 대한 대리인의 임명서, 대리인의 임명을 입증하는데 필요하거나 임명에 관련된 서류, 위임권한 종료의 통지서 등이 포함된다(제333조 제3항). 본 조항에서 전자주소라 함은 전자적 방법에 의해 서류나 정보를 송수신할 목적으로 사용되는 주소나 숫자를 의미한다(제333조 제4항).

2006년 영국회사법은 전자투표(electronic voting : 주주의 직접투표)에 대해서 규정하고 있지 않다. 따라서 대리인이 실제로 총회에 참석할 필요가 있다. 전자메일에 의해 의장을 대리인으로 지정하여 의결권행사에 대해 지시를 하면 투표가 이루어지는 경우(거수에 의한 경우 원칙적으로 대리인은 의결권 행사 불가(제320조 제1항))에는 실질적으로 전자투표를 한 것과 같아지게 된다.

Ⅲ. 결산서류 등의 송부 및 공시

회사는 주주, 채권보유자, 주주총회 소집통지의 수령권한이 있는 자 등에게 결산서류 및 보고서를 송부하도록 규정하고 있다(제423조 제1항). 공개회사의 경우 총회 회일 21일 이전까지 이러한 결산서류 등을 발송하여야 한다(제424조 제3항).

한편 웹사이트에 의한 공시조항을 신설하여 상장회사는 결산서류 및 보고서를 제423조에 따라 송부함과 더불어, 이를 웹사이트에서 공시하여야 하고, 다음년도의 결산서류 및 보고서가 제공될 때까지 공시하여야 한다. 웹사이트는 회사가 직접 관리하거나 대리인을 통하여 관리하여야 하며, 결산서류 및 보고서는 합리적인 이유가 있는 경우 제공될 수 있어야 한다. 웹사이트상에서 결산서류 및 보고서를 접근하고 복사본을 획득하는 것은 주주 뿐만 아니라 일반공중에게도 허용되어야 하며, 비용부담을 하지 않고 계속적으로 제공되어야 한다(제430조).

주주 및 채권보유자는 최종 결산서류, 이사보고서 및 감사보고서(상장회사의 경우에는 이사보수에 관한 보고서가 추가됨) 등의 등본 제공을 회사에 청구할 수 있다(제431조 제1항 및 제2항, 제432조 제1항 및 제2항). 이러한 청구를 수령한 날로부터 7일 이내에 제공되어야 하며, 이를 위반할 경우 벌금에 처한다(제431조 제3항 및 제4항, 제432조 제3항 및 제4항).

Ⅳ. Cresto Co.

영국의 중앙예탁결제기관으로서 장내외에서 거래되는 증권의 예탁 및 결제, 증권대차 및 담보거래를 결제하는 업무를 수행한다. 전자적 의결권 대리행사의 업무를 수행하기 위하여 기존의 CREST 시스템에 의결권 기능을 추가하여 의결권행사를 집중적, 효율적으로 관리하기 위한 의결권 인프라를 제공하고 있다. 즉, 전자적 방법에 의한 소집통지를 하는 한편 참고자료를 송부하고, 전자적 방법에 의한 대리인 선임 및 의결권지시내역을 통보하거나 수령하고, 주주총회 결과의 공고 및 보관업무를 수행한다.[144)]

제3절 독일

독일은 2001년 「기명주식과 의결권 행사의 간소화를 위한 법

144) 김대수, "주주총회에서의 전자투표제도 도입에 관한 연구", 「증권예탁」 제54호 (2005), 29면.

(Gesetz zur Namensaktie und zur Erleiterung der Stimmrechtsausübung: NaStraG)」 및 「현대적 법률거래를 위한 사법 및 기타 법률의 형식 규정의 조정에 관한 법률(Gesetz zur Anpassung der Formvorschriften des Privatrechts und anderer Vorschriften an den modernen Rechtsgeschäftsverker: FormVAnpG)」, 2002년 「투명성 및 공시에 관한 법률(Gesetz zur weiteren Reform des Aktien- und Bilanzrechts, zu Transparenz und Publizität: TransPuG)」, 2004년 「기업의 완전성과 취소권의 현대화를 위한 법률(Ein Gesetz zur Unternehmensintegrtät und Modernisierung des Anfechtungsrechts: UMAG)」 등을 통해 주식법의 상당한 부분을 개정하였으며 회사법상 전자적 매체를 활용할 수 있도록 하고 있다.[145] 그러나 이러한 법들도 버츄얼주주총회까지 허용한 것은 아니다.[146]

Ⅰ. 전자공고

종래 주식법 제25조 제2문은 정관은 회사의 공고를 게재하는 회사공고지(Gesellschaftsblätter)[147]로서 관보(Bundesanzeiger) 이외에 추

145) 정대익, "전자공시제도에 대한 법적고찰", 「상사법연구」 제22권 제3호 (한국상사법학회, 2003), 228면; 안성포, "독일의 회사법 개혁과 최근 동향 — 2005년도 UMAG에 의한 독일주식법의 개정을 중심으로 —", 기업법연구 제19권 제3호 (한국기업법학회, 2005), 86~87면

146) Happ, Wilhelm, Namensaktiengesetz-NaStraG oder : Der Einzug der Informationstechnologie in das Aktienrecht, WM 36/2000, S. 1795; Spindler, Gerald, Internet und Corporate Governance - ein neue virtueller (T) Raum? ZGR 3/2000, S. 422; Quack, Karlheinz, Das "Gesetz Zur Namensaktie und zur Erleichterung der Stimmrechtsausübung" - ein erster Schritt zur "virtuellen Hauptversammlung"? in : FS für Müller, S. 127 (2001). 이에 대하여 소수설이지만 현행법의 해석으로도 전자적 방법에 의한 주주총회 참가에 대해 정할 수 있다는 견해도 있다(Hasselbach/Schumacher, Hauptversammlung im Internet, ZGR 2/2000, S. 258, 275ff.).

가적으로 다른 신문을 정할 수 있었다. 기명주식법 제1조 제1호는 '다른 신문' 다음에 '전자적 정보매체(electronishe Informationmedien)'라는 말을 추가함으로써 전자적 정보매체를 통한 공고가 허용되었다. 전자적 정보매체로서 가장 일반적인 것은 인터넷이다.[148)]

또한 TransPuG에 의해 회사공고지의 기능을 수행하는 연방관보상의 공고는 전자적인 연방관보에만 할 수 있기 때문에(주식법 제25조 제1문)[149)] 주식회사의 공고는 완전히 전자화가 이루어졌다.[150)]

주주총회소집과 더불어 회의의 목적사항, 정관변경안, 의결예정인 회사계약안의 주요내용, 감사회 구성원이나 검사인의 선임안 등도 함께 전자연방관보나 기타 전자정보매체에 공고할 수 있다(주식법 제124조).[151)]

Ⅱ. 주주포럼의 설치

주주들간의 의견교환을 활성화하기 위하여 주주나 주주단체는 전자연방관보상의 주주포럼을 이용할 수 있다(주식법 제127a조). 이 포럼을 통하여 주주총회에서 의결권 행사를 위해 주주들에게 동참할 것을 권유할 수 있다.

연방전자관보상의 주주포럼은 법무부의 공식적인 공고의 장은 아니며, 순수하게 주주들 간에 또는 주주단체와 상호 의사소통을

---

147) 회사의 공고를 게재하는 신문으로 법률 또는 정관에서 회사공고지에 공고하도록 정한 사항을 게재하며, 이 때 동시에 관보에도 게재하여야 한다(주식법 제25조).

148) 박상근, "인터넷시대의 회사법을 위한 일시론 — 한국과 독일의 관련법 개정을 중심으로 —", 「서울대학교 법학」 제43권 제1호(2002), 286~287면.

149) 동 조항은 2003년 1월 1일부터 발효되었다.

150) 정대익, 전게논문, 232면.

151) 정대익, 전게논문, 231~232면.

위한 사적인 공간에 불과하다. 그러므로 법무부는 연방관보의 발행인으로서 접근이 용이한 인터넷상 플랫폼(Plattform)만을 제공하는 것이지 그 내용에 대하여 책임을 부담하는 것은 아니다.[152)]

Ⅲ. 주주총회 소집통지 및 소집공고의 전자화

연방관보에 주주총회 소집공고를 하는 경우 전자연방관보에 하여야 한다(주식법 제25조 제1문). 정관으로 연방관보와 함께 다른 매체를 회사공고지로 정한 경우에는 그 매체가 전자정보매체이더라도 상관없으므로 이 때에도 소집공고가 전자적 방법으로 이루어진다. 전자연방관보와 함께 회사 웹사이트도 정관이 정하는 경우 공고매체가 된다. 그러나 주의할 점은 전자연방관보에는 게재하지 않고 회사의 웹사이트에만 게재하는 것은 허용되지 않는다는 것이다. 이는 회사의 웹사이트에 대한 게시는 관보보다 정확성을 담보하기 어렵고 공시매체가 다양화되면 정보접근이 곤란하다는 이유에 기인한 것이다.[153)]

주식법은 종전에는 주주에게 통지하는 경우 그 통지는 '송달되어야 한다(Mitteilung …zu übersenden)'고 규정하여 서면에 의한 통지를 요구하였다(구주식법 제125조 제2항). 그러나 NaStraG에 의해 개정된 신규정은 주주에게 '통지가 이루어져야 한다(Mitteilung … zu machen)'고 규정함으로써 전자매체를 이용한 통지가 가능하게 되었다(주식법 제125조 제2항).[154)] 이 경우에도 주주가 동의한 경우에만

152) 안성포, 전게논문, 86~87면; Begründung vom Regierunsentwurf zum UMAG, S. 32.

153) Baums, Theodor (Hrsg.), Bericht der Regierungskommission Corporate Governance — Unternehmensfuhrung, Unternehmenskontrolle, Modernisierung des Aktienrecht, 2001, Rz. 84.

전자매체를 이용한 통지가 가능하다.155)

Ⅳ. 전자투표

독일에서는 주주총회에 참가하지 않고 '투표만'을 전자적 방법에 의해 하는 것도 인정되지 않는다. 이것은 기명주식법의 입법이유에 명기되어 있다.156) 동법은 물리적인 의미에서 주주총회에 참가와 의결권 행사가 결부되어 있다는 원칙(주식법 제118조 제1항)을 변경하는 것은 아니기 때문이다.157) 그러나 이 점에 대해서도 2001년 7월에 공표된 Corporate Governance 정부위원회의 최종보고서는 다음과 같은 제안을 하고 있다. 즉, 총회에 전자적 방법에 의해 참가하는 것에 대해 주주는 스스로 또는 대리인을 통하여 주주총회 회의장에 가지 않고 주주총회에 직접 참가할 수 있고, 또한 전부 또는 일부의 권리를 전자적 방법에 의해 행사할 수 있다는 취지를 정관에서 정할 수 있도록 하자는 것이다.158) 여기서 유의해야 할 점은 주주는 주주총회에 참가하지 않고 결의에만 가담하는 것을 인정하는 것은 아니며, 전자적 방법에 의해 총회에 참가하면서 전자투표를 하는 것을 인정하고자 한다는 점이다. 이 제안은 물리적인 의미에서 주주총회의 의사진행 과정에 전자적으로 참가하는 것,

---

154) 정대익, 전게논문, 232~233면.

155) BT-Drucks., 14/4051, S. 12.

156) Begründung des Regierungsentwurfs zum NaStraG, ZIP 2000, S. 937, 945.

157) Begründung des Regierungsentwurfs zum NaStraG, ZIP 2000, S. 937, 945; Spindler, a.a.O., S. 445; Habersack, Mathias, Aktienrecht und Internet, ZHR 165 (2001), S. 180.

158) Baums, a.a.O., Rz. 115.

즉 물리적으로 개최되고 있는 주주총회에 인터넷 등을 통하여 실시간으로 참가한 후 결의에 참가하는 것이다.[159] 또한 소수설이지만 인터넷을 통한 참가를 인정하고 그 후에 전자투표를 한다면 현행법 아래에서도 해석론으로서 적법하다고 논하는 견해도 있다.[160]

V. 의결권 행사의 전자적 위임

의결권위임도 정관이 정하는 경우에는 서면형식이 불필요하다(주식법 제134조 제3항 제2문). 주주의 결의사항에 대한 지시를 수령하는 데에도 형식의 제한이 철폐되어 단말기상의 전자문서양식(Bildschirmformular)을 이용할 수 있다(주식법 제128조 제2항 제5문).[161]

TransPuG에 의해 명문으로 주주총회의 인터넷 등에 의한 중계가 허용되었다(제118조 제3항). 이에 따라 기명주식을 보유한 회사가 주주번호 및 암호번호 등을 통한 인증에 의해 웹사이트상의 화면에서 회사에 의해 지정된 대리인에 대하여 대리권을 부여할 수 있게 되었다(제134조 이유서). 주주총회의 실황이 온라인상으로 생중계되는 경우에는 사전에 의결권행사의 대리권을 부여한 주주는 실제 회의장에 가지 않더라도 회의장에서의 논의를 최후까지 확인한 후에, 최종적인 표결에 대해 온라인을 통하여 대리인에게 지시

159) 학설에는 총회참가와 결부하지 않고 단순하게 투표만 하는 제도가 허용되어야 할 뿐만 아니라, 법적으로 강제되어야 한다는 주장도 있다(Timm, Wolfram, Das Gesellschaftsrecht im Cyberspace, in : FS für Lutter, S. 170 (2000)).

160) Rita Pikó & Tino Preissler, Die Online-Hauptversammlung bei Publikumsaktiengesellschaften mit Namensaktien, AG 4/2002, S. 223, 225ff.

161) 정대익, 전게논문, 234면.

할 수 있다.[162)]

이처럼 독일은 전자투표제도는 도입하지 않았지만 현재의 규정에 따르지라도 동일한 결과를 달성할 수 있다고 한다. 즉, 주주총회를 온라인으로 중계하고 총회에 출석하고 있는 대리인에게 투표지시를 하게 되면 전자투표를 하는 것과 마찬가지의 결과를 가져온다는 것이다. 기명주식법은 의결권 행사와 관련하여 인터넷을 활용하지만, 주주 또는 대리인이 직접 출석하는 주주총회 제도를 유지하고 있다.[163)] 이처럼 독일은 실제 총회장에서 주주가 의사표시를 하는(대리권 행사도 포함) 원칙을 고수하고 있다.

Ⅵ. 버츄얼주주총회의 불인정[164)]

현장주주총회를 개최하지 않고 주주총회를 인터넷상에서만 개최하는 것(버츄얼주주총회)은 불가능하다는 것이 통설이다. 이는 총회에서의 의결권행사를 규정한 제118조 제1항 및 총회의 개최지에 대한 규정인 제121조 제3항 및 제5항에 근거한 것이다.

독일 주식법이 주주총회를 전자화하는 방향으로 나가고 있지만, 아직까지 버츄얼주주총회를 허용하지 않는 것은 무엇 때문인가. 첫째, 주주가 주주총회에 참가하는 권리를 제한하지 않기 위해서는 장소적, 시간적으로 특정된 물리적인 의미에서 주주총회를 개최할 수 밖에 없다는 점이 지적된다.[165)] 둘째, IT의 발전에도 불구하고

162) Rita PikÓ & Tino Preissler, a.a.O., S. 224.

163) 박상근, 전게논문, 294~295면.

164) 神作裕之, "株主總會のIT化", 「民商法雜誌」 第126卷 第6号 (2002.9.15.), 793~798面.

165) Quack, a.a.O., S. 133.

인터넷에 의해 제공된 정보의 평가체제가 고정되어 있지 않고 또한 비용이 증가하고 있다는 것이다.166) 셋째, 주주총회 결의가 우연에 의해 좌우되기 쉽고, 결과를 예측하기 어렵다는 우려에 기인한다.167)

이에 대해 Corporate Governance 정부위원회의 최종보고서는 주주 전원이 인터넷상에서 참가하여 이루어진 결의의 유효성을 소위 전원출석총회의 논리(제121조 제6항)로 인정할 것을 제안하여, 주식법의 입장으로부터 일보 전진하고 있다.168) 서면에 의한 인증이 필요한 결의에 대해서는 이러한 총회결의는 할 수 없다.169)

Ⅷ. 전자주주명부

주주관련 기록이 전산망을 통하여 관리되는 현실을 고려하여 주주명부의 명칭을 Aktienbuch에서 Aktienregister로 수정하고 그 기재사항을 새롭게 규정하였다. 주주명부에는 주주의 성명과 생년월일, 연락처, 주식수, 주권번호, 액면주식의 경우 그 금액을 기재하여야 한다(주식법 제67조 제1항). 주소(Wohnort) 대신 연락처(Adresse)를 기재하게 함으로써 우편상의 주소, 사무실 주소, 전자메일 등의 주소가 가능하게 되었다.170)

---

166) Spindler, a.a.O., S. 441ff. 주주총회의 IT화의 진전을 계기로 주주총회의 권한을 강화하는 것에 대해서도 신중해야 한다고 주장한다.

167) Habersack, a.a.O., S. 195.

168) Baums, a.a.O., Rz. 111 (2001).

169) 小柿德武, "ドイツにおける株主總會に關する規整", 「比較會社法研究(森本 滋 編)」, 商事法務, 2003, 148面.

170) 정대익, 전게논문, 229면.

제4절 일본

Ⅰ. 서설

2005년 성립한 일본 회사법(평성17년 법률 제86호)은 2005년 7월 26일 공포되어 2006년 5월 1일부터 시행되고 있다. 회사법 공포에 따라 회사법관계 政令(「회사법시행령」(평성17년 정령 제364호))이 2005년 12월 14일 공포되고, 「회사법시행규칙」(평성18년 법무성령 제12호), 「회사계산규칙」(평성18년 법무성령 제13호) 및 「전자공고규칙」(평성18년 법무성령 제14호) 등 세 가지 法務省令이 2006년 2월 7일 공포되었다. 이들 정령 및 법무성령도 모두 각각 부칙 제1조에서 회사법 발표일(2006년 5월 1일)부터 시행된다고 규정하고 있다.

2005년 회사법은 주식회사와 유한회사를 통합하였는데 이로 인하여 가장 영향을 받은 제도 중의 하나가 주주총회에 관한 것이다. 주주총회의 규율방식에 대해서는 회사법상 주식회사 분류와의 관계에서 어떻게 정리할 것인지가 문제되었다. 회사법은 주식회사에 대해 이사회를 설치하지 않는 것을 허용하며, '이사회를 설치하지 않는 주식회사'는 舊유한회사(유한회사법에 근거한 유한회사를 말한다)에 해당하고, '이사회설치회사'는 舊주식회사(현행상법에 의한 주식회사를 말한다)에 해당한다고 할 수 있기 때문에, 이것을 기준으로 주주총회의 권한 등에 대한 규율을 구분한 후, 주식의 양도제한 유무, 주주 수 등에 착안하여 필요에 따라 규율의 내용을 변경하는 것으로 하고 있다.[171)]

이에 따라 주주총회 권한의 경우 '이사회가 설치되지 않는 주식

171) 相澤 哲・細川 充, "株主總會等", 「立法擔當者による新・會社法の解說(相澤 哲 編)」, 別冊商事法務 No.295 (2006), 75面.

회사'의 주주총회에 대해서는 舊유한회사의 사원총회와 같은 권한을 인정하고, '이사회설치회사'의 주주총회에 대해서는 舊주식회사의 주주총회와 같은 권한을 인정하고 있다.[172] 이하에서 이사회설치회사를 중심으로 검토한다.

Ⅱ. 주주총회의 소집

1. 전자적 방법에 의한 소집통지

(1) 총설

이사는 서면에 의한 주주총회의 소집통지에 대신하여 정령에서 정함에 따라 주주의 승낙을 얻어 '전자적 방법'에 의한 통지를 발송할 수 있다(회사법 제299조 제3항). 이 조항에 근거하여 회사법시행령 제2조 제1항은 전자적 방법에 의해 통지를 발송하고자 하는 자(이하 "통지발송자"라 한다)는 법무성령에서 정한 바에 따라 미리 그 통지의 상대방에 대하여 자신이 이용하고 있는 '전자적 방법의 종류 및 내용'을 표시하고, 서면 또는 전자적 방법에 의한 승낙을 얻어야 한다고 규정한다. 이러한 승낙을 받은 통지발송자는 상대방으로부터 서면 또는 전자적 방법을 통해 전자적 방법에 의한 통지를 받지 않겠다는 신청이 있는 때는 그 상대방에 대하여 그 통지를 전자적 방법으로 발송할 수 없다. 다만 그 상대방이 다시 전자적 방법에 의한 통지의 수령을 승낙한 경우에는 그러하지 아니하

---

172) 이사회의 설치유무와 주주총회의 권한범위의 문제는 양자 모두 소위 소유와 경영의 분리라는 점에 관한 것이지만, 이사회 설치에 의해 주주총회의 권한이 한정된다는 관계는 논리필연적인 것은 아니다. 회사법에서는 회사구분과 규율구분과의 관계가 알기 쉽다는 관점에서 이처럼 정리한 것이다(相澤 哲・細川 充, 前揭論文, 76面 註) 2).

다(회사법시행령 제2조 제2항). 총회 때마다 주주의 승낙을 얻는 것은 번잡하기 때문에 실무적으로는 주주로부터 승낙철회의 의사표시가 없는 한 계속하여 전자적 방법에 의해 통지를 발송한다는 승낙을 받게 된다.[173]

(2) 전자적 방법

'전자적 방법'은 전자정보처리조직을 사용하는 방법 기타 정보통신기술을 이용하는 방법에 있어서 법무성령에서 정한 것을 말한다(회사법 제2조 제34호). 이 조항에 근거하여 회사법시행규칙은 전자적 방법을 규정하고 있다. 즉, (ⅰ) 정보처리조직을 사용하는 방법 중 다음에 열거하는 것을 말한다. 즉, ① 송신자의 전자계산기와 수신자의 전자계산기를 접속하는 전기통신회선을 통하여 송신하고, 수신자의 전자계산기에 구비된 파일에 기록하는 방법(회사법시행규칙 제222조 제1항 제1호 イ), ② 송신자의 전자계산기에 구비된 파일에 기록된 정보의 내용을 전기통신회선을 통하여 정보의 제공을 받는 자의 열람에 제공하고, 당해 정보의 제공을 받는 자의 전자계산기에 구비된 파일에 그 정보를 기록하는 방법(제1항 제1호 ロ) 등이다. 또한 (ⅱ) 자기디스크 기타 이에 준하는 방법에 의해 일정한 정보를 확실하게 기록하여 둘 수 있는 물건에 의해 제작된 파일에 정보를 기록하고 이를 교부하는 방법 등을 말한다(제1항 제2호). 이러한 방법들은 수신자가 파일의 기록을 출력하여 서면을 작성할 수 있어야 한다(동규칙 제222조 제2항).

전자적 방법의 구체적 내용을 정한 회사법시행규칙 제222조는 구상법시행규칙 제6조 제1항에 해당하는 규정이다. 차이점은 정보

173) 江頭憲治朗, 株式會社法[第2版], 有斐閣, 2008, 300面; 中西敏和, "株主總會のIT化と實務の對應",「商事法務」第1625号 (2002), 29面.

의 송신자가 정보의 내용을 전기통신회선을 통하여 정보제공을 받을 자의 열람에 제공함으로써 정보를 제공하는 방식(구체적으로는 홈페이지 등에 업로드한 정보를 수신자가 다운로드하는 것에 의해 정보를 제공하는 방식)이 전자적 방법에 포함된 것을 명확화한 점이다(회사법시행규칙 제222조 제1항 제1호 ロ). 개정전 상법에서는 이러한 방식이 "(송신자로부터) 정보가 송신된다"는 요건에 해당하는지 여부가 조문의 문언상 명확하지 않았기 때문에 시행규칙에서는 그 의미를 명확히 하였다.[174]

전자적 방법에 대해 수신자가 파일의 기록을 출력하여 서면을 작성할 수 있도록 하여야 한다는 규정(동규칙 제222조 제2항)은 구 상법시행규칙 제6조 제2항에 규정된 내용과 동일하다.

(3) 전자적 방법의 종류 및 내용

한편 회사법시행규칙 제230조는 회사법시행령이 규정한 '전자적 방법의 종류 및 내용'을 규정하고 있다. (i) 전자정보처리조직을 사용하는 다음의 방법 가운데 송신자가 사용하는 것을 말한다. 즉, ① 송신자의 전자계산기와 수신자의 전자계산기를 접속하는 전기통신회선을 통하여 송신하고, 수신자의 전자계산기에 구비된 파일에 기록하는 방법, ② 송신자의 전자계산기에 구비된 파일에 기록된 정보의 내용을 전기통신회선을 통하여 정보의 제공을 받는 자의 열람에 제공하고, 당해 정보의 제공을 받는 자의 전자계산기에 구비된 파일에 그 정보를 기록하는 방법 등이다. 또한 (ii) 자기디스크 기타 이에 준하는 방법에 의해 일정한 정보를 확실하게 기록하

174) 相澤 哲・松本 眞・郡谷大輔・豊田祐子, "電子的方法・電子的記錄, 設立, 淸算, 持分會社, 電子公告", 「立法擔當者による新會社法關係法務省令の解說」, 別冊商事法務 No. 300 (2006), 145面.

여 둘 수 있는 물건에 의해 제작된 파일에 정보를 기록하고 이를 교부하는 방법 등을 말한다(회사법시행규칙 제230조 제1항). (iii) 파일에 기록하는 방식도 포함된다(동조 제2항).

(ii)는 플로피 디스크 등 자기디스크 또는 자기테이프, 자기드럼과 같은 자기적 방법에 의해 정보를 기록하기 위한 매체, IC카드 등과 같이 전자적 방법에 의해 정보를 기록하는 매체, CD-ROM, DVD-ROM 등과 같은 광학적 방식에 의해 정보를 기록하기 위한 매체 등을 이용하여 제작하는 파일에 정보를 기록한 것을 교부하는 방법이다. (i)은 인터넷을 이용하여 주주에게 소집통지를 하는 방법이며, 두 가지의 방법이 있다. 하나는 미리 주주가 등록한 메일주소에 소집통지데이터를 송신하는 방법이며, 또 하나는 회사의 웹사이트에 소집통지를 게재하고 주주가 접속하여 직접 읽을 수 있도록 함과 동시에 당해 파일을 다운로드할 수 있게 하는 방법이다.[175] 주주가 소집통지에 접근할 수 있는 기회를 확보하기 위하여 후자의 경우에는 회사의 웹사이트에 소집통지에 관한 정보를 업로드 한다는 취지를 의결권을 가진 주주에게 통지하여야 한다.[176] 따라서 (i)의 경우에는 어느 방법에 의하든 회사는 메일주소를 주주로부터 신청을 받아야 한다.[177]

(4) 소집방법에 대한 규제와 주주 전원동의

주주총회 소집방법에 관한 규제는 주주의 이익보호를 위한 것이며, 정관상 별도의 규정을 두는 것은 허용되지 않는다. 그러나 총

175) 原田晃治 編, 「Q&A 株式制度の改善・會社運營の電子化―平成13年改正商法」, 商事法務, 2002, 112面.

176) 原田晃治 編, 前揭書, 112面.

177) 弥永眞生, "株主總會のIT化", 「ジュリスト」 No. 1271 (2004), 31~32面.

회마다 개별 주주가 동의하여 그 이익을 포기할 수 있다. 따라서 의결권을 행사할 수 있는 주주 전원의 동의가 있으면 법정의 소집기간을 단축하고, 소집통지나 계산서류, 사업보고서 등을 제공하지 않고 주주총회를 개최할 수 있다(회사법 제300조, 제325조). 그러나 서면 또는 전자적 방법에 의한 의결권행사가 이루어지는 경우에는 주주전원의 동의가 있더라도 이러한 소집방법에 관한 규제를 생략할 수 없다(제300조 단서, 제325조). 즉, 의결권행사서면 등의 교부가 생략될 수 없을 뿐만 아니라, 통지시기 · 주주총회참고서류의 교부 등에 대한 규제도 모두 준수되어야 한다.[178)]

2. 웹공시 제도[179)]

(1) 도입배경

회사법에 관한 법무성령을 개정하면서 일반공중의 의견조회 결과, 학계에서는 사외이사에 관한 정보의 일부를 제외하고 공시하는 정보를 보다 증가시켜야 한다는 의견이었지만, 경제계나 기타 실무 관계자들은 대체로 공시정보의 증가에 따른 비용, 절차 등의 부담을 이유로 공시정보의 증가를 우려하는 의견이었다.

특히 공시정보의 증가에 대한 문제의식의 하나로서, 주주 등에 대해 서면으로 보다 많은 공시정보를 직접 교부해야 한다면, 인쇄비, 우송비 등이 현저하게 증가할 것으로 우려되었다.[180)]

---

178) 江頭憲治朗, 前揭書, 300~301面.

179) 이하는 相澤 哲, 郡谷大輔, "會社法施行規則の總論等", 「立法擔當者による新會社法關係法務省令の解説」, 別冊商事法務 No. 300 (2006), 4~6面을 주로 참고함.

180) 실무에서는 실제로 합리적인 범위 내에서 제공 가능한 서면의 양으로부터 역산하여 공시사항의 내용을 결정하는 것이 일반적이다.

이 점에 대해서는 단순히 회사의 비용부담의 증가 문제 뿐만 아니라 공시의 충실에 반하는 결과를 초래할 수 있다는 문제점도 고려되었다. 즉, 공시비용을 줄이기 위하여 서면의 양을 일정한 한도로 제한할 목적으로 주주에게 송부하는 정보의 내용을 그 양에 맞추어 간략화 할 수 있기 때문이다. 회사법관련 법무성령에서는 주주총회참고서류나 사업보고에 공시하여야 할 정보의 총량이 비약적으로 증대하였다. 이에 따라 회사의 공시부담을 완화하기 위하여 당해 정보를 주주 등에게 제공하는 방법으로서 Web 공시제도[181]를 도입하게 된 것이다.

(2) 웹공시 제도의 내용 및 웹수정

웹공시 제도라 함은 주주총회참고서류, 사업보고, 개별주기표 및 연결계산서류 등 주주총회 소집통지와 함께 주주에게 제공해야 하는 자료에 표시해야 하는 사항의 일부에 대하여, 정관의 정함에 따라 인터넷 홈페이지에 게재함과 더불어 그 주소 등을 주주에게 통지하면 당해 사항에 관련되는 정보가 주주에게 제공된 것으로 보아 물리적인 서면 등에 의한 제공을 생략할 수 있는 제도이다. 전자공고와는 달리 공시중단 등의 효과에 대하여 정함이 없으며, 법적 하자에 대해서는 실질적으로 판단된다. 소집통지에 기재한 방법에 의한 수정이 "소집절차의 현저한 불공정"(회사법 제831조 제1항 제1호)에 해당하는지 여부는 수정사항의 중요도에 의하여 결정된다.[182]

181) 주주총회참고서류에 대해서는 시행규칙 제94조, 사업보고는 시행규칙 제133조 제3항, 제4항, 個別注記表는 회사계산규칙 제161조 제4항, 제5항, 연결계산서류는 회계계산규칙 제162조 제4항, 제5항 등에서 각각 규정하고 있다.

182) 江頭憲治朗, 前揭書, 318~319面.

주주총회참고서류에 기재하여야 하는 사항에 대하여 소집통지 발송 후 총회 전일까지 수정해야 하는 사항이 생긴 경우에 수정 후의 사항을 주주에게 주지하는 방법을 소집통지에 기재할 수 있지만(회사법시행규칙 제65조 제3항), 그 방법은 실무상 인터넷 웹사이트상에 표시하는 경우가 많으며, 웹수정 등으로 불리고 있다.[183)]

즉, 주주총회참고서류, 사업보고, 계산서류, 연결계산서류의 기재에 인쇄상 잘못이나 기타 사정으로 오류가 생긴 경우나 소집통지 발송 후에 사정변경 등이 있는 때에, 수정 후의 사항을 주주에게 통지하는 방법으로서 수정사항을 인터넷 홈페이지에 게재하는 것을 허용하고, 그 취지 및 당해 홈페이지 주소를 소집통지와 함께 주주에게 통지하는 것을 인정하는 것이다. 이러한 웹수정은 특별한 조치를 요하지 않으며, 다만 소집통지에 그 취지를 기재하면 충분하기 때문에 이미 소집통지의 欄外注記 라는 형태로 기재하고 있는 예도 있다. 종래 수정이 생긴 경우에 어떻게 대응할 것인가의 문제는 그 원인으로 되는 실책의 방지와 함께 실무가를 곤혹스럽게 하는 것이었다. 그 결과 재작성이나 정오표의 동봉 등으로 시간과 노력을 허비한 사례도 적지 않았다.[184)] 그러한 의미에서 웹수정은 즉

183) 中西敏和, “會社法全面適用下における株主總會の留意点”, 「商事法務」 第1791号 (2007), 8面.

184) 개정전 상법 아래에서 소집통지 발송 후 기재사항에 오류가 발견되는 경우 예컨대, 참고서류에 대해서는 그것이 중대한 기재오류인지 여부를 판단하여 중대한 오류인 경우에는 주주총회 2주전까지 재송부하거나 주주총회 회일을 연기할 수 있는 때에는 연기하였다. 만일 이러한 대응이 불가능한 경우에는 당해 의제를 삭제하였다. 또한 중대한 오류가 아닌 경우에는 정정통지를 할 것인지 여부는 회사가 판단하였다. 이러한 대응은 의안의 수정에 해당하지 않는 범위에 대해서만 이루어지며, 의안수정에 대해서는 의안내용의 축소의 경우 주주에게 불측의 손해를 초래하지 않는다고 해석되므로 실무상 허용되며, 추가적인 수정이나 의

시성을 포함하여 그 활용이 기대된다. 철저하게 주지시킨다는 관점에서 정관에서 정한 공고방법에 의한 공고나 엽서 등 서면에 의한 통지를 통지방법으로 선택한 경우에도 이러한 웹수정 방식을 병용하는 것이 바람직할 것이다.[185)]

웹수정은 주주총회참고서류, 사업보고, 계산서류, 연결계산서류 등의 기재에 오류가 있는 경우 속히 수정되는 것이 바람직하지만, 재교부가 필요하다면 비용부담의 문제 이외에 소집통지의 발송기간에 관한 제도와의 관계가 문제되므로 별도의 대응이 가능하다는 취지를 명확히 한 것이다.[186)]

그렇다면 웹수정에 관한 규정은 지금까지 서면에 의한 정정통지밖에 염두에 두지 않았던 것에 대해 별도의 방법이 가능하다는 것을 나타내는 것에 불과하며, 개정전 상법 아래에서 이루어졌던 실무를 부정하거나 회사에 수정의무를 부담시키는 것은 아니다. 또한 개정전 상법 아래에서 인정되지 않았던 추가적인 수정이나 의안의 동일성을 상실하게 하는 수정을 허용하는 것도 아니다.[187)]

(가) 웹공시 제도의 대상

ⅰ) 주주총회참고서류

웹사이트 공시가 허용되지 않고 반드시 참고서류에 기재하여야

안의 동일성을 상실시키는 수정은 주주총회 회일의 2주전까지 정정통지를 송부할 수 없는 한, 허용되지 아니한다. 참고서류 이외에 협의의 소집통지, 영업보고서, 계산서류, 감사보고서에 대해서도 동일하게 적용되었다(野村修也・三浦亮太・石井裕介, "會社法下の株主總會における實務上の諸問題", 「商事法務」第1807号 (2007), 65面).

185) 中西敏和, 前揭論文, 8面.

186) 相澤 哲, 郡谷大輔, "會社法施行規則の總論等", 「立法擔當者による新會社法關係法務省令の解說」, 別冊商事法務 No. 300 (2006), 15面.

187) 野村修也・三浦亮太・石井裕介, 前揭論文, 65面.

하는 사항으로는 ① 의안(회사법시행규칙 제94조 제1항 제1호), ② 사업보고에 표시해야 하는 사항을 주주총회참고서류에 기재하고 있는 경우에 있어서 일정한 사항(제2호),[188] ③ 당해 웹사이트의 주소(제3호), ④ 어떠한 사항을 웹사이트에 표시하는 데에 감사 또는 감사위원회가 이의를 제기한 사항(제4호) 등이다. 따라서 이러한 네 가지의 경우를 제외하고는 주주총회참고서류에 기재해야 하는 사항이 웹공시 제도의 대상으로 된다.

웹공시 제도의 이용에 따라 주주에게 제공되는 주주총회참고서류로부터 기재를 생략한 사항에 대해서는 총회소집의 결정사항으로서 정하여야 한다(회사법시행규칙 제63조 제3호 ホ).

ii) 사업보고

웹사이트 공시가 허용되지 않고 반드시 사업보고에 기재하여야 하는 사항으로는 ① 회사의 현황, ② 회사임원, ③ 주식, ④ 신주예약권 등에 관한 사항 중 성령에서 구체적인 항목이 정해진 사항(시행규칙 제133조 제3항 제1호), ⑤ 감사 또는 감사위원회가 이의를 제기한 사항(제2호) 등이다. 이러한 다섯 가지를 제외하고 사업보고에 기재해야 하는 사항이 웹공시의 대상으로 된다. 즉, 주식회사의 지배에 관한 기본방침, 이사회의 권한행사에 관한 기본방침, 회계감사인이나 사외이사에 관한 공시사항 등을 들 수 있다.[189]

iii) 개별주기표 및 연결계산서류의 경우 그 전부에 대해 웹공시 제도를 이용할 수 있다.

---

188) 회사법시행규칙 제120조 제1항 제1호 내지 제8호, 제121조 제1호 내지 제5호, 제8호, 122조 제1호, 제123조 제1호, 제2호 등 참조.

189) 中西敏和, 前揭論文, 8面.

(나) 웹공시 기간

웹공시를 해야 하는 기간에 대해서는 본래 공시된 내용이 소집통지와 함께 공표되어야 하는 점에 비추어, 소집통지를 한 시점부터 공시를 시작하여 주주총회 회일로부터 3개월을 경과하는 일자까지 계속하여 공시하는 것으로 하였다.

또한 전자공고와는 달리 공시의 중단이나 정보의 변경 등에 대해서는 특별한 제한은 없다. 공시의 중단이 생긴 경우에는 바로 위법으로 되는 것이 아니라, 공시기간 전체로서 계속하여 중단되었다고 평가할 수 있는지 여부의 관점에서 실질적으로 판단하여야 한다. 정보의 변경에 대해서는 별도 수정사항의 주지방법에 관한 통지제도(시행규칙 제65조 제3항, 회사계산규칙 제161조 제7항 등)를 이용하게 될 것이다.

(다) 감사보고와의 관계

웹공시 제도를 이용하는 경우에 웹공시의 대상으로 된 사항을 주주에게 직접 제공할 필요는 없다. 따라서 감사대상으로 되었던 사업보고나 계산서류의 전부가 주주에게 현실적으로 제공되는 것은 아니다. 다른 한편 감사보고는 감사대상물의 모든 내용을 전제로 한 판단을 표시한 것이다.

그래서 웹공시 제도의 이용에 의해 현실적으로는 주주에게 사업보고나 계산서류의 일부밖에 제공되지 않는 경우에는 감사나 회계감사인이 그 취지를 주주 등에게 통지하도록 청구할 수 있다(회사계산규칙 제161조 제6항).

(라) 정관의 정함

웹공시 제도를 채택하기 위해서는 그 취지를 정관에서 정할 필요가 있다(회사법시행규칙 제94조 제1항 단서). 서면 등으로 직접 주주에게 제공하는 것에 대신하여 인터넷을 이용하여 공시하는 것과 전자공고제도를 채용하는 경우 등과의 균형상 정관의 정함을 요하는 것으로 하였다.

(마) 기타 유의사항

인터넷 홈페이지에 공시되더라도 반드시 불특정 다수가 접근 가능할 필요는 없고, 당해 주식회사의 주주만이 접근 가능하도록 설정하여도 무방하다(조문에서도 '주주가 제공을 받을 수 있는 상태에 두는 조치'로 하고 있으며 전자공고 등의 경우와는 다르다).

사업보고와 계산서류에 대해서는 그 일부가 웹공시 제도의 대상으로 될 수 있지만, 정보의 일람성 관점에서 웹공시 제도의 대상으로 되어 있지 않는 정보를 참고정보로 아울러 공시하는 것은 상관없다.

(3) 웹공시 제도의 문제점[190)]

공시대상으로 될 수 있는 사항은 어떠한 기준에 의해 선정되어야 하는가의 문제이다. 정보의 중요성이 낮은 사항을 웹공시의 대상으로 할 수도 있지만, 웹공시의 취지에서 보면 정보의 중요성에 의한 구분이 바로 도출되는 것은 아니다. 주주총회참고서류에서는 주주가 의안을 판단하기 위하여 제공된 정보의 모든 것이 원칙적으로 웹공시의 대상으로 됨에 비하여, 사업보고에서는 웹공시의 대상으로 되는 사항의 범위가 주주총회참고서류 보다도 약간 좁다. 금번 개정에서 새롭게 추가된 사항 중 내부통제시스템의 정비 상

---

190) 黒沼悅郎, "企業內容の公示・開示", 「檢證會社法－浜田道代先生還曆記念－」, 信山社, 2007, 548~551面.

황, 사외이사의 공시, 회계감사인의 공시, 회사지배에 관한 기본방침의 공시는 웹공시의 대상으로 될 수 있다. 반면, 회사임원의 보수, 감사·감사위원의 의견은 웹공시의 대상으로 될 수 없다. 주주총회참고서류의 공시사항은 중요성에 우열을 두기가 어렵기 때문에 일률적으로 웹공시의 대상으로 한지도 모른다. 그러나 주주의 권리행사와의 관계는 사업보고보다도 주주총회참고서류가 강하며, 후자의 공시를 모두 웹공시에 일임하는 데에는 비판이 있다.

웹공시 제도의 도입이 법제심의회에서 심의대상으로 되지도 않았고, 일반공중의 의견수렴 절차도 거치지 않았다는 점에서 절차상 비판을 받는다. 다만 회사법은 주주총회참고서류를 "법무성령에서 정함에 의하여 … 교부하여야 한다"고 하고(회사법 제301조 제1항), 계산서류 및 사업보고를 "법무성령에서 정함에 의하여 … 제공하여야 한다"고 하고 있어서(제437조), 교부의 방법이나 제공의 방법을 법무성령에서 정하는 것은 회사법이 예정하고 있는 것이라고 일응 말할 수 있다.

주주총회에서 서면투표 또는 전자투표를 인정하고 있는 회사는 전자적 방법에 의해 소집통지를 수령하는 것을 승낙한 주주에 대해서 주주총회참고서류를 전자적 방법에 의해 제공할 수 있다(제301조 제1항 제2호, 제302조 제2항). 주주에 대하여 웹사이트로 정보를 게시하는 것은 전자적 방법에 의한 정보제공의 유력한 수단이다. 따라서 소집통지의 전자화가 진전되면 주주총회 관련서류의 인쇄비, 우송비의 절감이 기대되었다. 그러나 소집통지의 전자화는 거의 진전되지 않고 있다. 그 이유는 ① 주주가 메일주소를 회사에 통지하지 않거나, ② 전자적 방법에 의한 소집통지를 인정한 회사에서는 정당한 이유가 없으면, 주주가 전자적 방법으로 권리행사를 하는 것을 거부할 수 없게 되므로(제310조 제4항, 제312조 제2항), 회사측이 소집통지의 전자화를 주저하게 되며, ③ 소집통지의 전자화에 의해 회사가 받는 혜택이 적다는 점 등이다. 어떻든 2001년 개정에서 도입된 소집통지의 전자화가 좀처럼 진전되지 않는 점이 2005년 회사법에서 웹공시 제도를 도입하게 된 배경이다.

소집통지의 전자화가 진전되었다 하더라도 전자적 방법에 의한 정보제공의 혜택은 주주총회참고서류 이외에는 미치지 않았으며, 전자적 방법에 의한 계산서류나 사업보고의 제공은 허용되지 않았다. 또한 소집통지의 전자화를 승낙한 주주와의 관계에서도 주주가 희망하면 서면에 의한 주주총회참고서류를 교부하여야 하였다. 이처럼 주주에게 공시하는 정보가 증가하여 직접공시 비용이 증가하는 것에 대한 대응으로서 소집통지의 전자화에 기대할 수 없는 상황이었기 때문에, 이것과는 별도의 제도로서 구상된 것이 웹공시 제도이다.

소집통지의 전자화는 이를 승낙한 주주에 대해서만 적용된다(회사법 제301조 제2항). 컴퓨터나 인터넷에 정통하고 있지 않는 주주의 이익을 침해하지 않기 위한 것이다. 이에 대해 웹공시의 이용은 대상으로 되는 주주의 개별적인 승낙을 요건으로 하지 않으며, 인터넷을 이용하지 않는 주주에 대해서도 정보가 제공된 것으로 간주하게 된다. 웹공시가 주주의 개별적인 승낙을 요건으로 하지 않은 점은 정보약자의 보호를 소홀히 하고 있다는 비판을 받는다.

웹공시가 주주의 개별적인 승낙이 없이 허용된 이유를 입법담당자는 설명하지 않고 있다. 그 이유를 추정하면 우선 전자공고를 도입하는 데에는 정관변경으로 충분하기 때문에 웹공시 도입요건도 동일하게 한 것으로 생각할 수 있다. 그러나 공고는 불특정 다수의 이해관계인을 대상으로 하고 있는데 비하여, 웹공시는 주주라는 특정한 다수를 상대방으로 하고 있으며 같은 선상에서 논할 수는 없는 이상, 주주를 상대방으로 하는 소집통지의 전자화(주주의 개별적인 승낙이 필요)와의 사이에는 불균형이 남는다. 소집통지와 비교에 대해서는 소집통지는 권리행사의 기회를 보증하는 기능을 가지고 있고 때문에 전자화에는 개별적인 승낙이 필요하지만, 주주총회참고서류나 사업보고 등은 권리행사의 기회를 보증하는 것은 아니며, 권리행사의 내용을 실질화하는 것(권리행사의 내용을 적절한 것으로 하는)에 불과하다는 반론도 가능하다. 그러나 권리행사의 내용이 실질화되지 않으면, 기회의 보증은 유명무실하게 되며 기업지배구조가 기능하지 않게 되므로 이 구별은 이유가 되지 않는다. 또한 그 다음으로 소집통지의 전자화가 도입된 2001년과 현재의 상황을 비교할 때 공공도서관에서 인터넷 이용이 진전되는 등 네트워크 단말기에 대한 접근이 개선되었으며, 이미 정보약자의 존재를 고려할 필요가 없다고 판단될지도 모른다. 그러나 공공 네트워크 단말기 이용시간이 일반적으로 제한되어 있으며, 수리 등으로 자택의 단말기를 일시적으로 사용할 수 없는 경우도 있을 수 있다. 정보약자를 무시할 정도로 인터넷 접근이 용이한 것은 아니라고 본다. 물론 법무성령의 개정으로 공시하여야 하는 사항이 증가한 것이 약자를 배려하지 않아도 되는 이유가 되지는 않을 것이다. 웹공시에 의해 생략할 수 있는 정보는 법무성령의 개정에 따라 증가한 공시사항에 한정되는 것은 아니기 때문이다.

이처럼 주주의 개별적인 승낙이 없이 웹공시를 허용하는 정책에 대해서는 상당한 비판이 제기된다. 물론 주주의 개별적인 승낙을 요건으로 하면 전자화로의 이행이 진전되지 않으며, 자료의 인쇄·우송비용이 증대하므로, 개별적인 승낙을 요건으로 하지 않는 웹공시 제도를 도입한 입법태도는 이해할 수 있다. 이러한 문제점에 대한 보완대책으로서 ① 전자적 방법에 의한 소집통지를 승낙한 주주에 대하여 전자적 방법으로 제공할 수 있는 공시사항을 계산서류, 사업보고에까지 확대하고, 또한 승낙한 주주에 의한 서면교부 청구를 인정하지 않으며, ② 전자투표를 선택한 주주는 이후 웹공시에 동의한 것으로 본다는 등의 입법조치를 취하는 편이 타당하다는 의견이 제기된다.[191]

3. 소집의 결정

개정전 상법은 주주총회의 소집은 원칙적으로 이사회가 결정한다는 규정(상법 제231조)을 두고 있었으나, 구체적으로 어떠한 사항을 결정해야 하는가에 대해서는 규정하지 않고 있었다.[192]

이에 비해 회사법은 주주총회의 소집을 결정할 때에 정해야 하는 사항에 관해 규정하고 있다(회사법 제298조 제1항, 제325조). 즉, 일시・장소(동조 제1항 제1호), 회의의 목적사항(의제)(제2호), 서면에 의한 의결권행사(제3호), 전자적 방법에 의한 의결권행사(제4호) 등이다. 그 이외의 사항은 법무성령에서 정하도록 하고 있다(제5호).

이에 따라 「회사법시행규칙」 제63조는 소집결정을 할 때 정해야 하는 사항을 자세히 규정하고 있다. 주요한 내용은 ① 정기총회의 일시가 전년도와 현저하게 다르거나, 다른 회사의 주주총회와 많이 중복되는 일자를 선택한 경우 그 이유(회사법시행규칙 제63조 제1호),[193]

---

191) 금번 법무성령을 제정하는 과정에서 정보제공의 양이 증가하였기 때문에 법무성령에 대응하기 위하여 주주의 개별적인 승낙을 요하지 않는 방식을 채택하였지만, 이는 시행규칙의 제정이 아니라 회사법의 개정을 통하여 이루어지는 것이 타당하다고 한다(黒沼悅郎, 前揭論文, 552面 註) 67).

192) 相澤 哲・細川 充, 前揭論文, 77面.

193) 이것은 정기주주총회가 특정한 일자에 집중하는 문제에 대하여 그 이유

② 주주총회 장소가 과거에 개최한 총회 장소와 현저하게 떨어진 장소인 경우 그 이유(제2호) 등이다. 또한 서면투표 또는 전자투표를 채택한 경우 ③ 의결권의 행사기한을 정한 때에는 당해 기한, 의결권행사서면의 의안에 의견표시가 없는 경우 취급 내용(제3호), ④ 1인의 주주가 동일한 의안에 대해 서면투표와 전자투표에 의해 중복적으로 의결권을 행사한 경우 그 행사내용이 다른 때의 취급 등이다(제4호).

4. 소집통지의 발송기한

소집통지의 발송기한에 대해 개정전 상법상 주식회사는 원칙적으로 주주총회 회일 2주전(주식양도제한회사의 경우 1주를 한도로 정관에 의해 단축 가능)으로 하고 있었다(개정전 상법 제232조 제1항). 유한회사의 경우 원칙적으로 사원총회 회일의 1주전(정관에 의해 단축 가능)으로 규정하고 있었다(유한회사법 제36조).

를 공시하도록 함으로써 간접적으로 제어장치를 두고자 하는 취지로 해석된다. 그러나 총회의 일시에 있어서 집중일을 명확하게 파악할 수 있는가 라는 점이나, "현저하게 많다"는 것이 어느 정도 많다는 것인지 불명확하다는 점에서 해석상 문제를 야기한다. 이러한 점에 대한 비판을 고려하여 시행규칙은 "특히 그 이유가 있는 경우"에 한하여 이를 공시하도록 하고 있으나, 역시 어떠한 경우에 특별한 이유가 있다고 할 수 있는지가 해석상 문제로 될 수 있다. 회사법 시행 전과 같은 일시가 주주총회 일자로서 결정된 경우, 예컨대 실제로는 총회꾼 등 특수한 주주의 출석 가능성을 적게 하기 위한 실무적인 의도나 사정이 포함되어 있더라도, 특별한 이유가 있는 경우라고는 할 수 없을 것이다. 또한 집중일을 선택하는 정당한 이유가 있는 때에는 시행규칙 규정의 유무에 불구하고 회사가 스스로 자진하여 설명할 것이다. 따라서 시행규칙에서 정한 이유의 공시의무는 실무적으로 별 영향이 없을 것이다(長島・大野・常松法律事務所 編, 「新會社法[第2版]」, 商事法務, 2006, 302面).

회사법은 이러한 관계를 정리하여 공개회사에 대해 주주총회 회일 2주전까지로 하고, 주식양도제한회사에 대해서는 1주전까지로 하고 있다. 이사회를 설치하지 않는 주식회사는 정관에 의해 단축할 수 있다(회사법 제299조 제1항). 개정전 상법과의 관계에서 보면, 이사회를 설치하고 있는 주식양도제한회사는 원칙적으로 2주전까지이지만, 1주전까지로 단축할 수 있다. 이는 주식양도제한회사의 주주와 회사와의 긴밀한 관계를 고려한 것이다.

서면투표(회사법 제298조 제1항 제3호)나 전자적 방법에 의한 투표(동항 제4호)를 채택한 경우에도 개정전 상법은 정관에서 기간을 단축할 수 있다고 규정하고 있었지만, 회사법은 2주전까지 송부해야 한다고 규정하고 있다. 단축을 허용하지 않는 이유는 주주총회에 출석하지 않는 주주에게 참고서류 등 서면만의 정보에 의해서 의결권을 행사하도록 한 경우 충분한 고려기간을 두는 것이 바람직하다고 보기 때문이다.[194)]

5. 소집통지의 방법

개정전 상법은 舊주식회사에 대해 소집통지를 서면 또는 전자적 방법으로 송부할 의무를 부여하고 있었다(개정전 상법 제232조 제1항・제2항).

회사법도 이사회설치회사에 대해서는 구주식회사와 마찬가지로 서면 또는 전자적 방법에 의해야 한다고 규정하고 있다(회사법 제299조 제2항 제2호, 제3항). 또한 소집통지에 기재하거나 기록해야 하는 사항에 대해 개정전 상법상 議題(개정전 상법 제232조 제3항)에 추가하여 일시・장소 등도 포함되었다(회사법 제299조 제4항).

194) 相澤 哲・細川 充, 前掲論文, 78面.

이사회설치회사의 경우 정기총회의 소집통지에는 법무성령이 정한 바에 따라 주주에 대하여 이사회의 승인을 받은 계산서류, 사업보고서 등을 제공하여야 한다(회사법 제437조, 회사계산규칙 제161조).

개정전 상법에서는 주주 전원의 동의에 의해 생략할 수 있는 소집절차의 범위가 명확하지 않았지만, 회사법에서는 "前條(회사법 제299조)의 규정에도 불구하고"라는 조항(회사법 제300조)에 의해 그 범위가 소집통지(회사법 제299조) 및 통지에 즈음하여 제공이 요구되는 계산서류(회사법 제437조)에 한정된다는 점이 명확하게 되었다.[195)]

6. 주주총회참고서류 및 의결권행사서면의 송부

회사법상 주주총회참고서류나 의결권행사서면의 교부에 관한 규정(회사법 제301조, 제302조)은 개정전 상법과 크게 변한 것은 없다. 다만 회사법에서는 소집통지를 전자적 방법으로 수령하는 것을 승낙한 주주에 대하여 개정전 상법에서 인정되고 있는 주주총회참고서류에 추가하여 '의결권행사서면'에 기재해야 하는 사항도 전자적 방법으로 교부하는 것이 인정된다. 이 경우 주주는 수령한 의결권행사서면에 관계되는 전자적 기록을 출력하여 권리를 행사하게 된다. 다만, 주주의 청구가 있으면 서면을 교부할 필요가 있다(회사법 제301조 제2항, 회사법시행규칙 제63조 제4호 イ, 제66조 제2항).[196)]

이 제도는 주주 수가 극히 많은 상장회사 등을 중심으로 이용되는 제도이기 때문에 실무적인 요청과 신속한 대응을 위해 교부의 방법・기한 등에 대해서는 법무성령에 위임하고 있다. 이에 따라 회사법시행규칙 제65조 및 제73조 내지 제94조는 주주총회참고서

---

195) 相澤 哲・細川 充, 前揭論文, 78~79面.

196) 江頭憲治朗, 前揭書, 319面.

류에 기재해야 하는 사항을 자세히 규정하고 있다. 또한 동규칙 제66조는 의결권행사서면에 기재하여야 하는 사항을 나열하고 있는데, 특히 각 의안에 대한 찬부 등의 표시가 없는 의결권행사서면이 주식회사에 제출된 경우, 각 의안에 대해 찬성, 반대 또는 기권 중 어느 의사표시가 있었다고 취급할 것인지를 기재하도록 규정하고 있다(회사법시행규칙 제66조 제1항 제2호).

7. 소집지에 관한 제한의 철폐

개정전 상법은 주주총회는 정관에 별도의 정함이 있는 경우를 제외하고는 본점 소재지 또는 이에 인접한 지역에서 소집된다고 규정하였다(개정전 상법 제233조).

그러나 최근 주주의 편리성을 고려하여 본점 소재지 이외의 장소를 주주총회장으로 이용하는 회사가 많다. 또한 정관에서 정하지 않으면 소집지가 한정되는 문제점이 지적된다. 이에 따라 회사법은 소집지에 관한 규정을 삭제하여, 주식회사가 주주의 분포상황에 따라 출석하는 주주 수 등을 감안하여 그 때 그 때의 판단에 따라 적절한 장소에서 수수총회를 개최할 수 있게 되었다.

따라서 예컨대, 외국회사의 완전자회사 등 주주가 외국에만 존재하는 주식회사가 외국에서 주주총회를 개최하는 것이나, 출석주주가 매우 많은 주식회사의 경우 2개 이상의 장소에서 주주총회를 개최하는 것도 정관에서 특별한 규정을 두지 않더라도 가능하게 되었다. 2개 이상의 장소에서 주주총회가 개최되는 경우에 있어서도 주주총회는 하나의 회의체이기 때문에 회의체로서 일체성이 확보될 필요성이 있다. 따라서 복수의 회의장에 대해 출석자 상황의 파악, 질문이나 발언하고자 하는 자의 확인, 현재 발언하고 있는 자가 당해 주주인지 여부를 확인할 필요가 있으며, 이러한 상황이 확인될 수 있는 정보전달의 쌍방향성과 즉시성을 확보하는 시스템이 필요하다.[197]

또한 소집지에 관한 규정을 삭제함에 따라 주주가 출석하기 어려운 소집지를 일부러 선택하는 등의 폐해가 생길 우려가 국회 심의과정에서 지적되었지만, 그 때에는 소집절차가 현저하게 불공정한 경우로서 총회결의의 취소사유가 되기 때문에[198] 특별한 문제는 없다고 본다.[199] 또한 과거의 소집지와 현저하게 떨어진 장소를 정기주주총회 개최장소로 정하는 경우에는 그 이유를 공시하여야 한다(회사법시행규칙 제63조 제2호).

여기서 "현저하게 떨어진 장소"라고 하기 위해서는 어느 정도 떨어져야 하는지 불명확하다는 점에서 해석상 문제를 야기한다. 이에 대해 입법담당자들은 "현저하게 떨어진 장소"라 함은 과거에 주주총회가 개최된 장소로부터 이동에 상당한 시간을 요하며, 주주가 주주총회 시작 시간에 출석하기 곤란한 장소를 말한다고 해석한다. 예컨대, 오오사카에 본사를 둔 회사가 지금까지 오오사카에서 주주총회를 개최하였지만, 금회에는 동경에서 개최하는 경우가 이에 해당한다는 것이다.[200] 한편 개정전 상법상 정관에 특별한 정함이 없더라도 본점의 소재지에 인접하는 지역을 총회장소로 인정하였기 때문에, 적어도 인접한 최소행정구획의 구역 내라면 "현저하게 떨어진" 장소는 아니라고 본다. 그 이상 떨어진 경우 어느 정

197) 相澤 哲・葉玉匡美・郡谷大輔, 「論点解説 新・會社法」, 商事法務, 2006, 471~472面.

198) 회사법 제831조 제1항 제1호, 제298조 제1항 제5호, 제325조, 회사법시행규칙 제63조 제2호, 제95조 제1호.

199) 相澤 哲・細川 充, 前掲論文, 79~80面.

200) 相澤 哲・葉玉匡美・郡谷大輔, 前掲書, 471面.

도 떨어져야만 "현저하게 떨어진 장소"에 해당하는지에 대해서는 판례의 집적을 기다릴 수 밖에 없을 것이다. 다만, 그 이상으로 떨어진 장소에서 주주총회를 개최하는 때에는 현실적으로 회사는 주주에게 무엇인가 정당한 이유를 설명하여야 하지만, 시행규칙의 규정이 회사에게 실질적으로 중대한 부담이 되지는 않을 전망이다.201)

Ⅲ. 의결권의 행사

1. 서면투표

회사법 제298조 제2항은 주주 수가 1천명 이상인 주식회사에 대해 서면투표의 채택을 의무화하고 있다. 상법특례법 제21조의2 제1항은 서면투표의 채택이 의무로 되는 주식회사의 범위에 대해 주주 수가 1천명 이상이고 또한 자본금이 5억엔 이상 또는 대차대조표의 부채부에 계상한 금액의 합계액이 200억원 이상인 회사로 규정하고 있었다. 그렇지만 주주총회에 출석할 수 없는 주주가 많은 주식회사의 주주에게 의결권행사의 실질적 기회를 제공한다는 이 제도의 취지에 비추어보면, 그 범위의 기준으로서 주식회사의 자본금이나 부채액을 채택하는 것은 합리적이라고 할 수 없다. 이에 따라 이러한 기준은 폐지되었다.202)

또한 제298조 제2항 단서에 의하면 증권거래법 제2조 제16항에 규정하는 증권거래소에 상장되어 있는 주식을 발행하고 있는 주식회사로서 법무성령에서 정한 경우에는 서면투표제도가 적용되지

201) 長島・大野・常松法律事務所 編, 前揭書, 302面.

202) 相澤 哲・細川 充, 前揭論文, 77面.

아니한다. 이는 상장회사가 총주주에 대하여 위임장권유규칙에 따라서 위임장권유를 하는 때에는 서면투표제도의 적용대상에서 제외한다는 취지이다(회사법시행규칙 제64조).

서면에 의한 의결권행사가 강제된 경우에 소집통지를 전자적 방법으로 수령하는 것을 승낙한 주주에 대해서는, 의결권행사서면에 기재하여야 하는 사항을 전자적 방법으로 제공하면 충분하며, 의결권행사서면의 교부는 불필요하다. 이 경우에도 주주로부터 의결권행사서면의 교부청구가 있으면 교부되어야 한다(제301조 제2항).

2. 전자투표

이사회설치회사는 이사회의 결의를 통하여 주주총회에 출석하지 않는 주주가 전자적 방법에 의해 의결권을 행사할 수 있다는 취지를 정할 수 있다(회사법 제298조 제1항 제4호, 회사법 제325조, 회사법 시행규칙 제63조 제4호, 제95조 제1호). 전자적 방법에 의한 의결권의 행사(전자투표)는 정령에서 정함에 따라 주식회사의 승낙을 얻어, 법무성령에서 정한 시간까지 의결권행사서면에 기재하여야 하는 사항을 전자적 방법에 의해 당해 주식회사에게 제공한다(제312조 제1항). 주주가 전자적 방법에 의한 주주총회 소집통지를 승낙한 경우(제299조 제3항), 주식회사는 정당한 사유없이 전자투표의 승낙을 거부하지 못한다(제312조 제2항). 이는 소위 서면투표제도의 전자판이며 실시간으로 전자적 방법에 의한 의결권행사를 인정하는 것은 아니다.[203] 전자투표의 채택여부는 소집권자의 선택여부에 달려있으며, 의결권을 가진 주주가 1,000명 이상인 회사의 경우에도 강제되지 않는다.[204]

---

203) 弥永眞生, 前揭論文, 31面.

주주에 대한 정보제공관계의 경우, 이사·이사회가 전자적 방법에 의한 의결권행사를 정한 경우 주주총회의 소집통지에 즈음하여 주주총회참고서류를 교부하여야 한다(회사법 제302조 제1항). 이는 의결권행사에 참고로 되는 정보를 주주에게 제공하는 취지이며 서면투표의 경우도 마찬가지이다(동법 제301조 제1항). 그러나 전자적 소집통지를 승낙한 주주에 대해 전자적 방법에 의한 통지를 발송할 때는, 주주총회참고서류의 교부에 대신하여 그 서류에 기재해야 하는 사항을 전자적 방법에 의해 제공할 수 있다. 단, 주주가 그 서류의 교부를 청구한 때에는 이를 교부하여야 한다(제302조 제2항).

회사법시행규칙에서는 주주총회참고서류에 기재하는 사항의 일부를 인터넷을 통하여 공시하는 것을 인정하며(회사법시행규칙 제94조), 그러한 취급사항을 정할 수 있다(동규칙 제63조 제3호 ホ).

전자투표의 실행측면에서는 전자적 소집통지를 승낙한 주주에 대하여 전자적 방법에 의한 통지를 발송한 때는 의결권행사서면에 기재하여야 하는 사항을 전자적 방법에 의해 제공하여야 한다(제302조 제3항, 회사법시행규칙 제66조). 전자적 소집통지를 승낙하지 않은 주주로부터 회일 1주전까지 의결권행사서면에 기재하여야 하는 사항을 전자적 방법에 의해 제공하기를 희망하는 청구가 있는 경우에는 곧바로 전자적 방법에 의해 제공한다(제302조 제4항). 그리고 전자투표는 이러한 주주가 회사의 승낙[205]을 얻어 법무성령이

204) 江頭憲治朗, 前揭書, 320面.

205) 주주는 전자적 방법 중 발신자가 사용하는 방식(예컨대, 전자메일의 송신, 회사 웹사이트의 이용, 플로피디스크의 교부 등. 회사법시행규칙 제230조 제1호) 및 파일의 기록방식(첨부파일을 사용하는 경우 사용하는 소프트웨어의 형식, 버전 등. 동규칙 제230조 제2호)을 표시하고, 회사의 승낙을 얻어야 한다(회사법시행령 제1조 제1항 제7호). 전자투표에 관한 한 실무적으로 소집자는 자신이 설치한 웹사이트(의결권행사 사이

정한 시간까지 의결권행사서면에 기재해야 할 사항을 기록한 전자적 기록에 필요한 정보를 기록하고 이를 전자적 방법에 의해 회사에 제공하는 형태로 이루어진다(제312조 제1항 내지 제3항, 제325조, 회사법시행령 제1조 제1항 제7호, 회사법시행규칙 제230조).[206] 회사에 제공된 사항을 기록한 전자적 기록은 총회 회일부터 3개월간 본점에 비치하고 주주의 열람에 제공된다(회사법 제312 제4항, 제5항, 제976조 제4호, 제8호).[207]

의결권행사서면의 진정성을 담보하기 위하여 본인의 동일성을 확인하는 조치를 강구하는 것이 일반적이다. 전자투표의 경우 서면투표에 있어서 날인에 대신하여 무엇을 이용할 것인가가 문제된다. 전자서명을 사용하는 방법이 확실하지만, 실무에서는 사전에 회사가 할당한 ID번호 등과 주주가 회사에 미리 제출한 패스워드를 의결권행사 사이트의 소정란에 입력하지 않으면 의결권을 행사할 수 없도록 설정하는 방법이 많이 사용된다.[208]

개정전 상법 아래에서 논의된 문제점으로는 ① 서면투표와 전자투표를 중복적으로 행사하는 경우 어떠한 의결권행사를 유효한 것으로 취급할 것인가의 문제 및 ② 전자투표에 의한 의결권의 행사기간에 대해 '총회 회일 전일'까지로 되어 있어서(상법 239조의3 제5항 전단), 집계작업상의 실무상 부담을 고려하여 '전일의 영업시간의 종료까지'라는 제한을 둘 수 있는지 여부[209] 등이 거론되었다.

트)를 사용하는 방법만을 허락하게 될 것이다(江頭憲治朗, 前揭書, 321面).

206) 落合誠一, "株主總會", 「ジュリスト」 No. 1295 (2005), 59~60面.

207) 江頭憲治朗, 前揭書, 320~321面.

208) 江原健志・太田洋, "平成13年商法改正に伴う政令・法務省令の制定(中)", 「商事法務」 第1628号, 36面 (2002); 江頭憲治朗, 前揭書, 318面.

209) 개정전 상법에 의하면 회사가 심야까지 작업을 해야 하기 때문에 주주

2005년 회사법은 이러한 사항을 회사법시행규칙에 규정하여 입법적으로 해결하였다. 즉, 전술한 주주총회의 소집결정을 할 때 이에 대해 미리 정하도록 하고(회사법시행규칙 제63조 제4호)[210] 그 정한 내용을 소집통지(회사법 제299조 제4항)와 의결권행사서면(회사법시행규칙 제66조 제1항)에도 기재하도록 규정하였다.

즉, 서면투표나 전자투표의 의결권행사서면에 기재하여야 하는 사항으로서 ① 각 의안에 대해 의견표시가 없는 경우 이를 찬성, 반대, 기권 중 어떻게 취급할 것인지의 내용(회사법시행규칙 제66조 제1항 제1호 및 제2호), ② 1인의 주주가 동일한 의안에 대해 서면투표와 전자투표에 의해 중복적으로 의결권을 행사한 경우, 당해 동일한 의안에 대한 의결권의 행사내용이 다른 때에 그 주주의 의결권행사의 취급에 관한 사항을 정한 때 그 사항(동조 제3호),[211] ③ 의결권의 행사기한(제4호) 등이다. 의결권의 행사기한은 특별한 정함이 없으면 주주총회 일시 직전의 영업시간 종료시까지로 규정하

와의 특약에 의하여 수령하는 시간을 단축하는 방안을 검토해야 한다는 주장도 제기되었다(中西敏和,"株主總會のIT化と實務の對應",「商事法務」 제1625호 (2002), 32面). 또한 전일의 영업시간까지 등 합리적인 시간제한을 회사가 규정하는 것은 가능하다는 견해도 있었다(江頭憲治朗, 株式會社・有限會社法[第4版], 有斐閣, 2005, 308~309面).

210) 주주총회의 소집결정을 할 때 정하여야 하는 사항은 전술한 제3장 제4절 Ⅱ. 3. 참조.

211) 서면에 의한 의결권행사제도와 전자적 방법에 의한 의결권행사제도를 회사가 병용하는 경우, 1인 주주가 두 가지 방법으로 의결권을 행사할 수 있다. 이 때 뒤에 이루어진 의결권행사에 의해 먼저 이루어진 의결권행사가 철회되는 것으로 취급하는 것을 원칙으로 한다. 서면과 전자적 방법을 중복하여 의결권행사를 하면 회사가 그 선후를 판별하는 것은 쉽지 않기 때문에, 어느 한 가지 방법을 우선시킨다는 취지를 소집자가 정하여 주주에게 미리 통지하는 것도 인정된다(회사법 제298조 제1항 제5호, 제299조 제4항, 회사법시행규칙 제63조 제4호, 제3호 참조).

고 있다.[212] 그러나 회사는 주주총회 소집통지 발송 후 통지기간인 2주가 지난 후 총회일시 이전까지의 시간 중에 자유롭게 선택할 수 있다(회사법시행규칙 제69조, 제70조, 제63조 제3호).

실무적으로 서면투표가 의무화되어 있는 회사의 다수가 서면투표와 전자투표 양자를 모두 선택하고 있다. 개정전 상법에서는 이 경우 주주에게 서면투표용 의결권행사서면이 송부되기 때문에 의결권행사가 중복하여 발생할 수 있는 문제가 제기되었다. 이러한 문제를 해결하기 위하여 회사법은 다음 두 가지 해결책을 강구하였다.

첫째, 전자투표를 승낙한 주주에게는 청구가 있을 때까지 서면투표에 관계되는 의결권행사서면을 송부하지 않도록 정할 수 있다(회사법시행규칙 제63조 제4호 イ, 제66조 제2항). 이를 통해 물리적으로 2개 이상의 의결권행사수단이 주주에게 제공되는 것을 방지할 수 있다.

둘째, 동일한 의안에 대해서 중복하여 의결권행사가 되고, 또한 그 내용이 다른 경우의 취급을 미리 정하여 둘 수도 있다(동규칙 제63조 제4호 ロ). 이를 통하여 의결권이 중복하여 행사된 경우 미리 정해 둔 방법으로 처리할 수 있다.

또한 중복투표를 취급하는 방법에는 특별한 제한이 없으므로, 서면투표와 전자투표 중 한쪽을 우선시키는 방법, 시간을 우선시키는 방법, 모두 무효로 하는 방법, 당해 사항에 대하여 찬성반대의 기재가 없는 것으로 하는 방법(동규칙 제63조 제3호 ニ)[213] 등이 고려

---

212) 서면투표의 행사기한은 회사법 제311조 제1항 및 회사법시행규칙 제69조, 전자투표의 행사기한은 회사법 제312조 제1항 및 회사법시행규칙 제70조에서 각각 규정하고 있다.

213) 각 의안에 대하여 의견표시가 없는 경우 찬성, 반대, 기권 중 어느 하나

될 수 있다.[214]

3. 의결권의 대리행사[215] 및 대리권을 증명하는 서면(위임장)의 전자화

주주는 대리인에 의해 그 의결권을 행사할 수 있다(회사법 제310조 제1항). 주주에게 의결권을 행사할 기회를 보장할 필요가 있기 때문에 정관에 의해 대리권행사를 금지하는 것은 허용되지 않는다.

로 정할 수 있다(회사법시행규칙 제66조 제1항 제1호 및 제2호).

214) 相澤 哲, 郡谷大輔, "會社法施行規則の總論等", 「立法擔當者による新會社法關係法務省令の解說」, 別冊商事法務 No. 300 (2006) 9面.

215) 의결권의 대리행사와 서면투표와의 관계는 우선 양자는 주주가 스스로 총회에 출석하지 않고 그 의사를 결의에 반영하는 것을 인정하는 제도라는 점에서 공통점을 가지고 있다. 반면 차이점으로는 첫째, 전자는 모든 주식회사에 대하여 인정되는데 반해, 후자는 주주가 1천명 이상이거나, 이사회 등(회사법 제298조 제1항 제3호, 제4항)에서 그것을 정한 회사에 한정된다는 점이다. 둘째, 전자는 대리인의 행위를 통하여 주주의 의사가 결의에 반영되는데 비하여(대리인이 본인의 의사에 반하는 투표를 하면 본인의 의사가 총회에 반영되지 않는다.), 후자는 타인의 행위를 매개하지 않고 의결권행사서면이 회사에 제출됨으로써 직접적으로 주주의 의사가 결의에 반영된다. 셋째, 총회에서 의사진행에 관한 동의가 제출된 경우에 전자에서는 그러한 동의에 대해서도 대리권을 부여하고 있으면 총회에 출석하고 있는 대리인은 그에 대해 대리권을 행사할 수 있는데 반하여, 후자는 주주 자신이 총회에 출석하지 않는 이상 스스로의 의사를 반영할 수 없다(또한 후자의 경우 수정제안이 이루어진 때, 서면상 원안에 찬성한 경우에는 원안에 반대하는 것으로 취급된다고 해석된다. 원안에 반대하는 경우에는 수정제안에 찬반여부가 불명확하기 때문에 기권으로 취급할 수 밖에 없다). 그래서 실무상으로는 서면투표를 채택한 회사는 회사에 협력적인 대주주 등의 출석을 유도하거나, 또는 대주주로부터 위임장을 획득하여 동의가 제기된 경우를 대비하는 것이 일반적이다(前田 庸, 會社法入門[第11版], 有斐閣, 2006, 378~379面).

그러나 의결권행사 대리인의 자격을 당해 회사의 주주에 한정한다는 취지를 규정하고 있는 정관의 예가 많다. 이 규정은 폐쇄형 회사 뿐만 아니라 상장회사에 대해서도 총회가 주주 이외의 자에 의해서 교란되는 것을 방지한다는 합리적인 이유에 근거하는 상당한 정도의 제한으로서 유효하다고 해석된다.[216)]

주주 또는 대리인은 대리권을 증명하는 서면을 회사에 제출하여야 한다(회사법 제310조 제1항, 제3항). 실제로는 결의정족수의 충족을 위하여 회사가 소집통지를 할 때에 위임장용지를 주주에게 송부하는 형태로 위임장을 권유하고, 회수된 위임장에 근거하여 사용인이 의결권을 대리행사하는 경우가 많다. 이러한 대리권의 부여는 주주총회마다 하여야 하는데(동조 제2항), 이는 현 경영진이 의결권 대리행사제도를 회사지배의 수단으로 남용하는 것을 방지하기 위한 것이다.[217)]

주주 또는 대리인은 의결권행사의 대리권을 증명하는 서면의 제출에 대신하여, 정령(회사법시행령 제1조 제1항 제6호, 회사법시행규칙 제230조)의 정함에 따라 회사의 승낙을 얻어 위임장에 기재해야 하는 사항을 전자적 방법에 의해 제공할 수 있다(회사법 제310조 제3항). 그 주주가 주주총회의 소집통지를 회사가 전자적 방법에 의해 발신하는 것을 승낙한 자인 때에는, 회사는 정당한 사유가 없는 한

---

216) 最判 昭和43・11・1, 民集 22巻 12号 2402面.

217) 江頭憲治朗, 株式會社法[第2版], 有斐閣, 2008, 314面. 반면 서면이나 전자적 방법에 의한 투표는 주주 자신이 주주총회에 출석하지 않고 의결권을 행사할 수 있도록 편의를 도모하는 제도이므로, 대리권 수여의 경우와 같은 폐해가 생길 우려가 없다. 따라서 서면투표와 전자투표의 채택은 주주총회마다 결정하지 않고, 정관에 의해 모든 주주총회에 대해 채택한다는 취지를 정하는 것도 가능하다(相澤 哲・葉玉匡美・郡谷大輔, 前掲書, 475面).

주주에 대한 승낙을 거절할 수 없다(동조 제4항). 대리권의 수여 및 행사가 적정하게 이루질 수 있도록 총회의 위임장(전자적 기록)은 총회 회일로부터 3개월간 본점에 비치되어 주주의 열람에 제공되어야 한다(동조 제6항, 제7항, 회사법 제976조 제4호, 제8호, 회사법시행규칙 제226조 제9호, 회사법 제831조 제1항 참조).[218]

유럽에서는 의결권행사의 대리인이 주주와 연락을 취하면서 주주총회에 참가하고, 주주가 인터넷 등을 통하여 대리인에게 지시하는 것은 적절하다는 견해가 유력하다.[219] 의결권을 가진 주주가 직접 전자적 방법에 의해 행사하는 경우에는 통신의 장해, 서버의 다운로드 등이 주주총회결의의 취소원인이나 무효원인으로 될 우려가 전혀 없는 것은 아니지만, 의결권의 대리행사라면 대리인과 본인(주주)간의 내부관계는 주주총회결의의 유효성에 영향을 미치지 않는다는 장점도 있다. 즉, 통신의 두절 등은 본인과 대리인 간에만 문제된다.[220]

이러한 대리권을 증명하는 서면 등의 공시제도는 의결권을 대리행사할 때에 위임장의 진위 여부의 조사, 기재한 대로 의결권이 행사되었는지 여부를 확인할 수 있도록 하는 것이며, 그 결과에 따라서 주주총회 등의 결의방법이 법령 또는 정관에 위반하는지 여부 등 주주총회결의 취소사유의 유무를 조사하는 것을 최종적인 목적으로 한 것이다.

회사법에서는 주주이더라도 주주총회에서 의결권을 행사할 수

218) 江頭憲治朗, 前揭書, 315面.

219) Quack, K., “Das ‘Gesetz zur Namensaktie und zur Erleichterung der Stimmrechtsausübung’ — ein erster Schritt zur ‘virtuellen Hauptversammlung’?”, in: Gesellschaftsrecht, Rechnungslegung, Steuerrecht: Festschrift für Welf Müller, C.H.Beck, 2001, S. 132.

220) 弥永眞生, 前揭論文, 32面.

없어서, 당해 주주총회에 관여할 수 없는 주주에 대해서는 전술한 조사·확인 수단을 부여할 필요성이 적기 때문에 대리권을 증명하는 서면 등을 열람할 수 있는 주체로부터 제외하였다.[221)]

4. 의결권의 불통일행사

2개 이상의 의결권을 가진 주주는 전체 주식에 대해 찬성 또는 반대의 의견을 표명하는 것이 일반적이다. 그러나 타인을 위하여 주식을 보유한 자의 경우에는 그 타인의 의사를 반영하기 위하여 의결권의 불통일행사를 할 필요가 생긴다. 즉, 주식이 공유된 경우 공유자간에 의견이 상이한 때, 동일한 회사의 주식이 신탁되어 수익자가 복수로 존재하는 경우 수익자간의 의사가 다른 때에는 불통일행사가 필요하다. 또한 일본 회사의 주식이 미국에서 유통되는 경우에는 ADR(American Depositary Receipt: 미국주식예탁증서)이 사용되는데 이 때에도 불통일행사가 될 수 있다. 이 때 원주권은 일본 은행이 예탁을 받아서 보관하고, 미국의 은행·신탁회사가 예탁기관으로서 그 주식에 대해 ADR을 발행하여 이를 미국증권시장에서 미국주권과 동일한 방법으로 유통시키게 된다. 이 경우 그 주식은 주주명부상 예탁기관의 명의로 기재되고, 예탁기관은 ADR 소지인의 지시에 의해 의결권을 행사하게 되며, 그 지시가 다르게 되면 불통일행사가 필요하게 된다.[222)]

개정전 상법은 주주·사원이 그 의결권을 불통일행사하는 경우 주식회사에서는 주주총회 회일 3일전까지 서면 또는 전자적 방법에 의해 그 취지 및 이유를 통지하여야 한다고 규정하였다(개정전 상법 제239조의4 제1항).

---

221) 相澤 哲·細川 充, 前揭論文, 85面; 落合誠一, 前揭論文, 59面.

222) 前田 庸, 會社法入門[第11版補訂版], 有斐閣, 2008, 390面.

회사법에서는 이사회설치회사의 경우 의결권 불통일행사에 대해 주주총회 회일의 3일전까지 사전통지가 요구된다(회사법 제313조 제2항). 사전통지에 대해서는 개정전 상법에서는 서면 등의 양식이 요구되지만, 회사법에서는 특별한 양식이 없고 회사가 적절하게 정할 수 있다.

의결권 불통일행사는 주주총회의 현장에서 투표의 집계 등을 혼란시키는 요인이기 때문에 신탁의 인수, 조합에 의한 보유 등 타인을 위해 주식을 보유하는 자 이외의 주주가 의결권 불통일행사를 하고자 하는 경우에는 그 불통일행사를 거절할 수 있다(회사법 제313조 제3항).[223]

Ⅳ. 주식회사에 의한 총회검사인 선임 허용

개정전 상법상 총회검사인의 선임은 일정한 소수주주(6개월 이상 계속하여 총주주 의결권의 100분의 1이상을 가진 주주)가 청구할 수 있었으며, 주식회사는 총회검사인의 선임을 청구할 수 없었다(개정전 상법 제237조의2 제1항).

그러나 총회검사인의 조사는 주주총회의 소집절차나 결의방법이 적절하게 이루어졌는지 여부를 조사하는 것이며, 주주총회 절차의 하자 등을 원인으로 하는 사후적인 분쟁을 피하고, 이러한 분쟁에 대비하기 위하여 주식회사 자신이 총회검사인의 선임을 청구할 필요성도 충분하다고 본다. 이에 따라 회사법에서는 주식회사도 총회검사인을 선임할 수 있도록 규정하였다(회사법 제306조).[224]

총회검사인은 분규가 예상되는 총회에 대해 회사 또는 주주가

---

223) 相澤 哲・細川 充, 前掲論文, 86面.

224) 相澤 哲・細川 充, 前掲論文, 81面.

위임장 취급의 적법성, 설명의무 이행 등의 상황을 조사시켜 결의 취소의 소를 제기한 경우 증거를 보전하기 위해 선임하는 제도이다. 총회검사인에는 통상 변호사가 선임되며, 조사결과를 법원에 보고하고 또한 회사에 대하여 보고서 사본을 교부한다(제306조 제5항 내지 제7항). 보고를 받은 법원은 필요하다고 인정할 때는 이사에 대해 검사인의 조사결과를 공시하고 또한 이사가 그것에 관해 조사한 결과를 보고하기 위한 총회를 소집하거나, 또는 검사인의 조사결과를 주주에게 통지하도록 명할 수 있다(회사법 제307조).225)

회사법 제306조는 총회소집절차 등에 관한 총회검사인의 선임청구권을 규정하고 있지만, 개정전 상법 제237조의2와 비교하여 주요한 차이점으로서는 첫째, 회사에 대해서도 총회검사인의 선임청구권을 인정한 점이다(회사법 제306조 제1항). 둘째, 주식회사의 종류에 따라 소수주주권의 요건에 차이가 생겼다. 즉, 공개회사인 이사회설치회사의 경우 소수주주권의 요건은 이사회가 결정한 총회 목적사항에 대해 의결권을 가지는 총주주 의결권의 100분의 1(정관에서 이를 하회하는 비율을 정하는 것도 가능하며, 다른 종류의 회사의 경우도 마찬가지임) 이상으로 6개월간 주식의 계속보유가 필요하다. 공개회사가 아닌 이사회설치회사(주식양도제한회사)의 경우 소수주주권의 요건에서 6개월간의 주식 계속보유요건은 불필요하다. '이사회설치회사가 아닌 회사'(舊유한회사)는 주주총회에서 결의할 수 있는 사항 전부에 대하여 의결권을 행사할 수 없는 주주(무의결권주주)를 제외한 총주주의 의결권의 100분의 1 이상으로 족하다. 셋째, 검사인은 법원에 보고하는 때는 회사에 대하여 보고서면의 사본을 교부하여야 한다(제306조 제7항). 넷째, 법원에 의한 총회소집 등의 결정이

---

225) 江頭憲治朗, 前揭書, 327面.

별개의 독립조문으로 되어 총회소집명령 외에 검사인의 보고를 주주에게 통지하는 것도 명할 수 있게 되었다(제307조).

회사법 제316조는 주주총회결의에 의해서 총회에 제출된 자료 등을 조사하는 자의 선임이 될 수 있다는 점 및 소수주주에 의해서 소집된 총회결의에 의해서 회사의 업무·재산상황을 조사하는 자의 선임이 될 수 있다는 점을 규정하고 있다. 이는 개정전 상법 제238조 및 제237조 제4항에 대응한 규정이다.[226)]

V. 버츄얼(Virtual) 주주총회[227)]

전자주주총회의 유형은 ① 종래처럼 물리적으로 존재하는 회의장에서 주주총회를 개최하고, 일부 주주는 텔레비전 회의 시스템 등을 활용하여 주주총회에 참가할 수 있는 형태(온라인주주총회)와, ② 물리적인 회의장이 없이 모든 주주가 인터넷 등을 이용하여 주주총회에 참가하는 방식(버츄얼주주총회)으로 크게 구분할 수 있다.

1. 개정전 상법 아래에서 가능성

버츄얼주주총회는 개정전 상법 아래에서는 허용되지 않는다는 생각이 적어도 다수설이었다. 이는 우선 개정전 상법 제233조가 정관에 별도의 정함이 있는 경우를 제외하고, 총회는 "본점의 소재지 또는 그에 인접한 지역"에 소집해야 한다고 하였기 때문에 물리적인 의미에서 소집지를 전제로 하고 있다고 생각되었다.

텔레비전 회의 시스템에 의한 주주총회의 개최가 2002년 개정에

226) 落合誠一, 前掲論文, 62~63面.

227) 이하는 주로 弥永眞生, "株主總會のIT化", 「ジュリスト」 No. 1271 (2004), 33面 이하를 참고함.

서 명시적으로 허용되지 않은 배경에는 전자적 방법에 의해 의결권행사를 가능하게 하는 것과, 텔레비전회의 시스템에 의한 주주총회에 대해서는 특히 경제계를 중심으로 총회운영의 실태에 어울리지 않다는 이유로 매우 강한 반대가 있었던 점도 지적된다. 회사법부회에서는 주주총회를 1개 장소에서만 개최하는 데에는 한계에 이르렀다고 보았다.228)

2. 개정전 상법 제253조, 제236조와 버츄얼총회

개정전 상법 제253조는 총회결의의 목적사항에 대해 이사 또는 주주로부터 제안이 있는 경우에, 당해 사항에 대해 의결권을 행사할 수 있는 주주가 그 제안의 내용 및 제안에 동의한다는 취지를 기재한 서면 또는 전자적 기록에 의해서 제안에 동의한 때에는, 그 제안을 가결하는 총회결의가 있었다고 본다는 취지를 규정하고 있다. 이는 제안에 대하여 의결권을 행사할 수 있는 모든 주주의 동의가 있으면, 회의체로서 총회를 전제로 하지 않고 총회결의가 있었던 것으로 보는 것이기 때문에, 버츄얼총회가 만일 회의체로서의 주주총회로서 인정되지 않더라도, 의결권을 가진 주주 전원이 버츄얼총회에 있어서 어떠한 제안에 찬성한 경우에는 당해 제안을 가결하는 총회결의가 있었다고 볼 수 있다는 견해가 제기되었다.229)

또한 개정전 상법 제236조는 총회에서 의결권을 행사할 수 있는 모든 주주가 동의한 때는 소집절차를 거치지 않고 총회를 개최할 수 있다고 규정하고 있다. 이는 소집절차는 주주에게 준비의 여유와 출석기회를 부여하기 위하여 요구되는 것임에 비추어, 주주가

---

228) 法制審議會會社法部會第8會會議 (2001年 8月 8日) 議事錄 <http://www.moj.go.jp>.

229) 神作裕之, “株主總會のIT化”, 「民商法雜誌」 第126卷 第6号 (2002), 793面.

그 이익을 포기하면 소집통지를 거치지 않고 개최된 회의도 유효한 총회로 인정될 수 있을 것이다. 이러한 개정전 제236조의 취지에 비추어 총회에서 의결권을 행사할 수 있는 모든 주주가 동의한 경우에는, 버츄얼총회에서 결의도 적법한 주주총회의 결의라는 견해도 제기되었다.[230]

3. 회사법과 버츄얼총회

회사법은 소집지에 대한 개정전 상법 제233조를 삭제하고 있다. 이러한 소집지에 관한 규정인 상법 제233조가 삭제되었다는 것은 온라인 주주총회를 인정하는 데에 있어서 장해요인의 하나를 제거함과 동시에, 버츄얼총회를 인정하는 데에 장해요인도 제거하는 것으로 된다.

그러나 상법 제233조가 삭제되었다는 것만으로써 버츄얼총회가 인정된다고 속단할 수 없다고 본다.[231] 상법 제233조를 삭제한 배경은 "현대법의 소집지에 관한 규정에 대해 별도의 정관에 정함을 두지 않는 경우에는 소집지가 한정되어 버리는 부적절함이 생긴다"는 것에 기인한다.[232] 소집지 개념을 폐기하는 것까지를 의미하는 것은 아니라고 해석하는 편이 신중할 것이다.[233]

---

230) 弥永眞生, "株主總會のIT化", 「ジュリスト」 No. 1271 (2004), 34面.

231) 弥永眞生 外 編, 「ゼミナール會社法現代化」, 商事法務, 2004, 107面. 江頭憲治朗 교수는 2005년 회사법 아래에서도 주주총회를 물리적인 장소에서 개최하지 않고 원격통신만의 방법에 의하는 버츄얼총회는 인정되지 않는다고 본다(江頭憲治朗, 株式會社法[第2版], 有斐閣, 2008, 320面).

232) 日本法務省民事局參事官室, 「會社法制の現代化に關する要綱試案補足說明」, 제4부 제4 1.(2), 2003.10.

233) 弥永眞生 外 編, 前揭書, 107面 [武井發言].

또한 물리적인 회의장소가 존재하지 않는 경우에는 주주가 경영자와 얼굴을 맞대고 질문을 하고 의견을 듣는 기회가 박탈되지만, 종래 소집통지 누락은 중요한 소집절차의 하자로 취급되었던 점을 생각하면, 의결권을 가진 주주 전원의 동의 없이 버츄얼총회가 인정된다는 해석은 문제이다.

텔레비전이나 전화 회의 시스템을 이용하여 이사회를 개최할 수 있다면, 하물며 적어도 텔레비전이나 전화 회의 시스템을 이용하여 주주총회를 개최하는 것을 이사회가 결정하고 또한 의결권을 가지는 주주 전원의 동의가 있는 경우에는, 텔레비전이나 전화 회의 시스템을 이용하여 주주총회를 개최할 수 없다고 해석할 필요는 없을 것이다. 2002년 상법개정에서 텔레비전 회의 시스템을 이용한 주주총회 개최에 관한 주주들의 요구에 대해 경제계가 의구심을 가지고 있는 것 아닌가 추측되지만, 회사(이사회)측이 희망하고 주주 전원이 동의하는 경우에까지 텔레비전이나 전화 회의 시스템의 이용을 금지하는 것은 아니라고 본다. 그렇다면 인터넷을 이용한 주주총회도 주주의 질문, 토의에 참가, 동의안의 제출, 의결권 행사 등이 실시간으로 가능하다면 인정할 수 있다는 의견이 있다.[234]

또한 소집지가 물리적으로 존재하여야 한다고 하더라도 의장이 있는 장소를 소집지로 정하면 된다는 견해도 있다.[235] 확실히 인터넷을 이용한 경우에는 가상공간이 소집지로 되는 것처럼 생각되지만, 인터넷은 의장이 있는 지역과 주주가 소재하는 지역을 결부시키는 통신수단에 불과하다고 해석할 여지도 있다.

---

234) 弥永眞生, “株主總會のIT化”, 「ジュリスト」 No. 1271 (2004), 35面.

235) 柴田和史・神田秀樹, “電子株主總會展望”, 「電子株主總會の研究(岩村充・ 神田秀樹 編)」, 弘文堂, 2003, 148~150面.

4. 금후의 과제

버츄얼주주총회에 대한 비판으로는 경영자가 주주와 얼굴을 마주하고 설명하는 것은 경영자의 직무집행을 적정하게 하는 유인으로 작용하는데, 버츄얼총회는 이러한 기회를 박탈한다는 것이다. 즉, 주주와 얼굴을 맞대지 않고 종료하는 버츄얼총회는 긴장감이 없다는 문제가 있다. 또한 서버다운, 통신의 중단 등에 의해 총회 결의가 취소되어야 하는 경우가 생길지도 모른다. 더욱이 다수의 주주가 존재하는 경우에는 적절하게 운영하기 위한 기술과 비용이 상당할 수도 있다. 따라서 현 단계에서는 버츄얼총회의 개최를 요구하는 권리를 주주에게 부여하는 데에는 신중해야 함과 동시에, 주주도 버츄얼총회를 거절할 수 있도록 하는 것은 타당하다. 주주 수가 적은 경우에는 버츄얼총회를 인정하지 않을 이유는 없을 것이다.[236] 이 점에 대해서 유럽회사법전문가그룹의 보고서가 물리적인 총회를 개최하지 않고 버츄얼총회만으로 하는 경우 적절한 특수결의가 필요하다고 한 점은 참고할 만하다.[237]

쌍방향의 의사전달을 원활하게 하고 회의를 운영하는 데에 있어서 주주간에 공평한 기회를 보장할 수 있는 기술이 현 단계에서 가능한지 여부는 명확하지 않다. 버츄얼총회는 물리적인 주주총회보다도 주주에게 공평한 발언 기회를 제공하기 어려울 뿐만 아니라 정보격차의 문제가 제기될 수 있다. 입법론으로서는 버츄얼총회를 정관에서 규정하는 경우, 주주총회의 특별결의 요건을 부과하고 반대주주에게는 주식매수청구권을 부여하는 정도가 현 단계에서

236) 神作裕之, 前揭論文, 803面.

237) Report of the High Level Group of Company Law Experts on a Modern Regulatory Framework for Company Law in Europe, 2002, Recommendation, Ⅲ.5.

타협안이 될 수도 있을 것이다.

또한 버츄얼총회를 위한 통신·정보처리시스템의 장해 등에 대하여 별도의 규정을 두고 있지 않은 것은 법적으로 버츄얼총회가 인정된다고 하더라도 이의 채택을 방해하는 요인이 될 것이다.

Ⅵ. 온라인 주주총회

버츄얼총회와 마찬가지로 개정전 상법 제233조의 취지로부터 온라인총회가 인정되지 않는다고 생각할 여지도 있다. 그러나 물리적인 소집지가 있으면 일부 주주가 텔레비전 시스템을 이용하여 참가할 수 있다고 해석하는 것은 개정전 상법 아래서도 가능하다고 해석되었다. 주된 회의장과 회선으로 연결된 제2회의장에서 모니터 텔레비전으로 중계하고, 제2회의장에서 주주도 질문할 수 있는 체제가 정비되어 있는 경우에 대해서는 적법성을 인정하는 것이 판례와 통설의 견해이다. 그렇다면 동시성을 통해 질문이나 동의안을 제출할 수 있는 체제를 정비한다면 인터넷을 이용하여 참가하는 주주가 존재하는 주주총회를 인정해도 좋다고 본다.[238] 즉, 우선 개정전 상법 아래에서도 주주총회를 인터넷으로 중계하는 것은 금지되지 않으며, 물리적 회의장에서의 투표와 동시에 인터넷을 이용하여 전자적 방법으로 의결권행사를 하는 것은 가능하다고 생각된다.[239] 전자적 방법에 의한 의결권행사의 기한이 법정되어 있는 것

238) 大杉謙一, “株主總會の電子化とその審議の實質”, 「電子株主總會の研究(岩村充・神田秀樹 編)」, 弘文堂, 2003, 89~90面; 森本滋, “主要國における株主總會の現狀と關聯改正の動向—序論”, 「商事法務」 No.1584 (2001), 7面; 小塚荘一郎, “株主總會の電子化・IT化”, 「法學敎室」 No. 264 (2002) 42面; 神作裕之, 前揭論文, 795面.

239) 山田尙武, “株主總會の電子化に向けた課題”, 「商事法務」 No.1559 (2000),

은(개정전 상법 제239조의3 제5항) 회사의 사무처리의 편의를 위해서이기 때문에, 전자적 방법에 의한 의결권행사의 기한을 연장하는 것은 가능하다고 해석된다. 전자적 방법에 의한 의결권행사에 관한 규정은 "주주총회에 출석하지 않은 주주"에게 적용되는 규정이기 때문에 전자적 방법에 의해 총회에 출석한 주주에 대해서는 적용되지 않는다고 생각해야 할 것이다. 더욱이 인터넷을 이용한 경우에는 엄밀한 의미에서의 동시성은 아니더라도 허용될 정도의 동시성은 있다고 해석할 여지는 있으며, 어떻게 의장이 질문이나 동의를 받아들일 것인가의 문제는 있지만, 주주로부터 질문이나 동의의 제출을 가능하게 하는 시스템 구축은 가능할 것이다. 통신수단으로서 통신위성, 전용회선·공중통신회선 등을 이용하는가, 인터넷을 이용하는가의 차이만으로 온라인총회의 가부가 좌우된다고 해석하는 것은 설득력이 없다고 생각된다.[240]

48面; 神作裕之, 前掲論文, 795面; 魚骷瀨典夫, "株主總會制度をめぐるこれまでの議論と電子株主總會", 「電子株主總會の硏究(岩村充・神田秀樹 編)」, 弘文堂, 2003, 18~21面.

240) 弥永眞生, "株主總會のIT化", 「ジュリスト」 No. 1271 (2004), 36面.

CHAPTER IV

전자주주총회의 도입방안

제1절 전자통지

Ⅰ. 현황 및 문제점

2001년 상법개정으로 주주총회의 소집통지를 전자문서로 할 수 있도록 규정되었으나(제363조 제1항), 구체적인 절차나 방법에 대해 명확한 규정이 미비하여 현실적으로 이를 채택하기는 어려운 실정이다.[241] 한국상장회사협의회가 2007년 4월 1일 현재 주권상장법인 679개사의 사업보고서를 기준으로 분석한 자료에 의하면 소집통지의 방법으로 '서면 또는 전자문서'를 정관에 규정한 회사수가 410개사로 전체의 60.4%를 차지하고 있다. 이는 2006년 391개사, 59.1%에 비하면 소폭 증가한 것으로 전자문서에 의해 소집통지를 할 수 있는 근거를 마련하기 위한 것이다. 그러나 현실적으로 전자문서에 의해 소집통지를 실행한 회사는 거의 없는 형편이다.

241) 곽관훈, "전자문서에 의한 주주총회 소집통지", 「기업법연구」 제11집(한국기업법학회, 2002), 103면.

〈주권상장법인의 정관상 주주총회 소집통지 방법〉[242]

(단위 : 개사, %)

구　　분	2005		2006		2007	
	회사수	구성비	회사수	구성비	회사수	구성비
서면	288	43.4	247	37.3	246	36.2
서면 또는 전자문서	359	54.0	391	59.1	410	60.4
규정 없음	17	2.6	24	3.6	23	3.4
합　　계	664	100.0	662	100.0	679	100.0

일본의 경우도 2001년 상법개정으로 소집통지를 전자화하였으나 이의 활용이 저조한 실정이다. 일본의 2007년판 주주총회백서에 의하면 전자적 방법에 의한 주주총회 소집통지를 채택한 회사는 총 44개사(전체 응답회사 1,938개사의 2%, 전년비 0.1% 감소)에 그치고 있어서 매우 소수이며 증가하지 않고 답보상태에 있다. 다음 정기 주주총회에서 채택할 예정인 회사의 경우도 13개사(전체의 0.7%, 전년비 1.7% 감소)로 감소하는 추세이다.

소집통지를 전자적 방법으로 송부하는 제도가 침체상태에 빠진 이유는 소집통지를 전자적 방법으로 하기 위해서는 주주의 동의가 필요하고, 동의한 주주의 수가 적으면 인쇄비·발송비 등 비용절감 효과가 나타나기는 커녕 오히려 전자적 발송분과 우편 발송분을 구분하는데 더 번거롭게 되어 시간과 비용이 많이 소요되기 때문이다.

또한 개정전 일본상법에서 서면투표제도를 채택한 회사[243]는 소집

242) 한국상장회사협의회, "주권상장법인 정관 기재유형 분석", 「상장」 제395호 (2007.11.), 74면.

243) 일본은 상법특례법상 대회사(자본금 5억엔 이상 또는 최종 대차대조표의 부채부에 계상한 금액의 합계액이 200억원 이상인 회사)로서 의결권

통지를 전자화하더라도 의결권행사서면에 대해서는 서면에 의한 송부를 생략할 수 없다고 해석되었기 때문에, 우송료의 전체적인 부담이 낮아지지 않는다는 문제점이 제기되었다. 이에 따라 신회사법에서는 이를 입법적으로 해결하였다. 즉, 소집통지를 전자적 방법으로 수령할 것을 허락한 주주에 대해서는 의결권행사서면을 전자적 방법으로 제공하면 서면의 교부가 불필요하게 되었다(일본 회사법 제301조 제2항). 그러나 이 경우에도 주주의 청구가 있는 때에는 의결권행사서를 교부하도록 하여 정보격차(digital divide)로 인한 주주의 피해를 배려하고 있다(동조 제2항 단서).

이러한 이유와는 별개로 기본적으로 이 제도를 보급하기 어려운 최대 요인은 회사측에 있다. 전자적 방법에 의한 소집통지를 채택한 회사가 소수인 한, 보급속도가 향상될 것으로 생각되지 않는다. 또한 전자적 방법에 의한 소집통지를 채택한 회사 중 발송비율(전자적 방법에 의한 소집통지의 송부통수/발송한 소집통지의 총수)에 관해

을 가진 주주가 1,000명 이상인 주식회사에 대해서는 서면투표제도를 강제적으로 시행하였다(상법특례법 제21조의3, 21조의2). 단, 서면투표의 강제적용 대상회사가 상장회사인 경우 '총주주'를 상대로 위임장권유를 하는 때에는 서면투표제도를 도입하지 않을 수 있다(상법개정부칙 제26조). 그러나 신회사법에서는 이러한 대회사가 아니더라도 주주가 1,000명 이상인 회사에 대해서는 서면에 의한 의결권행사를 강제하고 있다. 또한 상장회사에 대해서는 마찬가지의 예외를 두고 있다(회사법 제298조 제2항). 이는 주주 숫자가 많은 회사는 주주가 분산되어 있는 경우가 많고, 직접 주주총회에 출석할 수 없는 주주도 많기 때문에 이러한 주주에게도 의결권의 행사기회를 부여하여 가능한 한 많은 주주의 의사를 주주총회에 반영하기 위한 것이다. 이러한 취지에 비추어 대회사가 아니더라도 주주 숫자가 1,000명을 넘는 회사라면 서면투표를 채택할 필요성이 크며, 대회사에 한해서만 서면투표제도를 유지해야 할 합리성이 없기 때문이다(會社法制の現代化に關する要綱試案補足說明, 2003.10., 第4部 第4 1(4)②).

응답한 36개 중 1% 이상이라고 응답한 회사는 12개사이며, 100%라고 응답한 1개사를 제외하고 모두 5% 미만으로 나타났다.[244)]

우리 상법은 소집통지의 수단을 전자문서로 한정함으로써 다양한 전자매체를 활용할 수 있는 여지를 제한한 점도 비판된다. 또한 소집통지를 서면으로 할 것인지 전자문서로 할 것인지를 주주의 동의를 얻지 않고 회사가 선택할 수 있도록 한 것은 주주간 정보격차를 고려할 때 주주권을 침해할 소지가 있다. 이 점은 전자통지를 도입한 주요 국가들이 모두 주주의 사전동의를 요구한다는 점에서 볼 때도 개선이 필요하다고 본다. 한편 서면투표제도를 채택

〈2004~2007년도 일본의 전자통지제도 채택 추이〉[245)]

연도	구분	채택	미채택			무응답	합계
			차기 채택예정	예정 없음	기타		
2004	회사수	39	26	1,753	101	5	1,924
	(%)	(2.0)	(1.4)	(91.1)	(5.2)	(0.3)	(100)
2005	회사수	39	25	1,784	88	2	1,938
	(%)	(2.0)	(1.3)	(92.1)	(4.5)	(0.1)	(100)
2006	회사수	46	47	1,747	94	8	1,942
	(%)	(2.4)	(2.4)	(90.0)	(4.8)	(0.4)	(100)
2007	회사수	44	13	1,823	66	6	1,952
	(%)	(2.3)	(0.7)	(93.4)	(3.4)	(0.3)	(100)

---

244) 商事法務研究會 編, 「株主總會白書(2007年版)」, 「商事法務」 第1817号(2007), 123面.

245) 商事法務研究會 編, 「株主總會白書(2004年版)」, 「商事法務」 第1715号(2004), 124面; 同, 「株主總會白書(2005年版)」, 「商事法務」 第1749号(2005), 120面; 同, 「株主總會白書(2006年版)」, 「商事法務」 第1784号(2006), 119面; 同, 「株主總會白書(2007年版)」, 「商事法務」 第1817号(2007), 123面(이하 각각 "2004年白書", "2005年白書", "2006年白書", "2007年白書"라 한다)".

한 회사의 경우 소집통지서에 의결권을 행사하는데 필요한 서면과 참고서류를 첨부하여야 하므로(상법 제368조의3 제2항), 소집통지를 전자문서로 할 수 없는 문제점이 제기된다.

Ⅱ. 개선방안

1. 소집통지 수단의 유연화

소집통지를 전자화한 외국의 입법례를 보면 그 수단을 전자문서로 규정하지 않고 "전자적 방법" 또는 "전자매체" 등으로 규정하여 향후 발전할 수 있는 통신수단에 대해 수용 가능성을 열어두고 있다. 우리 나라의 경우 전자문서의 해석 여하에 따라 전자통지의 수단이 한정되는 결과를 초래할 수 있다. 상법은 전자문서의 개념을 규정하고 있지 않기 때문에 전자거래기본법 등 다른 법률을 참고하여 해석할 수밖에 없다. 우선 전자거래기본법상 전자문서의 개념[246]이 네트워크를 전제로 하는 것은 아니므로 통신망과 연결된 전자매체만 포함한다고 보기는 어렵다는 견해가 있다. 이 견해는 플로피디스크(디스켓)나 CD-ROM은 정보처리능력을 가진 장치에 의한 전자적 정보로 볼 수 있어서 전자문서에 포함된다고 본다.[247] 그러나 전자문서를 정보처리시스템에 의하여 전자적 형태로 작성되어 저장되고 정보통신망을 통하여 송·수신 되는 정보로

---

246) 전자거래기본법 제2조 제1호는 전자문서를 "정보처리시스템에 의하여 전자적으로 작성, 송신·수신 또는 저장된 정보를 의미한다."고 규정한다. 동조 제2호에 의하면 정보처리시스템은 "전자문서의 작성, 송신·수신 또는 저장을 위하여 이용되는 정보처리능력을 가진 전자적 장치 또는 체계"를 말한다.

247) 정경영, 전게논문, 11면; 권재열, "주주총회의 전자화", 「비교사법」 제10권 제2호(2003), 271면.

정의하는 견해도 있다. 이 견해에 따르면 플로피디스크(디스켓)나 CD-ROM에 정보를 담아 주주에게 발송하는 것은 전자문서에 해당하지 않는다.[248] 이러한 해석상의 논란의 여지가 있는 점을 고려할 때 상법 제363조 제1항의 전자통지의 수단으로서 "전자문서"를 개정하여 "전자적 방법" 또는 "전자적 매체" 등 포괄적인 개념을 사용하는 것이 다양한 통지방법을 가능하게 하고 향후 정보통신기술의 발전에도 대응할 수 있게 할 것이다.[249]

2. "전자적 방법", "전자적 방법의 종류 및 내용" 등에 관한 규정의 도입

상법 제363조 제1항처럼 소집통지의 수단을 전자문서로 규정하고 전자문서의 개념을 전자거래기본법상의 개념에 따라 해석할 경우, 전자거래기본법상 전자문서의 개념은 "거래 관련성"을 요구하고 있어서 거래와 관련이 없는 부문에 전자적 방법을 활용하는 때에는 적용될 수 없다는 한계가 발생한다. 이는 우리 법제도상 각종 전자화를 추진하는데 상당한 걸림돌로 작용하고 있다.

따라서 상법의 경우 주주총회 전자화를 추진하는 매체를 전술한 것처럼 "전자문서"에서 "전자적 방법"으로 수정하고 상법시행령에 "전자적 방법"과 "전자적 방법의 종류와 내용" 등을 구체적으로

248) 정찬형, "주주총회 활성화를 위한 제도개선 방안", 「상사법연구」 제23권 제3호(한국상사법학회, 2003), 71면; 정대익, 전게논문, 246면; 박상근, "인터넷시대의 회사법을 위한 일시론", 「서울대학교 법학」 제43권 제1호(2002), 278면; 김진환, "전자거래에 있어서 문서성과 서명성에 관한 고찰", 「법조」 통권 제515호(법조협회, 1999), 133면.

249) 동지 : 정완용, "바람직한 전자투표 인프라 구축방안"(이하 "전게논문1"이라 한다), 「상사법연구」 제23권 제3호(한국상사법학회, 2004), 224면 주)50; 정대익, 전게논문, 255면.

규정함으로써 전자거래기본법을 원용할 필요 없이 상법 자체적으로 해결하는 것이 바람직하다고 본다. 이러한 점에서 "전자적 방법"과 "전자적 방법의 종류와 내용" 등을 체계적으로 규정한 일본의 회사법, 회사법시행령, 회사법시행규칙 등은 매우 시사적이라고 본다.[250]

3. 주주의 사전동의 필요

현실적으로 존재하는 주주간 정보격차를 고려하여 전자통지에는 반드시 주주의 사전동의를 전제로 하여야 한다. 따라서 상법 제363조 제1항의 전자통지에도 사전에 주주의 동의를 얻은 때에 한하여 소집통지를 전자적 방법으로 할 수 있다는 조항을 포함시켜야 한다. 주주가 동의를 취소하는 경우 소집통지를 발송하기 전까지는 가능하지만, 소집통지를 발송한 후에는 다음 주주총회부터 취소의 효력이 발생한다고 보아야 한다.[251]

4. 발송시점에 관한 규정의 명확화 필요

전자문서에 의한 주주총회의 소집통지는 통지를 발송함으로써 완료된다(발신주의). 그러나 발송시점에 대한 명확한 규정이 없어 소집통지에 대한 입증책임을 지는 회사로서는 부담이 되고 있다. 전자거래기본법 제6조 제1항에 따르면 전자문서는 수신자 또는 그 대리인이 당해 전자문서를 수신할 수 있는 정보처리시스템에 입력된 때에 송신된 것으로 본다고 규정하고 있다.

발신주의는 상대방의 요지 가능성을 고려하여야 한다. 즉, 전자문서에 의한 통지는 상대방이 적극적으로 수신하려는 노력이 있어

---

250) 자세한 내용은 전술한 제3장 제4절 Ⅱ.1. 참조.

251) 곽관훈, 전게논문, 106면.

야 수신이 가능하다는 특성을 고려하여야 한다. 따라서 전자문서에 의한 통지는 수신을 위하여 주주가 정보처리시스템을 지정하였을 때(전자거래기본법 제6조 제2항 제1호 본문)에 발신주의를 적용할 수 있을 것이다. 반면 주주가 지정하지 않은 경우에는 동법 제6조 제2항 제1호 단서에 따라 주주가 소집통지를 출력하였을 때에 발송한 것으로 보아야 할 것이다.[252] 법률관계의 명확화를 위하여 상법상 동 조문을 준용하는 규정을 두는 것이 바람직할 것으로 보인다.

5. 소집지 규정의 철폐

상법 제364조는 주주총회 소집지에 관하여 "정관에 다른 정함이 없으면 본점소재지 또는 이에 인접한 지"에서 소집하도록 규정하고 있다. 우리 나라도 세계 10위권의 경제대국이 됨에 따라 글로벌 차원에서 영업을 하는 기업들이 증가하고 있다. 이러한 경우 주주의 편리성을 고려하여 본점 소재지 이외의 장소를 주주총회장으로 이용할 필요성이 제기된다. 또한 현행 소집지 규정에 따르면 정관에서 정하지 않으면 소집지가 한정되는 문제점이 지적된다. 이에 따라 일본 회사법처럼 소집지에 관한 상법 제364조를 삭제하여 주식회사가 주주의 분포상황에 따라 출석하는 주주 수 등을 감안하여 그 때 그 때의 판단에 따라 적절한 장소에서 주주총회를 개최할 수 있도록 배려할 필요가 있다.

소집지 규정을 삭제하게 되면 외국회사의 완전자회사 등 주주가 외국에만 존재하는 주식회사가 외국에서 주주총회를 개최하거나, 출석주주가 매우 많은 주식회사의 경우 2개 이상의 장소에서 주주총회를 개최하는 것도 정관에서 특별한 규정을 두지 않더라도 가

---

252) 이철송, 「회사법강의[제15판]」, 박영사, 2008, 407~408면.

능하게 된다. 2개 이상의 장소에서 주주총회가 개최되는 경우에 있어서도 주주총회는 하나의 회의체이기 때문에 회의체로서 일체성이 확보될 필요성이 있다. 따라서 복수의 회의장에 대해 출석자 상황의 파악, 질문이나 발언하고자 하는 자의 확인, 현재 발언하고 있는 자가 당해 주주인지 여부가 확인될 필요가 있으며, 이러한 상황을 확인할 수 있는 정보전달의 쌍방향성과 즉시성을 확보하는 시스템이 필요하다.[253)]

또한 소집지에 관한 규정을 삭제하는 경우 주주가 출석하기 어려운 소집지를 일부러 선택하는 등의 폐해가 생길 우려가 있다. 그러나 그러한 경우는 소집절차가 현저하게 불공정한 경우로서 총회결의의 취소사유가 되기 때문에[254)] 특별한 문제는 없다고 본다.[255)] 또한 과거의 소집지와 현저하게 떨어진 장소를 정기주주총회 개최장소로 정하는 경우에는 그 이유를 공시하도록 하는 규정을 둘 필요가 있다(일본 회사법시행규칙 제63조 제2호 참조).

6. 법무부 상법개정안의 검토

법무부 상법개정안에 따른 제363조 제1항의 소집통지의 전자화에 관한 규정에 주주의 사전동의를 요하는 문구를 추가하는 것으로 되어 있는데, 이는 타당한 입법이라고 평가한다. 그러나 소집통지의 수단을 "전자문서"로 그대로 존치하고 있는 부분은 전술한 것처럼 "전자적 방법"으로 수정해야 한다고 본다. 또한 법무부 상

---

253) 相澤 哲・葉玉匡美・郡谷大輔, 「論点解說 新・會社法」, 商事法務, 2006, 471~472面.

254) 일본 회사법 제831조 제1항 제1호, 제298조 제1항 제5호, 제325조, 일본 회사법시행규칙 제63조 제2호, 제95조 제1호.

255) 相澤 哲・細川 充, 前揭論文, 79~80面.

법개정안에 따르면 IT화에 관한 개정 중에서 "전자문서"와 "전자적 방법"을 혼합적으로 사용하고 있는데 이를 구분할 실익이 있는지 의문이다. 예컨대, 개정안 제289조 제3항 전자공고의 경우 "전자적 방법"으로 규정하고, 개정안 제352조의2 제1항 전자주주명부의 경우 "전자문서"로 규정하며, 개정안 제363조의2 제1항 및 제2항의 주주제안은 "전자문서"로 하도록 규정하고, 개정안 제366조 소수주주의 주주총회 소집청구의 경우에는 "전자문서"로 규정한다. 개정안 제368조의2 의결권의 불통일 행사의 경우에는 "전자문서"로 규정하는 반면, 개정안 제368조의4 전자투표는 "전자적 방법"으로 규정하고 있다. 이러한 규정들은 모두 "전자적 방법"으로 통일하여 개정하는 것이 바람직하다고 본다. 그리고 전술한 것처럼 전자적 방법의 개념 및 전자적 방법의 종류와 내용에 관해 상법시행령에 그 세부규정을 두는 것이 타당할 것이다.256)

또한 주주총회 소집지에 관한 상법 제364조를 철폐하여 글로벌화한 기업들이 주주총회 장소를 필요에 따라 적절하게 선택할 수 있도록 하여야 한다.

7. 의결권행사서면과 참고서류의 전자적 제공의 허용

서면투표제도를 채택한 회사의 경우에도 소집통지를 전자적 방법을 통해 할 수 있도록 허용해야 한다(일본 회사법 제299조 제3항). 또한 이러한 전자적 소집통지를 발송할 때 의결권행사서면과 참고서류도 전자적 방법으로 제공할 수 있도록 허용할 필요가 있다. 다만 전자적 소집통지를 동의한 주주가 의결권행사서면과 참고서류를 서

256) IT화 관련 상법개정안에 대한 설명은 정완용, "회사법의 IT화 관련 개정사항에 관한 고찰"(이하 "전게논문2"라 한다), 「상사법연구」 제25권 제2호(한국상사법학회 2006년), 209~238면 참조.

면으로 청구한 때는 이를 교부하여야 한다(동법 제301조 제2항 단서).

8. 소집통지의 전자화에 관한 세부적 규정의 마련

소집통지의 전자화에 관한 세부적 규정이 마련되지 않은 점도 기업들이 이 제도의 도입을 주저하는 이유 중의 하나로 보인다. 따라서 회사법시행령이나 시행규칙에 세부적인 규정을 마련할 필요가 있다.

Ⅲ. 웹공시 제도의 도입 검토

1. 웹공시 제도 도입의 필요성

우리 나라에서 2001년 소집통지가 전자화되었지만 이를 채택하고 있는 회사가 없는 이유는 이 제도를 도입할 유인이 없다는 데에 있다. 2008년 5월 입법예고된 법무부 상법개정안은 소집통지에 관한 제363조에서 주주의 사전동의를 얻는 요건을 추가하였지만 상황은 크게 변화되지 않을 전망이다. 소집통지를 전자화하기 위해서는 회사가 주주의 동의를 얻어야 하고, 동의를 하지 않는 주주에 대해서는 서면으로 통지하여야 한다. 이에 따라 서면통지방식과 전자문서에 의한 통지방식이라는 이중의 업무를 하여야 하기 때문에 효율성 측면에서 소집통지를 전자화할 유인이 없다. 이러한 상황은 2005년 회사법을 제정하기 이전까지 일본의 경우에도 마찬가지였다.

주주총회를 개최하는 회사로서는 소집통지를 일괄적으로 전자적 방법에 의하여 할 수 있다면 이를 채택하는 경우가 많을 것이다. 그러나 주주의 사전동의 없이 일괄적인 전자적 소집통지를 허용할 경우 소집통지를 받지 못한 주주의 권리를 침해할 가능성이 높다. 이에 따라 주주의 권리침해 문제를 완화하면서 통지방식을 효율화하기 위한 제도로 등장한 것이 웹공시 제도이다. 웹공시 제도는 2005년 일본 회사법에 의해 도입되어 2006년 제정된 법무성령에 의해 구체적 규정이 정비되었다.[257)]

2. 웹공시 제도의 내용

웹공시 제도라 함은 주주총회참고서류, 사업보고, 개별주기표 및 연결계산서류 등 주주총회 소집통지와 함께 주주에게 제공해야 하는 자료에 표시해야 하는 사항의 일부에 대하여, 정관의 정함에 따라 인터넷 홈페이지에 게재함과 더불어 그 주소 등을 주주에게 통지하면 당해 사항에 관련되는 정보가 주주에게 제공된 것으로 보아 물리적인 서면 등에 의한 제공을 생략할 수 있는 제도이다.

또한 일본의 경우 주주총회참고서류에 기재하여야 하는 사항에 대하여 소집통지 발송 후 총회 전일까지 수정해야 하는 사항이 생긴 경우에 수정 후의 사항을 주주에게 주지하는 방법을 소집통지에 기재할 수 있는데(회사법시행규칙 제65조 제3항), 그 방법은 실무상 인터넷 웹사이트상에 표시하는 경우가 많으며 이를 웹수정이라고 칭한다.

3. 웹공시 제도의 도입방안

(1) 정관의 정함

웹공시 제도를 채택하기 위해서는 그 취지를 정관에서 정할 필요가 있다. 서면 등으로 직접 주주에게 제공하는 것에 대신하여 인터넷을 이용하여 공시하는 것이므로 전자공고제도를 채택하는 경우와 마찬가지로 정관의 정함을 요하는 것이 타당하다.

---

257) 일본의 웹공시 제도에 대한 자세한 내용은 제3장 제4절 Ⅱ.2. 참조.

(2) 웹공시 제도의 대상

우선 주주총회참고서류에 대해서는 웹사이트 공시가 허용되지 않고 반드시 참고서류에 기재하여야 하는 사항으로는 ① 의안, ② 사업보고에 표시해야 하는 사항을 주주총회참고서류에 기재하고 있는 경우에 있어서 일정한 사항,258) ③ 당해 웹사이트의 주소, ④ 어떠한 사항을 웹사이트에 표시하는 데에 감사 또는 감사위원회가 이의를 제기한 사항 등이다. 따라서 이러한 네 가지의 경우를 제외하고는 주주총회참고서류에 기재해야 하는 사항이 웹공시 제도의 대상으로 된다.

둘째, 웹사이트 공시가 허용되지 않고 반드시 사업보고에 기재하여야 하는 사항으로는 ① 회사의 현황, ② 회사임원, ③ 주식, ④ 신주예약권 등에 관한 사항 중 시행령에서 구체적인 항목이 정해진 사항, ⑤ 감사 또는 감사위원회가 이의를 제기한 사항 등이다. 이러한 다섯 가지를 제외하고 사업보고에 기재해야 하는 사항이 웹공시의 대상으로 된다. 즉, 주식회사의 지배에 관한 기본방침, 이사회의 권한행사에 관한 기본방침, 회계감사인이나 사외이사에 관한 공시사항 등을 들 수 있다.259)

셋째, 개별주기표 및 연결계산서류의 경우 그 전부에 대해 웹공시 제도를 이용할 수 있다.

(3) 웹공시 기간

웹공시를 해야 하는 기간에 대해서는 본래 공시된 내용이 소집통지와 함께 공표되어야 하는 점에 비추어, 소집통지를 한 시점부

---

258) 일본 회사법시행규칙 제120조 제1항 제1호 내지 제8호, 제121조 제1호 내지 제5호, 제8호, 122조 제1호, 제123조 제1호, 제2호 등 참조.

259) 中西敏和, 前揭論文, 8面.

터 공시를 시작하여 주주총회 회일로부터 3개월을 경과하는 일자까지 계속하여 공시하는 것이 바람직하다.

또한 전자공고와는 달리 공시의 중단이나 정보의 변경 등에 대해서는 특별한 제한은 없다. 공시의 중단이 생긴 경우에는 바로 위법으로 되는 것이 아니라, 공시기간 전체로서 계속하여 웹공시가 이루어졌다고 평가할 수 있는지 여부의 관점에서 실질적으로 판단하여야 한다. 정보의 변경에 대해서는 별도 수정사항의 주지방법에 관한 통지제도를 마련하여야 한다.

(4) 감사보고와의 관계

웹공시 제도를 이용하는 경우에 웹공시의 대상으로 된 사항을 주주에게 직접 제공할 필요는 없다. 따라서 감사대상으로 되었던 사업보고나 계산서류의 전부가 주주에 대해서 현실적으로 제공되는 것은 아니다. 다른 한편 감사보고는 감사대상물의 모든 내용을 전제로 한 판단을 표시한 것이다.

그래서 웹공시 제도의 이용에 의해 현실적으로는 주주에게 사업보고나 계산서류의 일부밖에 제공되지 않는 경우에는 감사나 회계감사인이 그 뜻을 주주 등에게 통지하도록 하는 취지의 청구를 할 수 있도록 하여야 한다.

제2절 전자투표

Ⅰ. 의결권 행사의 전자화의 현황 및 문제점

주주의 의결권 행사방법은 직접행사, 대리행사 또는 서면투표제도가 도입된 회사의 경우에는 서면투표에 의한 행사로 구분할 수 있다.

그러나 주주가 광범위하게 분포되어 있고 주주총회에 관심이 없는 경우가 많기 때문에 의결권행사 비율은 극히 저조하여 대주주 비중이 낮은 회사는 주주총회 개최에 많은 어려움을 겪어 왔다. 이러한 문제를 해결하기 위하여 1991년부터 증권예탁결제원에 의한 의결권 행사제도(이른바 shadow voting)가 도입되어 운영되고 있으나 주주총회의 형해화를 초래하는 제도로 비판받고 있다.[260]

따라서 주주총회에 대한 주주의 참여를 높이는 방안의 일환으로 전자투표제도를 도입할 필요성이 높아지고 있다. 우리 나라 상장법인은 90%가 12월 결산법인이므로 주주총회가 짧은 기간동안 일시에 열리고 있는 것이 현실이다.[261] 따라서 전자투표에서 더 나아가 전자주주총회가 가능해지면 이러한 시간적 제약으로 인한 주주총회 참가의 어려움은 어느 정도 극복될 수 있을 것이다.

2001년 전자투표제도를 채택한 일본의 경우, 「2007년판 주주총회백서」에 의하면 383개사(전체 응답회사 1,952개사의 19.6%, 전년비 3.2% 증가)이며, 다음 총회에서 채택 예정인 회사가 34개사(전체의 1.7%, 전년비 3.0% 감소)로 소집통지의 전자화와는 달리 전자투표제도를 채택한 기업들이 지속적으로 증가하고 있다. 채택하였다고 응답한 회사도 대부분 채택예정이라고 응답하였던 회사가 대체된 경우로 추정된다. 한편 소집통지와 다른 것은 채택한 회사와 차기 채

260) 이 제도에 대한 비판은 이철송, “현대회사의 소유구조의 변화와 회사법 논리의 재정립”, 「법경제연구(Ⅱ)」(한국개발연구원, 1995), 79~84면 참조.

261) 2006년 12월말 결산회사의 경우 2007년 3월 16일(금) 214개사(전체의 36.3%), 3월 23일(금) 164개사(전체의 27.8%), 3월 9일(금) 44개사(전체의 7.5%) 등 3일간 422개사의 주주총회가 개최되어 응답한 전체 12월 결산회사(589개사)의 71.6%를 차지하고 있다(한국상장회사협의회, 「상장회사 주주총회백서」, 2007, 26면).

〈2004~2007년도 일본의 전자투표제도 채택 추이〉[262]

연도	구분	채택	미채택			무응답	합계
			차기채택 예정	예정 없음	기타		
2004	회사수	211	107	1,483	117	6	1,924
	(%)	(11.0)	(5.6)	(77.1)	(6.1)	(0.3)	(100)
2005	회사수	259	95	1,477	103	4	1,938
	(%)	(13.4)	(4.9)	(76.2)	(5.3)	(0.2)	(100)
2006	회사수	319	71	1,441	98	13	1,942
	(%)	(16.4)	(3.7)	(74.2)	(5.0)	(0.7)	(100)
2007	회사수	383	34	1,459	71	5	1,952
	(%)	(19.6)	(1.7)	(74.7)	(3.6)	(0.3)	(100)

택예정인 회사의 합계가 전년보다 1.2% 증가하여 착실하게 증가하는 경향을 보이고 있다는 점이다. 그러나 채택할 예정이 없다고 응답한 회사가 1,459개사(전체의 74.7%, 전년비 0.5% 증가)로 아직 다수를 점하고 있으며 정착하는 데는 시간이 걸릴 전망이다.

원래 소집통지의 전자화와 의결권 행사의 전자화는 일체로 생각해야 하는 제도이다. 회사법도 이러한 체제를 전제로 하고 있다. 그러나 회사실무에서는 이와는 달리 의결권행사에 대해 의결권행사서의 기재사항을 전자적 방법으로 송부하고 이를 전자적 방법으로 반송받는 방식을 취하지 않고, 명의개서대리인의 웹사이트를 이용하여 의결권을 행사시키는 방법을 취하고 있다. 소집통지에 "금년부터 인터넷에 의해 의결권행사가 가능하게 되었다"라는 점을 기재하여 소집통지 및 의결권행사서에 인터넷에 의한 의결권행사를 하는 경우의 방법을 기재함으로써 인터넷에 의한 의결권행사에

262) 商事法務硏究會 編, 2004年白書, 124面; 同, 2005年白書, 120面; 同, 2006白書, 119面; 同, 2007年白書, 123面.

들어가게 되고, 그 행사과정에서 소집통지의 이용에 대해서 동의를 구하는 방식이다.

따라서 전자적 방법에 의한 의결권행사비율이 높으면 소집통지의 전자화도 증가할 것으로 기대된다. 회사법에서는 서면투표와 전자투표가 중복된 경우의 취급이나 전자투표의 행사기한 등에 대해서 탄력적인 취급을 인정하는 등 보다 사용하기 쉬운 제도로 개선이 이루어지고 있으며, 동법 시행에 따라 채택회사가 증가할 것으로 기대된다.

전자투표제도를 채택한 회사의 경우 전자투표 행사비율(전자적 방법에 의해 행사된 의결권수/총의결권수)을 살펴보면, 행사비율조사에 응답한 271개사 중 행사비율이 1% 미만인 회사는 112개사(271개사의 41.3%), 1% 이상 10% 미만 90개사(33.2%), 10% 이상 20% 미만 45개사(8.9%) 순서로 나타났다.[263)]

Ⅱ. 전자투표제도 도입에 따른 법률문제

1. 주주의 본인확인

전자투표제도를 채택한 회사에서 주주는 실무상으로는 의결권행사 전용 웹사이트를 통해 의결권 행사를 하게 된다. 전자투표에서도 해킹 등에 의해 제3자가 본인처럼 행동하는 '가장행세'가 문제됨에 따라 본인확인을 위한 조치[264)]가 필요하게 된다. 이 때 진정성의 확인이나 보안을 위해 전자서명 또는 전자인증을 할 필요가

---

263) 商事法務硏究會 編, 2007年白書, 120面.

264) 본인확인의 방법으로는 ID와 패스워드, 전자서명, IC 카드, 지문 등을 활용한 바이오매트릭스 방식 등을 고려할 수 있다(양만식, "상법상의 IT화 — 일본상법에 있어서의 주주총회의 전산화를 중심으로 —", 「인터넷법연구」 제1호(한국인터넷법학회, 2002), 570면).

있는지 여부가 문제된다.[265)]

이에 대해 전자서명이 필요하다고 보면서[266)] 전자투표는 위·변조가 용이하고 무권한자에 의해 이루어질 가능성이 높기 때문에, 전자서명이 부착된 전자투표만이 회사에 대해 대항력을 가지도록 법률에 규정하여야 한다는 견해도 제기된다.[267)]

그러나 본인확인을 위해 '공인전자서명된' 전자문서를 사용하도록 법률에 규정하는 것은 바람직하지 않다고 본다. 본인 확인의 방법은 관련 기술의 발달에 따라 계속 새로운 형태가 출현할 수 있고, 법률에서 특정한 방식을 규정하게 되면 오히려 기술에 중립적인 입장이 될 수 없다. 궁극적으로 본인 확인을 위해 어떠한 방식을 채택할 것인지 여부는 회사의 자율에 맡기는 것이 타당하다고 본다.[268)]

2. 수정동의

전자주주총회에 참가하는 주주는 주주총회에서 의결이 이루어지는 시점에 자유로운 의사에 의해 투표할 수 있기 때문에 수정동의의 제출에 따른 법률문제가 발생하지 않는다. 즉, 의결권행사서면을 주주총회 개최 전에 미리 송부하는 서면투표 방식과는 달리 전

265) 일반적으로 전자문서의 진정성 확인에는 전자서명을 활용하고 당사자의 진정성은 전자인증을 이용한다.

266) 정완용, 전게논문1, 218면; 박상근, 전게논문, 123면; 정쾌영, 전게논문, 337면.

267) 정경영, 전게논문, 20~21, 28면.

268) 홍복기, "전자주주총회 제도의 도입", 「상사법연구」 제22권 제3호 (한국상사법학회, 2003), 211면; 神田秀樹·神作裕之·中西敏和·千葉良雅, "[座談會]IT革命の展開とおが國會社法の課題", 商事法務 No. 1583 (2001.1.5.), 23面[神田秀樹教授發言].

자주주총회에서는 주주총회에서 수정된 동의가 제출되더라도 주주가 그 수정동의에 투표권을 행사할 수 있다.[269)]

반면, 서면투표 대체형 전자투표는 주주총회가 개최되기 전까지 완료되어야 하기 때문에 만일 주주총회에서 수정동의가 제출될 경우, 수정안의 표결에 대해 전자투표에 의한 의결권의 행사를 어떻게 취급할 것인가가 문제된다. 전자투표제도를 채택하고자 하는 회사로서는 의안수정시 전자투표에 의한 의결권을 정족수에서 제외하면 가결이 곤란하게 될 우려가 있기 때문에 매우 중요한 문제이다.

수정동의에 대해서는 결석설, 제도적 기권설, 기권설 등으로 학설이 대립한다. 우선 결석설은 전자투표한 의결권수를 수정안에 대한 의사정족수나 의결정족수에 산입하지 않는 견해이다.[270)] 이 학설은 전자투표를 하는 주주에게 원안에 대한 의결권만 부여하고 수정동의에는 의결권을 행사할 기회를 모두 배제하는 결과를 초래하게 되는데, 이는 주주에게 의사결정에 대한 실질적인 참가기회를 보장하기 위하여 도입된 전자투표제도의 취지에 비추어 타당하지 아니하다.[271)]

제도적 기권설은 원안에 찬성한 전자투표는 수정안에 반대한 것으로 보고, 원안에 반대하거나 기권한 전자투표는 수정안에 기권한 것으로 보는 견해이다.[272)] 여기서는 기권표도 출석주주의 의결권수

---

269) 柴田和史・神田秀樹, "電子株主總會への展望", 「電子株主總會の硏究(岩村充・神田秀樹 編)」, 弘文堂, 2003, 143面.

270) 元木 伸, "議決權の代理行使と書面投票等", 「商事法務」 第937号(1982. 4. 15.), 14面.

271) 우홍구, "서면투표에 의한 의결권행사", 「司法行政」, 1990년 5월호, 20면; 森本 滋, "書面投票の制度的意義と機能", 「商事法の解釋と展望」(上柳克郎先生還曆記念), 有斐閣, 1984, 128面.

272) 안동섭, "주주총회의 활성화를 위한 연구", 「비교사법」 창간호(한국비교

에 산입되기 때문에 결의의 성립을 소극적으로 저지하는 기능을 한다. 이 견해는 법적으로 허용된 범위 내의 법적 의제를 통해 문제를 해결하고자 하는 것이며, 가장 타당한 결과를 가져온다고 주장한다.[273] 이는 일본의 다수설인데 주주의 의사를 의제하여 획일적으로 처리함으로써 주주의 의사가 무시된다는 비판이 제기된다.[274]

기권설은 원안에 대한 찬부에 상관없이 이미 행사된 전자투표를 수정동의안에 모두 기권한 것으로 취급하는 견해이다.[275] 전자투표는 사전투표로서 수정안의 贊否에 대한 주주의 의사가 불명확하기 때문에 기권으로 처리하여 결의성립을 소극적으로 저지하는 방식으로 결의에 참가할 수밖에 없다는 것이다.[276]

생각건대 주주의 의사에 충실한 해결방안이 타당하고 본다.[277] 즉, 의결권 행사를 하는 전자적 기록에 주주의 의사를 보다 명확히 밝힐 수 있는 기재를 하는 것이 합리적이라고 생각한다. 즉, '어떠한 수정안이 제출되더라도 원안에 찬성한다', '어떠한 수정안이 제출되더라도 원안에 반대한다', 또는 '수정안이 제출되면 그 결의에

사법학회, 1995), 237~238면; 우홍구, 전게논문, 21면; 西尾信一, "書面投票の實務的背景", 「商事法の解釋と展望」(上柳克郎先生還曆記念), 有斐閣, 1984, 107面.

273) 上柳克郎・鴻常夫・竹內昭夫, 前揭書, 641面.

274) 森本 滋, 前揭論文, 128面.

275) 권기범, 현대회사법론, 삼지원, 2001, 566면; 권재열, "상법상 서면투표제도의 문제점과 그 해결방안", 「상사법연구」 제19권 제1호(한국상사법학회, 2000), 267면; 김병연, "상법상 서면투표제도와 그 문제점", 「연세법학연구」 제7집 제1권 (2000), 640~641면; 정쾌영, "주주총회의 전자화에 관한 입법론적 고찰", 「상사법연구」 제21권 제3호(한국상사법학회, 2002), 335면; 森本 滋, 前揭論文, 128~129面; 山田尙武, 前揭論文, 90面.

276) 森本 滋, 前揭論文, 128~129面.

277) 김재범, "서면투표제도를 이용한 주주총회의 운영", 「경영법률」 제12집(한국경영법률학회, 2001), 193~194면.

대해서는 기권한다' 등의 문구를 삽입하는 것이다.

3. 의결권행사의 철회 · 변경, 이중투표

전자주주총회에 참가하는 주주는 주주총회에서 의결이 이루어지는 시점에 자유로운 의사에 의해 투표할 수 있기 때문에 의결권행사의 철회·변경, 이중투표 등의 법률문제가 발생하지 않는다.

그러나 서면투표 대체형 전자투표제도에서는 주주가 일단 행한 의결권행사를 철회, 변경하는 경우가 있을 수 있는데, 총회 회일의 전일까지는 이러한 사후적인 의결권행사의 철회가 가능한지 여부가 문제된다. 전자투표만을 채택한 회사는 최종투표결과를 가지고 당해 주주에 의한 의결권행사로서 처리하면 되기 때문에 이론상 주주는 회일 전일까지 전자투표의 철회·변경을 몇 번이라도 할 수 있다.

그러나 서면투표제도와 전자투표제도를 동시에 채택한 경우에는 ① 일단 서면투표용지를 사용하여 의결권행사를 한 주주가 그 후 전자적 방법에 의한 의결권행사를 하고 최초의 투표를 철회하거나, ② 반대로 우선 전자적 방법에 의해 의결권행사를 한 주주가 그 후 서면투표용지에 의결권행사를 하여 수정하는 것도 가능하다. ②의 경우는 거의 일어나지 않을 것이며, 서면투표용지가 전자투표보다도 회사에 늦게 도착하기 때문에 최종도착분인 서면투표를 주주의 최종적인 의사표시로서 취급하면 충분하다.

이에 대해 ①의 경우는 실제로 먼저 발신한 서면투표용지가 전자투표보다 늦게 회사에 도착할 수 있다. 이 때 최종 도달한 서면투표용지를 주주의 최종적인 의사표시로서 보게 되면 주주의 의사와 모순되는 결과를 초래한다. 이 경우 전자투표를 우선적으로 취급하자는 견해나,[278] 주주가 서면과 전자투표 중 하나를 선택하도록 하자는 견해가 있다.[279] 생각건대, 회사가 서면투표제도와 전자투표제도를 동시에 채택하는 경우에는 서면 또는 전자적 방법 중 어느 한 가지를 주주의 최종적인 의사표시로서 다룬다는 취지를 정하여 주주에게 주지시킨 후 이에 따라 처리하는 것이 바람직하다고 본다.[280]

서면투표와 전자투표를 동시에 채택한 경우 별도의 정함이 없는 한[281] 나중에 도착한 투표가 우선한다고 해석하여야 할 것이다. 이는 전자투표 또는 서면투표가 복수로 도착한 경우에도 마찬가지로 해석된다.[282]

4. 의결권의 행사기한

전자주주총회가 개최되기 전 단계에서의 전자투표제도는 기본적으로는 서면투표제도와 같은 구조이기 때문에 총회에 출석하지 아니하고 전자투표를 하는 주주는 총회 회일의 '전일'까지 전자적 방법에 의한 의결권행사를 할 필요가 있다.

전자투표는 주주에 의한 온라인상의 조작이 거의 실시간으로 회

278) 정경영, 전게논문, 24면.

279) 홍복기, 전게논문, 214면.

280) 林 勇, "株主總會運營の電子化・彈力化と株主總會制度のゆくえ", 「21世紀の企業法制(酒卷俊雄先生古稀記念), (株)商事法務, 2003, 624~625面; 일본 회사법에서도 의결권행사가 중복된 경우 취급방법을 미리 정할 수 있도록 규정하고 있다(일본 회사법시행규칙 제63조 제3호). 자세한 내용은 전술한 제3장 제4절 Ⅲ.2. 참조.

281) 會社法規則 第63條 第4項 ロ. 1인의 주주가 동일 의안에 대하여 서면투표와 전자투표에 의해 중복하여 의결권을 행사한 경우, 당해 동일 의안에 대한 의결권의 행사내용이 다르게 된 때에는 당해 주주의 의결권 행사의 취급에 관한 사항을 소집통지에 기재하도록 하고 있다.

282) 神田秀樹, 「會社法〔第10版〕」, 弘文堂, 2008, 166面.

사에 전달되기 때문에, '총회 회일 전일'까지라고 하면 회사로서는 전일의 24시까지 주주로부터 의결권행사를 받을 필요가 있다. 이는 주주로서는 IT화로 인한 장점이지만 회사로서는 철야작업을 강요당하게 된다. 실무상으로는 예컨대, 오후 5시까지 투표를 호소하는 회사도 있지만 이것도 권장사항에 불과하지 구속력은 없다. 따라서 법적 안정성을 위해 전자투표의 행사기한을 보다 명확히 입법화하는 것이 바람직할 것이다.[283)]

의결권 행사기한에 대해서는 총회 전일의 영업시간 이내로 하자는 견해[284)], 총회 전일의 24시까지로 하자는 견해[285)], 총회 개회 직전까지로 하자는 견해[286)], 총회 개회 후 의결 전까지로 하자는 견해[287)] 등 다양하다.

생각건대, 전자투표제도의 마감시한은 전자투표제도 자체뿐만 아니라 향후 전자주주총회제도의 도입 가능성과 IT기술의 발전 등을 고려하여 결정하여야 할 것이다. 제도 시행초기인 현재로서는 총회 전일의 영업시간까지로 마감시한을 정하고, 장래 IT기술의 발전으로 전자투표가 안정적으로 실시간에 집계가 가능하게 되면, 총회 개회 후 의결 전까지로 연장해 나가야 할 것이다. 2005년 일본 회사법의 경우도 특별한 정함이 없으면 총회 전일의 영업시간까지를 마감시한으로 하고 있다(일본회사법 제312조 및 동 시행규칙 제70조).

또한 마감시한은 전자투표의 철회문제와 연관지어 생각할 필요가 있다. 주주가 전자투표를 한 이후 총회에 출석하여 표결에 참가

283) 林 勇, 前揭論文, 624面.

284) 林 勇, 前揭論文, 624面.

285) 양만식, 전게논문, 569면.

286) 홍복기, 전게논문, 30면.

287) 山田尙武, "會社運營の電子化 — 株主總會の電子化を中心に —", 「ジュリスト」 No. 1206 (2001), 89面; 정쾌영, 전게논문, 334면.

하고자 하는 경우 전자투표를 철회한 것으로 보아야 할 것이다. 따라서 주주총회장에 입장할 때 당해 주주가 전자투표를 하였는지 여부를 확인할 필요성이 있다는 측면에서 전자주주총회가 도입되기 이전의 전자투표는 최소한 총회 개회 이전에 마감하는 것이 바람직하다고 본다.

5. 전자 시스템 결함의 경우 총회결의의 효력

전자시스템의 결함으로 인하여 주주가 의결권을 행사할 수 없게 된 경우나, 해킹, 바이러스의 감염에 의해 의결권 행사 데이터가 훼손되거나 소실된 경우에 주주총회 결의의 효력에 미치는 영향이 문제된다.

첫째, 전자시스템의 결함으로 인해 주주가 전자투표를 할 수 없는 원인이 주주가 계약하고 있는 인터넷 서비스 제공자의 서버가 다운되거나 통신회선의 장애로 인한 때에는, 회사에 귀책사유가 없으므로 회사는 면책되며 따라서 총회결의의 효력에는 영향이 없다.[288] 반면 회사가 전자시스템의 정비, 보수를 해태함으로 인하여 의결권 행사를 할 수 없게 된 경우에는, 만일 당해 전자투표의 수가 전체에서 점하는 비율이 낮고 또한 결의 결과에 영향을 미치지 않으면 결의방법의 하자이지만 재량기각의 대상이 될 것이다. 반면 결의 결과에 영향을 미칠 정도의 다수이면 결의취소(정도에 따라서는 결의부존재)의 원인이 될 수 있다.[289]

둘째, 전자투표에 의한 의결권 행사 이후 전자투표의 기록이 해

288) 홍복기, 전게논문, 215면; 林 勇, 前揭論文, 626面; [株主總會のIT化]研究會, "株主總會のIT化の實務と問題點(下)", 商事法務 第1600号(2001), 22面.

289) 山田尙武, 前揭論文, 90面.

킹이나 바이러스 감염에 의해 소실 또는 훼손된 경우에 정족수나 결의요건을 충족하지 못할 정도로 대량의 데이터가 소실 또는 훼손되었다면, 주주총회를 다시 개최하여 결의하여야 할 것이다. 그러나 손상된 전자투표에 관한 기록이 없어도 정족수나 결의요건을 만족하는 때에는 회사가 적절한 해킹, 바이러스 대책을 시스템상 강구하고 있는 한 결의의 효력에 하자는 없다고 본다.290)

6. 전자투표의 공정성 확보방안 – 총회검사인의 선임

서면투표와 마찬가지로 전자투표의 공정한 관리는 사후 분쟁의 소지를 예방한다는 차원에서 중요한 문제이다. 다만 서면투표의 경우 대개 회사가 직접 시행하는 경우가 많지만, 전자투표는 일정한 Platform를 구비한 제3의 기관이 하는 경우가 많을 것이다. 이 경우 제3의 전자투표관리기관이 투표의 공정성을 확보할 수 있도록 제도적 장치의 마련이 병행되어야 할 것이다.

또한 일본의 경우처럼 6개월 전부터 계속하여 발행주식총수의 100분의 1 이상의 주식을 보유한 주주뿐만 아니라 회사에게도 주주총회 소집절차 및 결의방법의 조사를 위해 총회 전에 검사인의 선임을 법원에 청구할 수 있도록 하는 방안도 검토할 필요가 있다(일본회사법 제306조 제1항).

주주 또는 검사인 등이 전자투표에 의한 의결권 행사가 공정하고 적법하게 이루어졌는지 여부를 사후적으로 확인하기 위해서는 그 행사내역을 일정한 기간동안 관리할 필요가 있다. 즉, 주주총회 종결 이후 주주에게 일정한 기간동안 전자투표 관련서류의 열람·

290) 고재종, “가상공간상 주주총회의 운영에 관한 검토”, 「상사법연구」 제21권 제1호(한국상사법학회, 2002), 236~237면; 林 勇, 前掲論文, 626面; [株主總會のIT化]硏究會, 前掲論文, 22面.

등사권을 인정할 필요가 있을 것이다. 열람이나 등사에 제공하는 기간은 주주총회결의 취소의 소의 제소기간이 2개월(상법 제376조 제1항)인 점을 감안하여 3개월 정도로 하는 것이 타당하다고 본다(일본회사법 제312조 제4항, 제5항).[291)]

7. 법무부 상법개정안의 검토

법무부 상법개정안 제368조의4 제3항 및 제6항은 전자적 방법에 의한 의결권행사의 경우 주주확인절차 등을 대통령령에 위임하고 있다. 주주확인절차는 기술적이고 변화가 빠른 부분이기 때문에 시행령에 위임한 것은 타당한 입법이라고 생각한다. 다만, 시행령에 규정할 경우에도 전자인증이나 전자서명을 요구하지 않고, 회사가 주주확인을 위한 합리적이고 타당한 절차를 구비하여야 한다는 정도의 규정만을 두는 것이 바람직하다고 본다. 전자투표제도가 발달하여 활성화되어 있는 미국이나 일본의 경우에도 법규정에 주주확인의 방법까지 정하고 있지는 않으며 또한 전자인증이나 전자서명을 요구하고 있지도 않다. 미국의 대표적인 전자적 의결권행사 대행기관인 ADP사는 ID와 통제번호(Control Number)를 통해 주주확인절차를 운영하고 있으며 지금까지 특별한 문제가 없는 것으로 평가된다.

개정안 제368조의4 제4항은 동일한 주식에 관하여 서면투표를 한 주주는 전자적 방법으로 의결권을 행사할 수 없다고 규정하고

---

291) 동지 : 안동섭, 전게논문, 235면. 일본의 경우도 주식회사가 서면투표와 전자투표 모두 총회 종결일부터 3개월간 회사의 본점에 의결권행사서를 비치하고, 영업시간 내에는 언제든지 주주가 열람할 수 있도록 하고 있다(일본 회사법 제311조 제3항 및 제4항, 제312조 제4항 및 제5항). 이에 비해 2개월로 하여야 한다는 주장으로는 권재열, 전게논문, 273면; 김병연, 전게논문, 648면.

있다. 이는 주주총회 IT화를 촉진한다는 금번 상법개정의 취지에 반한다고 본다. 현실적으로 이러한 경우가 발생하는 경우는 매우 드물 것이다. 그 이유는 현재 서면투표제도는 사문화되어 기업들이 거의 사용하지 않기 때문에 우리 기업들이 의결권행사를 전자화할 때 전자투표와 서면투표를 병행할 것으로 보이지는 않는다. 그러나 법리적인 측면에서는 서면투표와 전자투표간에 우열성이 있는 것도 아닌데 법규정상 일방적으로 서면투표에 우선적 효력을 인정하는 것은 문제라고 본다. 의사표시의 일반원칙상 도달주의에 따라 원칙적으로 나중에 도착하는 의결권행사가 이전에 도달한 의사표시를 철회한 것으로 취급하여야 한다.[292] 그 구분이 어려울 경우 회사가 미리 의결권행사서면이나 소집통지에 그러한 경우에 대비하여 전자투표와 서면투표 중 효력의 우선순위를 처리하는 방법을 정하여 주주들에게 미리 알리고, 그에 따라 처리하는 방식이 타당하다고 본다. 2005년 일본의 회사법도 이러한 방식으로 규정하고 있다(일본 회사법시행규칙 제63조 제4호 및 제66조 제1항 제3호).[293]

법무부 상법개정안 제367조는 기존 총회검사인의 선임범위를 확대하여 투표 및 개표의 공정성 확보, 위임장의 유무효조사, 주주총회 소집절차나 결의방법의 적법성의 조사에도 가능하게 할 예정이며, 이는 전자적 방법에 의한 의결권행사와 전자주주총회에도 도입하기 위한 것이라고 한다.[294] 전자투표제도나 전자주주총회 제도를 도입하는 데 있어서 투개표의 공정성 확보나 의사운영의 공정성

---

292) 동지 : 박철영, "회사법 IT화에 관련 개정사항에 관한 고찰" 토론문, 「상사법연구」 제25권 제2호 (한국상사법학회, 2006), 249면.

293) 자세한 내용은 전술한 제3자 제4절 Ⅱ.3. 및 Ⅲ.2. 참조.

294) 홍복기, "주식회사의 지배구조에 관한 2006년 회사법 개정시안", 「상사법연구」 제25권 제2호(한국상사법학회 2006), 185면.

확보는 이 제도의 성패를 좌우하는 매우 중요한 요소이다. 따라서 총회검사인의 선임범위를 확대하는 것은 타당한 입법이라고 생각한다. 개정전 상법 제367조에는 총회검사인 선임청구권의 주체가 주주총회로 규정되어 있었다. 총회검사인의 조사는 주주총회 절차의 하자 등으로 인한 사후분쟁을 피하고 이러한 분쟁에 대비하기 위한 것이다. 따라서 상법 개정안 제367조 제2항에서 주주뿐만 아니라 주식회사 자신에 대해서도 총회검사인 선임청구권을 인정한 것은 타당하다. 또한 개정전 상법 제367조에 의해 총회검사인을 주주총회에서 선임할 경우 다수결에 의하도록 되어 있었다. 그러나 상법 개정안 제367조 제2항에서 이 제도의 실효성 확보를 위하여 다수결보다 소수주주권(발행주식총수의 100분의 1)으로 규정한 것은 바람직하다. 다만, 소수주주권의 부여기준에서 무의결권주식을 제외한 발행주식총수로 하는 것이 타당하다고 본다.[295] 또한 공개회사의 경우에는 일정한 기간(예컨대 6개월) 동안 주식을 계속 보유하도록 함으로써 제도의 남용을 방지하는 방안을 강구할 필요가 있을 것이다. 그 이외에도 총회검사인의 법원에 대한 보고의무를 규정하고, 법원에 보고한 때에는 주식회사에 대해서도 보고서면의 사본을 교부하도록 규정할 필요가 있다(일본 회사법 제306조 참조).[296]

---

295) 법무부 상법 개정안 제371조 제1항에 의하면 총회의 결의에 관하여는 발행주식총수를 계산할 때 무의결권주식 등을 배제하는 규정을 두고 있다. 이는 현행 상법에서 소수주주권 등의 행사할 때 지분비율의 계산에서 무의결권주식이 발행주식 총수에 산입되는지 여부를 놓고 논란이 있는 점을 고려하여 이를 명확히 하기 위한 것으로 보인다. 그러나 동 조항을 반대해석 하면, 총회의 결의 이외의 경우에는 발행주식총수에 무의결권주식이 포함되게 되는데, 이는 소수주주권이나 기타 권리를 행사하는데 있어서 주주의 부담을 가중되는 결과를 초래하게 된다.

296) 일본 회사법상 총회검사인 제도의 자세한 내용은 전술한 제3장 제4절 Ⅳ. 참조.

한편 주주총회의 전자화를 관장하는 별도의 공공적 관리기관을 지정할 것인지 아니면 기업들의 창의적 노력에 맡기고 시장에서 자연스럽게 운영주체가 나타나도록 하는 것이 바람직한 것인지는 제도선택의 문제라고 본다.

개정안은 전자투표에 관해 제368조의4 한 개의 조항에 간단히 규정하고 나머지 사항은 모두 시행령에 위임하고 있다. 이에 따라 전자투표에 관련된 대부분의 법적 문제는 시행령에서 규율될 것으로 보인다. 즉, 상법시행령에서 수정동의, 의결권행사의 철회·변경, 의결권의 행사기한, 전자시스템 결함시의 총회결의 효력문제, 전자투표의 공정성 확보를 위한 총회검사인의 선임절차 등이 포괄적으로 규정되어야 할 것이다. 이러한 사항에 대한 구체적인 규제방식은 전술하였다.

Ⅲ. 전자투표제도의 도입방안

전자투표제도는 일반적으로 주주의 분산도가 높고 외국인투자자가 많은 상장법인에게 그 효용성이 큰 제도이다. 그러나 비상장법인의 경우에도 회사 규모가 크고 주주총회의 효율화나 기업지배구조 개선 등을 위해 전자투표를 활용하고자 하는 동기가 존재한다. 따라서 전자투표의 적용대상은 모든 회사로 하는 것이 타당하며 이를 위해서는 상법에서 규정하여야 한다.

전자투표제도의 도입에는 시스템 구축 등 일정한 비용이 수반되며, 도입되더라도 주주들의 적극적인 참여가 있어야만 성공할 수 있다. 기업마다 IT화에 대한 대응상황이 다르기 때문에 전자투표제도의 도입은 회사가 임의적으로 선택하도록 하는 것이 바람직하다.[297] 또한 이 제도의 도입취지가 주주총회 개최의 효율화라는 점

을 고려하여 정관변경보다는 이사회의 결의를 통해 채택하도록 하는 것이 타당하다고 본다.[298)]

다만 임의적인 제도로 도입할 경우 상장회사의 경우 shadow voting으로 인해 회사에게 전자투표제도를 채택할 유인이 높지 않다는 점이 문제로 지적된다. 즉, shadow voting으로 인해 대부분의 기업들이 특별한 노력 없이 정족수를 충족할 수 있기 때문이다. 따라서 주주권 및 주주총회에 대한 주주들의 인식변화와 실제 주주총회 참석률의 변화 추이 등을 감안하여 장차 shadow voting 제도의 폐지를 고려해 보아야 할 것이다.[299)]

전자투표의 수단으로는 의결권 행사방법의 안정성·효율성 및 정보통신수단 이용도 등에 있어서 인터넷투표[300)]가 이메일투표[301)]

---

297) 필자는 발행회사의 요청에 의한 증권예탁결제원의 의결권 행사제도(shadow voting)로 인해 주주총회가 형해가 되고 있는 사실을 감안하여 주주총회에 대한 주주의 참여도를 높이기 위하여 상장법인에 한해 전자투표제도의 강제적 실시를 주장한 바 있다(김순석, "주주 의결권 행사의 전자화", 「성균관법학」 제15권 제2호(성균관대학교 비교법연구소, 2003), 189~190면). 그러나 shadow voting은 궁극적으로 철폐될 것으로 전망되고 또한 회사에 대한 각종 규제를 되도록 완화하는 것이 세계적인 흐름인 점을 감안하여 전자투표제도의 도입을 강제적으로 하지 않고 임의적으로 실시하는 것이 바람직하다고 본다.

298) 동지 : 정경영, 전게논문, 27면.

299) 동지 : 김재범, 전게논문, 183면; 이철송, 전게논문, 84면; 정완용, 전게논문1, 191면.

300) 인터넷투표의 장점은 ① 전자투표 전용의 웹사이트에서 주주의 확인절차 등 모든 의결권행사 절차가 이루어지므로 이메일투표와 같은 문제가 없으며, ② 웹사이트를 통하여 주주에게 참고서류를 게시하거나 기타 필요한 정보를 제공하기가 쉽다는 것 등이다.

301) 이메일투표의 문제점은 ① 이메일 송수신상의 에러가 발생하는 경우 의결권행사가 성립되지 않을 수 있다. 다수의 주주가 의결권행사서면을 회사나 전자투표사무관리기관에 이메일로 전송할 때 컴퓨터 서버에 이

보다 우월하므로 전자투표의 방법으로는 인터넷투표가 적절하다고 생각된다. 그러나 법에서 구체적인 의결권 행사의 방법까지 특정할 필요는 없으므로, 전자투표의 방법은 회사의 자율적인 선택에 맡기는 것이 바람직할 것이다.

회사는 주주총회 소집통지시 주주가 전자투표의 방법으로 의결권을 행사할 수 있음을 알리기 위하여 소집통지서 또는 소집공고문에 그 내용을 기재하도록 한다. 즉, 전자투표를 행할 웹사이트의 주소 및 당해 사이트의 접속방법, 주주확인방법, 웹사이트상 의결권 행사 방법 등을 기재하여 소집통지 또는 소집공고를 하여야 한다.

전자적 방법에 의한 소집통지를 승낙한 주주에 대해서는 참고서류에 기재해야 하는 정보를 소집통지와 함께 전자적 방법에 의해 제공할 수 있다. 그러나 주주의 청구가 있으면 참고서류를 서면 등 전자적 방법이 아닌 방법으로 교부하여야 한다.

참고서류의 부실·허위 기재 등으로 인하여 주주가 의사결정을 잘못하였다면 이는 총회소집절차에 법령위반의 하자가 있는 것으로서 결의취소의 대상이 된다. 따라서 회사에 대하여 참고서류에 허위의 사실을 기재하거나 중요한 사항을 누락하지 않도록 벌칙을 부과할 필요가 있다.[302] 회사는 참고서류의 제공 후 또는 그 이전에 당해 회사의 본점에 이를 비치하여 공시하고, 주주의 열람 및 등사에 제공하여야 한다.

상이 생길 가능성이 높고, ② 주주 본인의 의사에 의한 의결권행사임을 확인하기 어렵고 타인의 부정이 개입될 수 있으며, ③ 이메일투표의 이용대상은 이메일주소를 회사에 신고한 자에 한정된다는 것 등이다.

302) 의결권대리행사권유의 경우에는 참고서류의 허위·부실기재에 대하여 금감위가 정정을 명하도록 하고 있다(증권거래법시행령 제85조제4항 및 제5항). 일본의 경우 참고서류에 허위사실을 기재한 경우 이사는 과태료 처분을 받는다(상법특례법 제30조 제1항).

주주 본인의 확인방법은 회사가 자유롭게 선택하도록 하고 법률에 규정하지 않는다. 웹사이트에 의결권행사서면에 준하는 전자적 기록이 제공되어야 하며, 전자적 기록에는 ① 주주의 성명과 주식수, ② 의안별 贊否의 기재란, ③ 贊否의 기재가 없는 경우 처리방법 등이 포함되어야 한다.

주주총회 결의가 이루어지기 전에 전자투표결과가 공개될 경우 당해 회사나 대주주가 자신들에게 유리한 결의를 얻어내기 위하여 악의적으로 주식수를 모집할 우려가 있다. 따라서 의결권행사내역은 총회 결의 전까지 공개되어서는 아니된다.

전자투표에 의하여 행사한 의결권의 수는 출석한 주주의 의결권수에 산입한다. 총회출석의 효력은 총회 개회시에 발생한다. 각 의안별 贊否 의사표시의 효력은 각 결의시에 각 贊否의 의결권수에 산입되어 발생한다. 주주가 총회에 직접 출석하여 의결권을 행사한 경우 전자투표에 의한 의결권 행사는 철회한 것으로 해석된다.

전자투표의 공정한 관리를 위한 제도적 장치를 마련하는 한편 주주의 검사인 선임청구권의 도입을 검토하고, 일정한 기간동안 의결권 행사내역을 비치하도록 하여야 한다.

제3절 전자주주총회

Ⅰ. 전자주주총회의 유형[303)]

주주총회 전자화의 유형으로는 ① 현실의 특정한 장소에서 주주총회를 개최하면서(이하 "현장주주총회"라 한다) 인터넷 등을 통하여

303) 岩村充・坂田繪里子, "わが國における株主總會電子化の可能性と課題", 「電子株主總會の硏究(岩村充・神田秀樹 編)」, 弘文堂, 2003, 65~66面.

주주의 총회참가를 인정하는 경우(온라인주주총회), ② 현장주주총회를 개최하지 않고 모든 출석주주가 인터넷 등을 통하여 주주총회에 참가하는 경우(버츄얼주주총회)의 두 가지 종류가 있다. 이러한 유형은 네트워크를 이용한 주주총회(전자주주총회)라고 할 수 있다.

한편 ③ 인터넷을 통하여 주주총회를 외부에 중계하는 주주총회의 인터넷 공개 사례도 최근 나타나고 있다. 이는 투자가를 향한 IR 등의 일환으로 행하여지고 있다. 그러나 이처럼 주주총회를 외부로 중계하는 것은 네트워크를 매개로 하여 주주의 주주총회의 출석(참가)을 인정하는 것은 아니다. 따라서 주주총회라는 회의체 그 자체의 전자화·네트워크화와는 다르다고 본다.

또한 ④ 주주총회를 개최하지 않는다는 점에서 근본적으로 다른 제도이기는 하지만, 서면 등에 의한 주주총회 결의제도(또는 주주총회 결의의 생략제도)이다. 서면결의제도는 우리 나라의 경우 유한회사법(상법 제577조)에서는 규정하고 있으나 주식회사의 경우에는 인정되지 않고 있다. 일본은 2002년 상법개정에 의해 주식회사의 경우에도 서면결의제도를 신설하고 서면결의를 전자적 방법으로도 할 수 있도록 하였다(개정전 일본상법 제253조). 이는 2005년 회사법에도 인정되고 있다(일본회사법 제319조). 이 조항에 의하면 주주총회를 개최하지 않고 전자적 기록에 의한 주주총회결의제도를 이용하여 총회결의를 할 수 있다. 즉, 우선 인터넷 등을 이용하여 전자주주총회와 유사한 회합을 주주와 회사간에 개최하고 합의 후에 同意에 달한 단계에서 일본회사법 제319조의 요건에 따른 총회결의를 성립시키는 것이다. 물론 이러한 결의는 총주주의 동의를 얻을 수 있는 경우에 한하며, 동의를 얻을 수 없는 경우에는 별도의 방법으로 주주총회를 개최할 필요가 있다. 그러나 비공개회사로서 주주 수가 한정되어 있는 기업이나, 주주 전원의 동의를 취득하기 쉬운 의안도 많기 때문에 주주총회를 개최하지 않고 총회를 개최한 것과 동등한 효과가 얻어질 수 있다는 점에서 실무적인 의의가 큰 방법이다.

이러한 전자주주총회의 유형 중에서 본래 주주총회라는 회의체로서 분류할 수 있는 것은 ①과 ②의 경우만이다.

Ⅱ. 전자주주총회의 법적 과제

1. 현행 상법상 전자주주총회 허용 여부

(1) 온라인주주총회

특정한 장소와 일시에 현장 주주총회를 개최하면서 단지 불참하는 주주들에게 인터넷을 통하여 표결에 참여할 수 있도록 허용하는 온라인주주총회는 이미 서면투표제를 도입하고 있는 상법 제368조의3의 규정에 비추어 볼 때 허용된다고 본다. 다만, 이 때 서면투표제를 실시하는 경우와 동일하게 정관의 근거규정, 참고서류 등의 소집통지서에의 첨부, 주주확인을 위한 기술적 방법 확보 등이 전제되어야 한다고 본다.[304]

(2) 버츄얼주주총회

현행 상법은 주주총회의 소집절차(제363조)와 소집지(제364조)에 관한 규정을 두고 있는데 이들 규정의 해석으로도 전자주주총회를 허용할 수 있는지 여부에 대하여 학설이 대립하고 있다.

(가) 부정설

버츄얼주주총회에 관한 법규정이 없을 뿐만 아니라 현 단계에서

304) 권기범, 현대회사법론[제2판], 삼지원, 2005, 591면.

는 버츄얼주주총회를 논하는 것 자체가 시기상조로 보는 견해도 있다.[305] 현행 상법상 전자주주총회 개최가 가능한지 여부에 대하여 상법상 명확한 근거규정이 없음을 이유로 부정하는 것이 다수설이다.[306]

현행 상법은 주주총회의 회의는 총회장에 모여 진행하는 것을 원칙으로 하고 있다. 즉, 장소적 개최를 요건으로 하고 있으므로 현행 상법상으로는 전자주주총회는 법적으로 인정될 수 없다고 한다.[307]

현행 상법 제363조와 제364조는 주주총회의 형태에 대하여 특정한 장소에서 일시에 개최되어 참석주주들의 질의, 토론, 표결을 통하여 결의가 이루어지는 것을 원칙적인 것으로 관념하고 있기 때문에, 현장주주총회를 개최하지 않고 가상공간에서만 이루어지는 버츄얼주주총회는 현행 상법상 허용되지 않는다고 본다.[308]

(나) 긍정설

버츄얼주주총회가 신의칙에 반하거나 제3자효가 없다면 불가능하다고 해석할 이유가 없다는 것이다. 이 견해는 현행 상법 아래에서 전자주주총회가 가능한지 여부의 문제가 “허용하는 규정이 없으면 금지”라고 볼 것인지 아니면 “금지하는 규정이 없으면 허용” 하는 것으로 볼 것인지의 해석문제로 보고, 기업법의 영역에서는 법논리도 중요하지만 기업 현실을 고려하여야 한다고 주장한다.[309]

---

305) 정영태, 패널토의요지, 「상사법연구」 제23권 제3호 (2003), 90면; 정완용, “바람직한 전자투표인프라 구축방안”, 「상사법연구」 제23권 제3호 (2004), 184면 주) 3; 정찬형, “주주총회 활성화를 위한 제도개선방안”, 「상사법연구」 제23권 제3호(2004), 94면.

306) 김성탁, 전게논문, 302~303면; 정경영, 전자주주총회, 465~467면.

307) 홍복기, “전자주주총회 제도의 도입”, 「상사법연구」 제22권 제3호 (2003), 201면.

308) 권기범, 현대회사법론〔제2판〕, 삼지원, 2005, 591면.

현행 상법 제364조에 의하면 총회의 소집지에 관하여 정관에 다른 규정을 둘 수 있으며, 주주들의 총회장 출석이 결의의 성립에 필요한 이유는 모든 주주들에게 동등한 총회 출석의 기회를 제공하고 주주들간의 원활한 정보교류와 결의사항에 대한 그 의사를 확인할 수 있다는 데에 취지가 있으므로, 주주의 직접적인 총회 출석은 총회의 절대적 요소라 하기 어렵다고 주장하면서 현행법상 주주총회 자체를 전자적 방법으로 개최하는 것이 가능하다고 한다.[310)]

상법상 총회의 '소집'과 '출석'의 개념에 착안하여 제364조의 소집지는 실재하는 공간이어야 한다고 해석할 명문의 규정이 없으므로 주주총회를 가상공간에 소집할 수 있다고 본다. 가상공간에서의 주주총회를 인정하는 한 출석도 문제될 것이 없다는 것이다.[311)] 한편 서면투표에 관한 제368조의3 제1항은 "총회에 출석하지 아니하고 서면에 의하여 의결권을 행사할 수 있다"고 정하고 있다. 그런데 상법 제368조 제1항, 제434조 등 결의성립요건을 정한 규정들의 '출석한 주주'의 의결권의 수에는 주주가 '총회에 출석하지 아니하고' 서면에 의하여 의결권을 행사한 수도 당연히 포함하는 것으로 해석되어야 하므로, 결의성립요건으로서 출석의 의미는 달리 정의되어야 한다는 것이다. 이사회의 화상회의에 관하여 제391조 제2항은 직접출석의제 규정을 두고 있으나, 제368조의3에는 이러한 출석의제규정이 없다. 그 결과 출석하지 아니한 주주가 서면에 의하여 행사한 의결권의 수를 출석한 주주의 의결권의 수에 산입

309) 권종호, 패널토론요지, 「상사법연구」 제23권 제3호(2004), 178~179면.

310) 정쾌영, "주주총회의 전자화에 관한 입법론적 고찰", 「상사법연구」 제21권 제3호(2002), 329면.

311) 박상근, "인터넷과 주주총회", 「서울대학교 법학」 제42권 제1호(2001), 123~124면.

하기 위해서는 상법 제368조 제1항, 제434조 등의 출석은 '총회에 나가 참여하는 것'이 아니라 '총회에 참여하는 것'으로 해석하는 것이 타당하다는 것이다.[312] 즉, 출석의 의미를 직접 참가한다는 의미가 아니라 가상공간상에 참여한다는 의미로까지 확대해석하는 입장이다.

다만 긍정설을 취하는 견해도 현행 상법상 버츄얼주주총회에 관한 명문 규정이 없으므로 출석, 의사진행, 의결권행사 등에 대하여 해석상 논란이 있고 법적 리스크가 존재하므로 입법의 필요성을 강조하고 있다.[313]

(3) 일본에서의 논의

일본의 경우 2005년 회사법에서 우리 나라 상법 제364조 해당하는 개정전 일본 상법 제233조를 철폐하였다. 개정전 상법 제233조는 주주총회는 정관에서 별도의 정함이 있는 경우를 제외하고는 본점 소재지 또는 이에 인접한 지역에서 소집된다고 규정하고 있었다. 그러나 최근 주주의 편리성을 고려하여 본점 소재지 이외의 장소를 주주총회장으로 이용하는 회사가 많아졌으며, 정관에서 정하지 않으면 소집지가 한정되는 문제점이 제기되었다. 이에 따라 회사법은 소집지에 관한 규정을 삭제하여, 주식회사가 주주의 분포 상황에 따라 출석하는 주주 수 등을 감안하여 그 때 그 때의 판단에 따라 적절한 장소에서 주주총회를 개최할 수 있게 되었다. 예컨대, 외국회사의 완전자회사 등 주주가 외국에만 존재하는 주식회사가 외국에서 주주총회를 개최하는 것이나, 출석주주가 매우 많은

312) 박상근, 전게논문, 124~125면.

313) 권종호, "버츄얼주주총회의 실현을 위한 법리적 과제 — 입법의 방향성에 관한 제언 —", 「기업법연구」 제19권 제3호 (2005), 115면.

주식회사의 경우 2개 이상의 장소에서 주주총회를 개최하는 것도 정관에서 특별한 규정을 두지 않더라도 가능하게 되었다.[314)]

2005년 회사법에서 소집지에 관한 규정을 철폐한 것은 전자주주총회 개최에 관한 걸림돌의 하나를 제거한 것이지만, 이 규정이 철폐되었다는 사실만으로써 버츄얼주주총회가 인정된다고 속단할 수는 없다.[315)] 개정전 상법 제233조를 삭제한 배경은 "현대법의 소집지에 관한 규정에 대해 별도의 정관에 정함을 두지 않는 경우에는 소집지가 한정되어 버리는 부적절함이 생긴다"는 것에 기인하기 때문이다.[316)] 소집지 개념을 폐기하는 것까지를 의미하는 것은 아니라고 해석하는 편이 신중할 것이다.[317)]

이하에서는 개정전 상법 제233조 아래에서 논의를 소개한다.[318)] 우선 온라인주주총회에 대해서는 종래부터 복수 회의장을 텔레비전 회의시스템에 의해 접속하여 주주총회를 개최하는 것은 위법이 아니라고 해석된 것을 보면,[319)] 물리적인 회의장에서 주주총회가 개최되고 있는 경우에 인터넷 등을 통하여 참가하는 것도 인정된

---

314) 자세한 내용은 제3장 제4절 Ⅱ.7. 참조.

315) 弥永眞生 外 編, 「ゼミナール會社法現代化」, 商事法務, 2004, 107面. 江頭憲治朗 교수는 2005년 회사법 아래에서도 주주총회를 물리적인 장소에서 개최하지 않고 원격통신만의 방법에 의하는 버츄얼총회는 인정되지 않는다고 본다(江頭憲治朗, 株式會社法, 有斐閣, 2006, 317面).

316) 日本法務省民事局參事官室, 「會社法制の現代化に關する要綱試案補足說明」, 제4부 제4 1.(2), 2003.10.

317) 弥永眞生 外 編, 前揭書, 107面 [武井發言].

318) 이하의 논의는 岩村充・坂田繪里子, "わが國における株主總會電子化の可能性と課題", 「電子株主總會の硏究(岩村充・神田秀樹 編)」, 弘文堂, 2003, 66~69面을 참조함.

319) 大阪地判平10・3・18判時1658-180. 판례는 의장 및 주주가 동일한 실내에 존재하는 것을 요구하지 않고 회의장의 확장을 적법한 것으로 본다(大判昭 5・12・16刑集9-907).

다고 한다.[320] 이는 상법 제233조가 정관에 특별한 정함이 있는 경우를 제외하고 주주총회는 본점 소재지 또는 그 인접지에 소집할 것을 요구하고 있다는 점과의 관계가 문제로 되지만, 물리적인 장소의 소재지를 개최지로 하고, 인터넷 등을 통하여 참가하는 주주는 물리적인 회의장소에서 개최되고 있는 주주총회에 인터넷 등을 매개로 하여 참가하고 있는 것으로 해석된다면 특별한 문제는 없다고 본다. 원래 상법 제233조의 취지는 주주가 출석하기 불편한 원격지를 소집지로 하는 등의 이사의 자의적인 소집지 선정을 방지하고 주주의 총회출석 및 권리행사의 기회를 확보하기 위한 것이므로, 주주의 출석 및 권리행사에 특별하게 문제가 생기지 않는 한, 전자주주총회의 개최를 인정할 수 있다는 것이다.

한편 개정전 상법 제239조의3 제5항을 근거로 전자적 방법에 의한 의결권행사는 주주총회 개최일의 전일까지 이루어져야 하기 때문에, 텔레비전 회의시스템을 이용하여 당일날 전자적 방법에 의해 의결권을 행사하는 것은 불가능하다는 견해도 있다.[321] 그러나 동조는 주주총회를 결석한 경우에 있어서 전자투표에 대한 규정이다. 결석하고 서면투표나 전자투표를 하는 것과 주주총회 당일의 의사진행 상황과는 관계가 없으며, 당초부터 의결권행사의 내용이 결정

---

320) 弥永眞生, “電子的手段による株主總會召集通知等と議決權行使”, 「商事法務」 No.1577 (2000), 24面 이하; 森本滋, “主要國における株主總會の現狀と關聯改正の動向—序論”, 「商事法務」 No.1584 (2001), 7面; 小塚莊一朗, “株式會社運營の電子化・IT化”, 「法學教室」 No.264 (2002), 42面; 神作裕之, “株主總會關係規定改正”, 「商事法務」 No.1641 (2002), 12面; 岩村充・坂田繪里子, “電子株主總會の可能性と問題點”, 「ジュリスト」 No.1215 (2002), 89面.

321) 第一東京辯護士總合法律研究所會社法研究部會編輯, 「新舊對照表付Q&A平成13年改正商法－ストックオプション・株主代表訴訟の見直しなど」, 新日本法規出版, 2002, 174面 [永塚弘毅].

되어 있는 투표제도이다. 출석이라 함은 당일의 의사진행상황에 따라 다른 주주의 질문 등으로부터 영향을 받거나, 자기의 의결권행사의 내용 변경이 가능한 상황을 지칭하는 것으로 정의될 수 있으므로, 당해 지적은 텔레비전 회의시스템의 이용을 포함한 주주총회 출석의 문제와 결석시에 있어서 전자투표와를 혼동하고 있으며, 소위 전자주주총회긍정설 자체에 대한 비판으로서 적절하지 않다.

버츄얼주주총회는 개정전 일본 상법 제233조 아래에서는 허용되지 않는다는 생각이 적어도 다수설이었다.322) 이는 우선 개정전 상법 제233조가 정관에 별도의 정함이 있는 경우를 제외하고, 총회는 "본점의 소재지 또는 그에 인접한 지역"에 소집해야 한다고 하였기 때문에 물리적인 의미에서 소집지를 전제로 하고 있다고 생각되었기 때문이다.323) 그러나 전술한 것처럼 동조의 취지가 이사의 자의적인 소집지 선정을 방지하고, 주주의 총회출석 및 권리행사의 기회를 확보하는 데에 있다는 점에서 보면, 적어도 모든 주주가 동의하는 경우에는 전자주주총회 개최를 부정할 필요는 없다고 보는 견해도 있다.324) 또한 동조에는 "정관에 특별히 정한 경우를 제외한다"고 규정하고 있으므로, 정관에서 별도로 규정하고 있으면, 완전한 전자주주총회가 허용된다고 보기도 한다.325)

---

322) 弥永眞生, "株主總會のIT化",「ジュリスト」No. 1271 (2004), 33面.

323) 小塚莊一朗, "株式會社運營の電子化・IT化",「法學教室」No.264 (2002), 42面; 神作裕之, "株主總會のIT化",「民商法雜誌」第126卷 第6号 (2002. 9.15.), 793面.

324) 弥永眞生, "電子的手段による株主總會召集通知等と議決權行使",「商事法務」No. 1577 (2000), 25面

325) 상법 제233조가 원래 예정하고 있는 것은 본점 소재지 또는 그 인접지 이외의 물리적인 장소를 정관에서 정하는 것이다(상법 제498조 제1항 제17호에서는 "정관에서 정한 地"로 규정되어 있다). 그러나 제233조의 취지에 비추어 보면 정관에서 현장주주총회를 하지 않고 전자주주총회

또한 전자주주총회의 개최가 해석에 의해 일정한 범위로 인정된다고 하더라도 개정전 일본 상법상 전자주주총회에 대해서 특별한 규정은 없었다. 그러므로 전자주주총회 운영에 관해서는 전자주주총회 참가라 함은 어떠한 상황을 말하는가라는 문제를 비롯하여, 의사진행방법, 의결권행사방법, 전자주주총회를 운영하기 위한 시스템 개발에 이르기까지 검토하여야 할 문제가 산적해 있다. 실무입장에서는 그 운용에 대해 명확한 규정이 없으면 사후적으로 총회결의에 문제가 생길 위험이 있는 전자주주총회의 도입을 주저할 것이다.[326)]

(4) 소결

긍정설 중 "금지하는 규정이 없으면 허용"하는 것으로 확대해석하는 것은 법해석의 원칙상 적절하지 않다고 본다. 한편 '소집지' 및 '출석'의 개념을 근거로 하는 견해에 대해서는 우선 제364조의 소집지는 우리 나라와 개정전 일본 상법상의 다수설에 따르면 현실의 공간을 의미하는 것으로 해석되었다는 비판을 받는다. 또한 제364조의 '본점소재지'와 '인접한 지'라는 개념 자체가 장소를 전제로 하지 않고는 성립할 수 없다. 그 이유는 인접이란 용어는 가상사이트에 적용될 수 없는 개념이고, 소집지를 인터넷 사이트로 확대할 경우 본점소재지도 인터넷상 사이트가 될 수 있게 되기 때문이다. 한편 제368조 제1항의 결의방법에 대해서는 서면투표의

만을 한다는 점을 명기하고, 주주가 당해 규정을 인식하고 있는 경우에는 주주총회에 출석 및 그 권리행사에 특별한 문제가 생기지 않는다. 실무적으로는 주주 개인의 인식을 판단하는 과정에서 동의를 취득할 필요성이 생길 가능성이 높기 때문에 "모든 주주의 동의가 있는 경우"와 같은 상황이 된다고 본다.

326) 岩村充・坂田繪里子, 전게논문, 69面.

출석의제규정을 두지 않는 입법상의 오류가 있지만, 이러한 입법상의 오류가 전자주주총회를 허용하는 근거로 될 수는 없을 것이다.[327)]

현행 상법상 명문의 근거가 없는 전자주주총회에 대하여 해석상 이를 긍정한다고 할지라도 법적 리스크로 인하여 회사가 채택할 가능성은 희박하다. 따라서 입법을 통한 해결이 바람직하다고 본다.

2. 출석(참가)과 퇴장[328)]

버츄얼주주총회의 출석과 퇴장은 회사가 발부한 ID와 패스워드를 이용하여 웹사이트에 로그인하면 출석한 것으로 보고 로그아웃하면 퇴장한 것으로 보는 것이 일반적이다. 한편 일단 로그인을 하면 퇴장을 인정하지 않고 주주총회를 속행한다는 규정을 정관에 두는 것이 타당한 것인지 문제된다. 의결권행사자를 확정하고 총회결의를 안정성을 유지하기 위한 최소한의 제한 즉, 의장이 의안결의에 들어간다는 선언을 한 후에는 로그아웃을 할 수 없도록 규정하는 것은 허용된다고 본다. 그러나 일단 로그인하면 회의가 종결할 때까지 로그아웃을 할 수 없다는 정관규정은 주주의 권리를 지나치게 제약하는 것으로서 허용되지 않을 것이다.

한편 현장주주총회와 온라인주주총회가 동시에 개최되는 경우 특정한 주주가 두 가지의 회의장에서 의결권을 이중으로 행사할 우려가 있다. 이 경우 처리방법 등에 관하여 총회의사규칙에 미리 규정을 하는 것이 바람직하다.

---

327) 정경영, 전자주주총회, 466면.

328) 자세한 내용은 제2장 제2절 Ⅱ. 참조; 권종호, "버츄얼주주총회의 실현을 위한 법리적 과제", 「기업법연구」 제19권 제3호 (2005), 121~122면; 岩村充・坂田繪里子, 前揭論文, 71~72面.

3. 의사운영의 공정성 확보[329)]

버츄얼주주총회의 경우 회의장을 주주와 의장이 공유하지 않기 때문에 주주가 의장의 재량권을 감시하고 통제할 수 없게 된다. 이에 따라 의장이 회사에 유리한 입장을 취하는 주주에게만 발언권을 부여하는 등 주주총회 운영의 공정성이 훼손될 우려가 있다. 이러한 경우를 대비하기 위하여 버츄얼주주총회의 의사진행은 현장주주총회 이상으로 형식적 기준에 의하여 의사가 운영되도록 총회의사운영규칙 등을 미리 구비하여야 할 것이다.

또한 버츄얼주주총회의 의사운영의 공정성을 확보하기 위하여 회사 이외의 외부의 제3자에 의해 주주총회를 감시하도록 하는 방안도 생각할 수 있다. 미국이나 일본의 총회검사인제도를 도입하여 활용하는 것이 바람직하다고 본다.

Ⅲ. 소결

버츄얼주주총회의 실현이나 그것을 가능하게 하는 정보통신기술의 진전은 주주총회제도의 문제에 대해 완전한 해답을 쉽게 가져오지는 못할 것이다. 정보통신기술의 성과를 주주총회의 운영 내지 기업지배구조에 활용하는 방안에는 여러 가지 선택이 가능할 것이다. 그러한 의미에서 주주총회 운영에 관한 전자적 수단의 활용은 촉진되더라도 주주보호를 위한 최저한의 규제를 제외하고는 각 회사가 스스로 선택할 수 있도록 유연한 제도설계를 하는 것이 바람직하다. 예컨대, ① 현장주주총회를 개최하고 일부의 주주는 그 실황을 전자적 수단으로 시청한 후에 동시적으로 전자투표를 하는

329) 자세한 내용은 제2장 제2절 Ⅲ. 참조; 권종호, 전게논문, 123~124면; 岩村充・坂田繪里子, 前揭論文, 72~76面.

방법, ② 현장주주총회를 개최하고 일부 주주는 전자적 수단으로 참가하는 방법, ③ 현장주주총회를 개최하지 않고 주주총회 전체를 전자화하는 방법(버츄얼주주총회) 등 세 가지 가운데 각 회사가 비용과 효과를 감안하여 적절한 방법을 선택할 수 있도록 하는 것도 하나의 대안이라고 생각한다. 한편 주주총회의 방향이 그 때의 시대적 배경에도 의존하는 것이라면, 정보통신기술의 발전이라는 상황에 맞추어 주주총회를 둘러싼 제도적 구조 전체를 수정할 필요성도 제기된다.[330]

제4절 전자주주명부

Ⅰ. 현행 제도의 개요

1. 기준일 및 주주명부 폐쇄기간 설정 공고

발행회사는 의결권을 행사하거나 배당을 받을 자 기타 주주 또는 질권자로서 권리를 행사할 자를 정하기 위하여 주주를 확정하기 위한 기준일을 설정하여야 한다(상법 제354조 제1항). 발행회사가 이사회에서 기준일을 정한 경우에는 2주간 전에 정관에서 정한 신문에 공고하여야 한다(동조 제4항).

2. 주주 확정

예탁자는 기준일 현재 실질주주명세를 확정하여 증권예탁결제원

330) 鮎瀬典夫, “株主總會制度をめぐるこれまでの議論と電子株主總會”, 「電子株主總會の研究(岩村充・神田秀樹 編)」, 弘文堂, 2003, 22面; 松井秀征, “株主總會制度の基礎理論”, 「私法」 第64号 (2002), 177面 이하.

에 통지하고(증권거래법 제174조의7 제3항, 제5항; 유가증권명의개서대행 등에 관한 규정 제77조 제4항 제1호), 증권예탁결제원은 이를 다시 발행회사(명의개서대리인)에게 통보한다(예탁결제규정 제25조).

예탁자 → 증권예탁결제원 → 발행회사(명의개서대리인)

D+3(10)영업일　　D+6(20)영업일

※ ( )안은 정기주주총회, 중간배당의 경우임

3. 실질주주명부 작성

발행회사(명의개서대리인)는 증권예탁결제원으로부터 실질주주명세를 통지받은 후 통지받은 사항과 통지연월일을 기재하여 실질주주명부를 작성·비치하여야 한다(증권거래법 제174조의8 제1항).

Ⅱ. 주주명부제도의 문제점 및 개선방안

1. 실질주주와 명부주주의 이원적 관리의 문제

현재 발행회사의 주식은 약 70.1%가 증권예탁결제원에 예탁되어 있으며 그 외 주식은 명부상 주주가 실물로 보유하고 있다. 따라서 발행회사는 주주명부와 실질주주명부를 각각 작성하여 두 가지의 명부에 의해 주주를 확정한다. 또한 이 경우 명부주주와 실질주주가 동일인이라고 인정되는 경우에는 정확한 권리행사를 위하여 동일인 합산과정을 거쳐야 한다(증권거래법 제174조의8 제3항 및 동시행규칙 제27조).[331)]

331) 실질주주에 대한 동일인 합산제도는 유·무상증자에 따른 배정을 할 때

현재의 주주명부 관리체계상 발행회사는 명의개서대리인을 선임하여 주식 및 주주명부를 관리하여야 하며 이는 필연적으로 발행회사의 주식사무관리 비용을 증가시킨다. 또한 주주명부를 작성하는 경우 동일인에 대하여는 실질주주간 합산, 명부주주와 실질주주간 합산 등 업무처리가 복잡하다.

이러한 제반 문제를 해결하기 위해서는 주권의 무권화, 나아가 전자증권화가 대안으로 고려될 수 있다. 주권의 전자증권화 추진은 실물이동, 보관 및 관리에 따른 비용을 절감시켜 줄 뿐만 아니라 도난, 분실, 위변조 등 관리상의 위험을 감소시켜 준다.

2. 주주명부 폐쇄기간제도의 재검토 : 기간의 단축 또는 폐지

(1) 외국의 입법례

(가) 미국

원래 주법이 없는 경우 보통법은 합리적인 기간동안 주주명부를 폐쇄할 회사의 권한을 인정하였지만, 기준일자의 설정은 인정하지 않았다. 이에 따라 주주의 의결권한을 정하기 위한 방법으로 적절한 소집통지를 할 수 있는 합리적인 기간동안 주주명부를 폐쇄하였다.

그러나 하루에도 수많은 주식의 명의개서가 이루어지는 대형회사의 경우, 주주명부를 폐쇄하지 않은 채로 소집통지를 받고 의결권을 행사할 자격이 있는 주주를 확정하기 위하여, 이사회가 기준

발생하는 단주를 사전에 예방함으로써 실질주주의 재산권을 보호하고자 하는 데에 그 근본취지가 있다. 즉, 합산하지 않을 경우 단주가 되지만 합산하여 1주 또는 1원이 되는 경우 주주는 1주 또는 1원을 추가로 배정받게 되며, 권리는 주주명부상의 주주에게 배정한다(증권예탁원, 「실질주주 권리행사 실무」, 2003, 21면).

일자를 설정할 필요성이 제기되었다. 주법들은 기준일자를 설정하거나 주주명부의 폐쇄를 허용하도록 개정되었다. 현대적 모델에서는 주주명부를 폐쇄하는 실무는 그것이 비록 많은 주법상 허용되기는 하지만 진부한 것이 되었다. 기준일자를 설정하는 현대적 실무는 명의개서(transfer)를 정지하지 않고 주식을 계속적으로 거래할 수 있도록 한다. 또한 위임장대리행사의 실무는 실질주주(beneficial owner)가 기준일자의 주주명부상 주주가 아닐지라도 자신이 지시하는 바에 따라 투표할 수 있도록 하고 있다.[332)]

RMBCA 제7.07조에 따르면 주주총회 소집통지의 수령, 임시주주총회의 요구, 의결권의 행사 또는 기타 행위를 하는 자격을 가진 주주를 결정하기 위하여 기준일자를 정하는 방식을 부속정관에 규정할 수 있다. 부속정관이 기준일자를 정하지 아니한 경우에는 이사회가 정할 수 있다. 기준일자는 회의 또는 주주의 결정을 요구하는 조치 전 70일[333)] 이내이어야 한다.

주주명부폐쇄(Closing of share transfer books)에 대해서는 25개 주에서 특정한 목적을 위한 주주의 결정을 위해 주주명부가 일정한 기간동안 폐쇄될 수 있음을 규정하고 그 최장기간을 설정하고 있다. 예컨대, 메릴랜드주는 20일, 펜실바니아주(D.C., 푸에르토리코 포함)는 50일, 네바다주는 60일, 코네티컷주는 70일 등이다. 반면

332) Model Business Corporation Act Annotated 3rd ed., vol. 2, Prentice Hall Law & Business, 1993, p. 568.

333) MBCA 제30조에서는 50일이었으나 대형공개회사의 필요에 의해 RMBCA 제7.07(b)조에서는 70일로 연장되었다(Model Business Corporation Act Annotated 3rd ed., vol. 2, Prentice Hall Law & Business, 1993, p.568). 뉴욕주는 50일, 델라웨어주는 60일이다. 일본은 1950년 상법개정에서 기준일제도를 도입하여 2개월을 허용하였으나 1974년 개정에서 3개월로 연장하였다.

27개 주(델라웨어주, 뉴욕주, 캘리포니아주 등)에서는 주주명부폐쇄에 관한 명문의 규정이 없다.

(나) 영국

영국 회사법상 기준일에 관한 규정은 없다. 총회회일에 주주명부상 주주인 자가 의결권을 행사한다. 회사는 주주총회에서 의결권을 행사할 자나 배당을 받을 자를 확정하기 위하여 1년에 30일을 초과하지 않는 기간 동안 주주명부를 폐쇄할 수 있었으나(1985년 회사법 제358조), 동 조항은 2006년 영국회사법에서는 폐지되었다. 대체결제시스템(CREST)에 참가하고 있는 회사는 총회개최시각 전 48시간 이내의 일정한 시간을 정하여 주주총회에 출석하거나 의결권을 행사하고자 하는 자는 그 시간까지 주주명부에 명의개서를 하도록 소집통지에 기재할 수 있다.[334] 기준일이 정기총회 개최시기를 제한하지 않는 점은 영국의 독특한 점이다.

소집통지는 공개회사의 경우 총회 회일의 21일 이전(정기총회) 또는 14일 이전(임시총회)까지 이루어지기 때문에(2006년 영국회사법 제307조 제2항), 그 기간동안 주주명부의 폐쇄가 되지 않으면 소집통지를 받은 주주와 의결권을 행사할 주주가 다를 수 있세 된다. 또한 폐쇄회사의 경우 정기총회 및 임시총회의 소집통지를 회일 14일 전까지 하도록 규정하고 있다(제307조 제1항).

(다) 일본

① 주주명부 폐쇄제도 및 기준일제도의 연혁

1950년 상법개정 전에도 주주총회에서 의결권을 행사하거나 배당청구권 기타 권리를 행사하는 주주 또는 질권자를 정하기 위하여, 일정기간 예컨대, 매결산기의 다음날로부터 정기총회 종료일까

334) Uncertificated Securities Regulations 1995, reg. 34(1)(2).

지라든가 임시총회의 소집통지를 발송한 일자로부터 총회 종료일까지 주식의 명의개서, 질권의 등록 등을 정지한다는 취지를 정관에 규정하는 것이 관행이었다. 이러한 정관규정은 법문상 직접적인 근거규정은 없었지만 유효하게 인정되었다. 1950년 상법개정으로 그 이전까지 관행으로 인정되던 주주명부 폐쇄제도를 기준일 제도와 함께 입법하였다. 1974년 개정에 의해 주주명부 폐쇄기간의 한도를 2개월에서 3개월로 연장하고, 기준일과 권리행사간의 기간도 2개월에서 3개월로 연장하였다. 이는 회계감사인의 감사가 요구되는 대회사에 있어서 감사기간이 늘어남에 따른 개정이었다.[335) 2004년 상법 개정으로 주권불발행제도가 도입되어 주주명부폐쇄제도는 폐지되었다.

② 주주명부의 폐쇄

주주명부의 폐쇄[336)라 함은 일정한 기간동안 주주명부의 기재를 변경하지 않는 것을 말한다. 이는 1950년 상법개정 전에 각 회사가 정관상 일정한 기간 내에 주식의 명의개서, 질권의 등록, 신탁재산의 표시 및 말소를 하지 않는 것과 유사하다.

공개회사의 경우 기준일을 정하더라도 그 일자에 주주로서 주주명부에 기재된 자를 정리하기 위해서는 시간을 필요로 하기 때문에 기준일의 다음날로부터 며칠간 주주명부의 명의개서를 하지 않

335) 上柳克郎・鴻常夫・竹內昭夫 編, 「新版註釋會社法(4)」, 有斐閣, 1997, 32面.

336) 주주명부 폐쇄와 기준일의 차이점은 주주명부 폐쇄의 경우 그 성질상 특정한 목적만을 위해서는 폐쇄할 수 없으며 주주를 확정하는 효과는 모든 권리행사에 대해 일반적으로 발생한다. 이에 비해 기준일을 설정한 경우에는 여전히 명의개서가 이루어지기 때문에, 특정한 권리를 행사할 자가 확정되더라도 여타의 권리를 행사할 자격자는 확정되지 않는다는 점이다.

고 주주명부를 폐쇄하는 것이 일반적이다. 이러한 주주명부의 폐쇄는 회사의 사무처리상 필요한 조치이며 물론 적법하다. 주식병합·주식분할의 효력발생일의 주주확정(개정전 일본상법 제215조 제2항, 제219조 제1항), 신주인수권을 가지는 배정일 현재의 주주명부상 주주확정(개정전 일본상법 제280조의4 제3항) 등의 경우에도 이러한 의미의 주주명부폐쇄는 필요하였다. 2004년 개정 전에는 일정한 날로부터 권리행사시점까지 주주명부의 명의개서를 받지 않는 형식으로 주주명부상의 주주·등록질권자를 확정하는 방법도 인정되었다(2004년 개정전 일본상법 제224조의3 제1항). 그러나 기준일을 두면 이러한 제도의 목적을 달성할 수 있으며, 개정 후 주권폐지회사의 경우 대체주식 이외의 주식은 주주명부의 명의개서를 받지 않으면 권리이전에 관해 제3자에 대한 대항요건을 구비할 수 없기 때문에(일본회사법 제130조 제1항), 장기간의 주주명부폐쇄는 주식거래에 지장을 초래한다. 그래서 2004년 개정에 의해 주주명부 폐쇄방법은 인정되지 않게 되었다.

③ 기준일제도

기준일제도라 함은 주주총회의 의결권을 행사하고, 이익배당을 수령하는 등 일정한 시점에 주주 또는 질권자로서 회사에 대해 권리를 행사하여야 하는 자를 확정하기 위해 회사가 일정한 일자에 주주명부상에 기재 또는 기록된 자를 주주 또는 등록질권자로 간주하며, 그 자에게 그 후 권리를 행사시켜 처리를 할 수 있도록 하는 것을 말한다(일본회사법 제124조 제1항, 제5항). 대체주식의 경우에 회사는 기준일에 있어서 대체계좌부상의 주주 또는 등록질권자에 대해 대체기관으로부터 총주주통지를 받는다(일본 사채주식대체법 제159조 제1항 제1호).[337)]

따라서 기준일을 설정한 경우에는 주주명부 폐쇄의 경우와는 달리 주식의 명의개서는 정지되지 않지만, 기준일 이후의 명의개서에 의한 변동을 특정한 권리행사에 대해서 무시함으로써 그 권리자를 확정하는 것이다. 즉, 회사가 기준일을 정하면 그 일정한 일자에 있어서 주주명부상의 주주 혹은 질권자를 권리를 행사할 자로서 취급할 수 있게 됨과 동시에 또한 이러한 명의인을 특정한 권리행사의 자격자로서 취급하여야 한다. 기준일에 의해 이러한 명의인을 확인하고 권리행사의 자격자로서 대우할 수 있는 수순이 비교적 단기간에 이루어지면 기준일 제도가 주주명부 폐쇄제도보다 더 합리적이다.

그럼에도 불구하고 1950년 상법개정 이전부터 주주명부 폐쇄에 해당하는 관행이 있었기 때문에 1950년 개정 이후에도 주주명부의 폐쇄를 하는 경우가 많았다. 한편 명의개서대리인의 주식사무가 기계화되고 기술적으로 기준일의 장점을 이용하기가 용이해짐에 따라 기준일을 이용하는 회사가 증가하였다. 그러나 그 경우에도 실제 주주를 확정하는 사무처리의 필요상 기준일의 다음날부터 일정기간 동안 주주명부를 폐쇄하는 경우가 많았다. 즉, 기준일제도와 주주명부 폐쇄제도를 병용하게 된 것이다.[338] 이후 IT화의 진전으로 주주명부 폐쇄기간이 단축되고 2004년 주권불발행제도가 도입되는 것을 계기로 마침내 주주명부 폐쇄제도는 철폐되고 기준일제도만 존속하게 되었다.

④ 기준일의 운용

기준일은 권리행사 전 3개월(미국은 70일) 이내의 일자이어야 한

337) 江頭憲治朗, 「株式會社法[第2版]」, 有斐閣, 2008, 203~204面.

338) 上柳克郎・鴻常夫・竹內昭夫, 前掲書, 33面.

다(일본회사법 제124 제2항). 따라서 결산기 현재의 주주를 확정하고 그 자에게 정기총회에서 권리행사를 시키기 위해서는 정기총회는 기준일(결산기)로부터 3개월 이내에 개최하여야 한다.

기준일 전에 명의개서를 완료하지 않은 주식양수인에게 명의개서를 할 기회를 부여할 필요가 있기 때문에 정관에 기준일을 구체적으로 정하고 있는 경우를 제외하고, 회사는 기준일의 2주 이전에 공고하여야 한다(일본회사법 제124조 제3항).[339]

⑤ 주권폐지회사의 경우 주주명부 폐쇄기간제도의 폐지

2004년 개정 이전까지 일본상법은 회사가 주주 또는 질권자로서 권리를 행사할 자를 확정하기 위한 수단으로 주주명부 폐쇄기간제도와 기준일제도를 운영하여 왔다(개정전상법 제224조의3 제1항). 그렇지만 주권폐지회사의 경우 주식양도의 제3자에 대한 대항요건이 주주명부의 명의개서이기 때문에 주권폐지회사에 대해 주주명부 폐쇄를 인정하면 장기간에 걸쳐 제3자에 대한 대항요건을 구비할 수 없는 문제가 발생하게 된다. 더욱이 주권폐지회사 이외의 회사에 있어서도 공개회사의 경우에는 주주명부의 정보를 컴퓨터로 관리하는 것이 일반적이기 때문에 기준일제도만으로 기준일 시점의 주주를 파악할 수 있다. 또한 비공개회사의 경우에는 주주가 소수이고 그 변동도 적기 때문에 기준일제도만으로 기준일 시점의 주주를 파악하기 용이하므로 주주명부 폐쇄기간제도를 폐지하더라도 실무상 지장이 없게 된다. 이에 따라 2004년 상법개정을 통해 주권불발행제도의 도입에 수반하여 주권폐지회사 여부를 불문하고 주주명부의 폐쇄기간을 폐지하였다.[340]

---

339) 江頭憲治朗, 前掲書, 206面.

340) 始關正光, "電子公告制度・株券等不發行制度の導入[Ⅳ]", 「商事法務」

⑥ 기준일 후의 주주의 의결권

2001년 상법 개정 전의 통설적 견해는 기준일은 회사의 편의를 위하여 인정된 제도이기 때문에 기준일 이후이더라도 신주발행에 의해 새로운 주주로 된 자에 대하여 이를 파악하고 있는 회사가 그 의결권행사를 인정하는 것은 무방하다고 해석되었다. 그러나 2001년 개정에 의해 기준일 후에 신규 주주로 된 자는 신주발행 이외에 자기주식의 처분에 의해서도 생기며, 자기주식의 처분은 신주발행과 유사한 측면(의결권 가짐) 뿐만 아니라 주식양도와도 유사한 측면(의결권 없음)을 동시에 가지기 때문에 그 취급이 문제되었다. 또한 구조조정행위나 신주예약권의 행사에도 신주발행 이외에 자기주식의 처분 등도 인정된다는 점을 감안하여 신주발행절차에 의해서 발행된 신주만을 특별취급한다는 것은 합리성이 의문시되었다. 이에 따라 2001년 상법개정으로 기준일에 주주명부에 기재되어 있는 주주에게만 의결권을 행사할 수 있도록 정리되었다.

그러나 기준일 후에 생긴 주주에 대해서도 의결권의 행사를 인정할 필요성이 실무상 제기되었다. 즉, 기준일 후 구조조정행위에 의해 새롭게 주주로 된 자가 이사선임 등에 대해 주주총회에서 의결권을 행사할 필요성이 있다는 것이다. 이를 반영하여 2005년 회사법에서는 기준일 후의 주주에 대해 회사의 판단에 따라 의결권을 인정할 수 있도록 허용하고 있다. 한편 회사의 판단에 따라 기준일 후의 주주에 대한 의결권 부여 여부를 정하도록 할 경우 의결권이 인정된 주주와 그렇지 않은 주주간에 주주평등의 원칙을 위반할 우려가 제기되었으며 이를 위반하면 위법으로 본다.[341)]

第1709号 (2004), 28面.

341) 法務省民事局參事官室, 「會社法制の現代化に關する要綱施案補足說明」, 2003. 10., 第4部 第3 11(1).

2005년 회사법은 "기준일 주주가 행사할 수 있는 권리가 주주총회 또는 종류주주총회에 있어서 의결권인 경우에는 주식회사는 당해 기준일 후에 주식을 취득한 자의 전부 또는 일부를 당해 권리를 행사할 수 있는 자로 정할 수 있다. 다만 당해 주식에 대한 기준일 주주의 권리를 해할 수 없다."고 규정한다(일본회사법 제124조 제4항).

(2) 우리 나라의 현황 및 개선방안

주주에게 권리를 부여하는 경우 발행회사는 기준일을 설정하고 통상 기준일 익일부터 주주명부를 폐쇄하며 주주명부폐쇄기간은 보통 정기주주총회의 경우에는 1개월, 기타 임시주주총회 등의 경우에는 15일로 한다. 주주명부 폐쇄기간을 설정하는 이유는 원래 기준일 주주와 주주총회일 현재 주주명부상 주주가 달라지는 경우 누가 진정한 주주인가의 문제, 실무상 주주확정에 따른 물리적인 시간 등을 고려하여 만들어진 제도이다.

그러나 주주확정을 위해 필요한 물리적인 시간 확보의 문제는 정보기술의 발달로 그 필요성이 현저히 줄어들고 있는 상태이다. 따라서 이러한 환경의 변화를 감안한다면 주주명부 폐쇄기간의 단축 또는 폐지는 어느 정도 가능할 것으로 보인다. 실무상으로는 주주확정 등을 위한 증권예탁결제원과 예탁자(증권회사) 및 명의개서대리인간의 업무처리방법은 어느 정도 표준화되어 있으나, 각 예탁자(증권회사)의 전산처리시스템이 예탁자별로 상이하여 완전히 자동화되지는 못하고 있는 실정이다. 따라서 예탁자(증권회사)간의 전산시스템이 통일되고 전자증권제도가 도입되면 주주명부 폐쇄기간은 폐지하여야 할 것이다.

3. 주주명부의 열람 및 등사

(1) 외국의 입법례

(가) 미국

RMBCA 제7.20조에 의하면 주주명부는 소집통지[342] 후 2일부터[343] 주주가 열람할 수 있어야 하며, 본점이나 회의장소에 비치되어야 한다. 주주나 그 대리인 또는 변호사는 서면의 요구를 통해 주주명부를 열람할 자격이 있으며, 제16.02(c)조에 따라 복사요구가 신의성실하고 적절한 목적에 의한 경우에는 주주명부를 복사할 자격이 있다.[344] 회사가 열람을 허용하지 않을 경우 주주의 신청에 따라 법원이 열람이나 복사에 관한 명령을 할 수 있으며, 법원은 이러한 열람이나 복사가 완료될 때까지 회의를 연기할 수 있다. 그러나 주주명부를 준비하지 않거나 열람하지 않더라도 당해 회의에서 취해진 조치의 효력에는 영향을 미치지 아니한다.

델라웨어주 일반회사법 제219조는 총회개최 10일 전부터 총회종료시까지 ① 소집통지에서 주주명부에 대한 접근방법을 기재하고 주주명부를 전자네트워크상 공개하거나, 또는 ② 회사의 본점에 공개하도록 규정하고 있다. 전자적 공개의 경우 주주명부의 정보가 주주에게만 이용될 수 있도록 합리적인 대책을 취할 수 있다. 더욱이 총회가 원격통신의 방법으로만 개최되는 경우에는 소집통지에

342) 주주총회 소집통지는 기준일과 마찬가지로 주주총회회일 전 10일 이상 60일 이내의 기간 중에 하여야 한다(RMBCA §7.05(a)).

343) 델라웨어주회사법은 주주총회 10일 전부터, 뉴욕주 및 펜실바니아주의 경우 주주총회 5일 전부터 열람할 수 있도록 규정하고 있다.

344) 열람과 복사를 차별하는 이유는 주주에게 주주명부에 대한 접근을 허용하면서도 주주명부의 오용을 방지하기 위한 것이다(RMBCA §7.20, Official Comment 5).

주주명부에 대한 접근방법을 기재한 후 총회개최기간 중 합리적으로 접근할 수 있는 전자네트워크상에 공개되고 주주에 의해 검사될 수 있어야 한다(제219조 (a)항).

(나) 독일

2001년 개정법률에 의해 기명주식의 주주는 '자신에 관한 자료에 대해서만' 공개청구권(Auskunftsrecht)을 가지게 되어(주식법 제67조 제6항 제1문) 구법상 다른 모든 주주의 관련 자료에 대해 열람권(Einsichtsrecht)을 가진 것과 대비된다(구주식법 제67조 제5항). 이 규정은 주주관련 정보에 대한 보호를 강화하기 위하여 개정된 것이다. 그러나 이 규정은 주주 상호간의 내부교류를 제한하고 대주주와 경영진에 대한 영향력을 행사하는데 필요한 즉각적인 주주모임의 구성을 방해한다는 비판을 받았다. 이에 따라 2004년의 "기업의 완전성과 취소권의 현대화를 위한 법률(Ein Gesetz Unternehmens-integrität und Modernisierung des Anfechtungsrechts: UMAG)"에 의하면 주주나 주주단체는 상호 의사소통을 위해 전자연방관보상의 주주포럼을 이용할 수 있도록 규정하고 있다(주식법 제127a조). 구법상 열람권의 행사는 회사의 영업시간 내에 영업장소에서만 가능하였으며 자료에 대한 사본청구는 인정되지 않았다. 독일의 경우 지분소유구조는 증권거래법 제21조 이하의 통지의무규정에 의해 파악할 수 있으며, 정보가 필요한 제3자에 대해서는 민법(BGB) 제810조의 열람권이 보장되어 있다.[345)]

(다) 일본

① 주주의 주주명부의 열람·등사청구와 개인정보의 보호

345) 정대익, "전자공시제도에 대한 법적고찰", 「상사법연구」 제22권 제3호 (한국상사법학회, 2003), 230면.

개인정보보호법에서는 원칙적으로 본인이 동의한 경우를 제외하고 본인 이외의 자에게 개인정보의 제공을 금지하고 있지만, 예외적으로 "법령에 근거한 경우" 제3자에게 제공하는 것은 인정되며(일본 개인정보보호법 제23조 제1항), 주주명부의 열람·등사(일본회사법 제125조 제2항)는 여기에 해당한다. 따라서 주주로부터 상법상의 권리행사로서 주주명부의 열람·등사청구가 있었던 경우 공개되는 주주 본인의 동의가 없더라도 발행회사는 종래처럼 이에 따라야 한다. 또한 주주명부의 법정기재사항 이외의 개인정보에 해당하는, 소집통지를 전자적 방법으로 하기 위해 수신인의 전자메일주소나 전화번호 등을 보유하고 있는 경우에도 주주로부터 열람·등사청구에 의한 공개대상은 어디까지나 주주명부의 법정기재사항만이며 그 이외의 정보를 공개할 필요는 없다.

개정전 일본상법에 따르면 주주명부에 대해 주주 또는 회사의 채권자가 영업시간내에 언제라도 열람 및 등사를 청구할 수 있으며 열람 및 등사에 대해 특별한 제한사유를 두지 않았다(개정전상법 제263조). 그러나 이에 대해 소위 명부꾼이 명부를 입수하여 경제적 이익을 얻기 위해 이용하는 폐해가 지적되었으며, 그 이외에도 프라이버시 보호의 관점에서도 문제되었다. 이에 대해 일본 법원은 발행회사가 열람이나 등사 청구의 목적이 부당하거나 정당한 이유가 전혀 인정되지 않는다는 점을 증명할 수 있는 경우에는 당해 청구를 거부할 수 있다고 하였다. 예컨대, 청구한 주주의 과거행태로 보아 개인주주에 관한 정보를 명부회사에 유상으로 제공하기 위해 청구하는 것이 입증되는 경우이다. 이러한 판례를 수용하여 2005년 회사법은 주주명부의 열람·등사청구에 대해 일정한 거절사유를 규정하게 된 것이다. 이는 사채원부, 신주예약권원부에 대해서도 마찬가지의 문제가 발생하기 때문에 유사한 조치를 강구하고 있다.

이처럼 2005년 회사법은 부당한 의도나 목적에 근거하는 등 주주에 의한 권리남용이 인정되는 경우에는 열람·등사청구를 회사가 거부할 수 있도록 규정하고 있다. 즉 2005년 회사법 제125조 제3항은 열람·등사청구를 거부할 수 있는 사유로서 ① 당해 청구를 하는 주주 또는 채권자(이하 '청구자'라 한다)가 그 권리의 확보 또는 행사에 관한 조사 이외의 목적으로 청구한 때, ② 청구자가 당해 주식회사의 업무수행을 방해하거나 주주의 공동이익을 해하는 목적으로 청구한 때, ③ 청구자가 당해 주식회사의 업무와 실질적으로 경쟁관계에 있는 사업을 경영하거나 이에 종사하는 때, ④ 청구자가 주주명부의 열람 또는 등사에 의해 지득한 사실에 대하여 이익을 얻어 제3자에게 통보하기 위해 청구한 때, ⑤ 청구자가 과거 2년 이내에 주주명부의 열람 또는 등사에 의해 지득한 사실에 대하여 이익을 얻어 제3자에게 통보한 사실이 있는 때 등을 규정하고 있다. 그 이외에 신주예약권원부의 비치 및 열람 등(일본회사법 제252조 제3항), 사채원부의 비치 및 열람 등(일본회사법 제684조 제3항)도 유사하게 규정하고 있다.

그 결과 개인정보 보호의 관점에서는 주주명부의 열람·등사의 청구가 있는 때에 발행회사가 법정거부사유의 존재에 대해 조사하지 않고 무심코 청구에 응하게 되면 개인정보가 열람된 주주로부터 선관주의의무를 추궁당할 수도 있다는 문제점이 지적된다.

② 주주 이외의 자로부터 열람·등사의 청구

관련 법률에 의한 관공서(세무서, 경찰청)의 조회, 변호사법에 의한 변호사회로부터의 조회 등은 허용한다.

(2) 우리 나라의 현황 및 개선방안

상법 제396조 제2항에 따르면 주주와 회사채권자는 영업시간 내에 언제든지 주주명부의 열람 또는 등사를 청구할 수 있다. 이러한 주주의 주주명부열람청구권은 어떠한 제한도 할 수 없는 절대적 권리라고 해석할 여지도 있으나, 우리 나라 판례는 회사가 그 청구의 목적이 정당하지 아니함을 주장·입증하는 경우에는 이를 거부할 수 있다고 하여,[346] 청구에 정당한 목적이 있어야 한다는 요건을 부과하고 있다.[347] 한편 열람 또는 등사의 대상이 되는 주주명부는 열람 또는 등사를 청구하는 주주 자신의 명부이어야만 한다는 제한은 없다. 그럼에도 불구하고 발행회사가 주주 자신의 명부만 열람 또는 등사하도록 허용하고 다른 주주에 관한 내용은 열람 및 등사를 허용하지 않는 경우가 발생하고 있다. 이에 따라 최근에는 주주가 법원으로부터 '주주명부열람가처분'을 받아 주주명부를 열람하는 사례도 생겼다. 이처럼 최근 주주명부를 둘러싼 이해관계가 첨예하게 대립하는 이유는 적대적 M&A에 대한 우려로 인하여 주주명부가 회사의 경영상 매우 중요한 정보가 되었으며, 한편 개별 주주 측면에서도 정보통신기술의 발전에 따라 개인정보의 보호가 중요시 되고 있기 때문이다.

특히 우리 나라는 주주명부의 등사에 대해 법률상 제한규정을 두고 있지 않다. 반면 일본과 미국은 제한규정을 두고 있다. 등사의 경우 남용으로 인한 폐해가 우려되기 때문에 우리 나라의 경우에도 일정한 제한사유를 입법하는 것이 바람직하다고 본다.

---

346) 대법원 1997. 3. 19 선고, 97그7 결정.

347) 박영길, "주주의 주주명부열람청구권의 정당한 목적 - 델라웨어 법원의 Compaq Computer Corp. v. Horton 사건을 중심으로 -", 「기업법연구」 제8집(한국기업법학회, 2001), 528면.

열람등사청구에 대해 회사가 불이행시 처벌규정은 500만원 이하의 과태료(상법 제635조 제1항 4호)에 불과하여 규정의 실효성 확보가 어려운 실정이다. 보다 강력한 제재가 필요하다고 본다. 최근 주주가 회사에 대해 주주명부열람가처분을 받아 열람을 시도하는 경우도 등장하고 있으나 가처분을 받는데 보통 2주 정도의 기간이 소요되기 때문에 예컨대 적대적 M&A와 같은 급박한 상황 아래에서는 별 실효성이 없는 경우가 있다.

4. 전자주주명부 도입시 고려사항

주식 등의 전자등록제도가 도입되면 주주명부는 전자화된다.[348] 전자주주명부를 작성할 때 전자메일주소를 포함할 것인지 여부를 검토하여야 한다. 독일의 경우 전자메일주소를 전자주주명부에 기재하지만 주주는 자신의 자료에 대해서만 공개청구권을 가지도록 규정하고 있다. 반면 일본과 미국은 전자메일주소를 전자주주명부에 기재하지 않는 방식을 취한다.

---

348) 전자등록제도를 도입할 때 직접등록방식을 채택하게 되면 전자등록부의 기재 또는 대체기재는 실물증권이 발행되는 경우와 비교하면 주주명부의 기재 또는 명의개서와 같은 효력을 가진다. 따라서 전자등록부는 주주명부의 기능을 대체하게 되고 실질주주명부(증권거래법 제174조의8)도 유지할 필요가 없다. 그러나 간접등록방식을 채택하는 경우에는 계좌관리자의 보유내역은 전자등록부상 실시간으로 확인할 수 있으나 개별 투자자의 보유내역은 실시간으로 확인할 수 없다. 따라서 회사가 주주를 확정하려면 기준일을 정하고 중앙등록기관으로부터 계좌관리자의 자기분 내역과 고객등록부의 보유내역을 통지받은 후 기준일의 주주에 관하여 주주명부를 작성하게 된다. 그러나 간접등록방식의 경우에도 전자등록부로 주주명부의 기능을 대체할 수 있게 된다(손진화, "주식 등의 전자등록제도의 도입방안", 「상사법연구」 제22권 제3호(한국상사법학회, 2003), 108~109면).

전자메일주소는 적대적 M&A가 시도되거나 주주총회에서 의결권 대립이 발생할 경우 신속하게 의결권을 확보할 수 있는 수단으로 활용될 수 있다. 따라서 적절하게 관리되어야 할 필요성이 높다. 전자주주명부에 전자메일주소를 기재하고 그 열람을 제한하는 방식과, 전자주주명부에 전자메일주소를 아예 기재하지 않고 별도의 전자메일주소를 회사가 관리하는 방식의 장단점을 분석한 후 효율적인 방식을 채택하여야 할 것이다. 생각건대 전자주주명부에 전자메일주소가 포함될 경우 회사로서는 그 비밀유지 및 관리에 상당한 노력이 필요한 점을 고려하여 전자메일주소를 전자주주명부에 포함시키지 않고 별도로 관리하는 것이 바람직하다고 본다.[349)]

5. 법무부 상법개정안 검토

법무부 상법개정안 제352조의2는 전자주주명부를 규정하고 있다.[350)] 우선 제1항에서 "전자문서"로 작성할 수 있다는 문구는 전술한 것처럼 "전자적 방법"이라는 문구로 수정하는 것이 바람직하다. 개정안 제352조의2 제2항은 전자주주명부에 전자우편주소를 기재하고, 제3항은 전자주주명부의 비치·공시 및 열람의 방법에 관하여 필요한 사항은 대통령령에 의해 정하도록 규정하고 있다. 따라서 시행령에서 전자우편주소의 비밀유지의무를 회사에 부과하고, 주주명부를 열람시킬 때에는 전자우편주소를 제외하고 열람하도록 하는 규정을 두어야 할 것이다.

전자우편주소를 전자주주명부에 포함시키고 있는 독일의 경우 주주는 자신의 자료만을 열람할 수 있도록 제한하고 있다. 반면 이

349) 동지 : 박철영, "회사법 IT화에 관련 개정사항에 관한 고찰" 토론문, 「상사법연구」 제25권 제2호(한국상사법학회 2006), 248면.

350) 정완용, 전게논문2, 29면.

러한 제한이 없는 미국과 일본은 전자우편주소를 전자주주명부에 기재하지 않고 있다. 우리 상법 제396조 제2항도 주주명부 열람에 대하여 주주 자신의 자료에만 한정한다는 제한이 없기 때문에 미국과 일본과 같은 유형이라고 볼 수 있다. 따라서 전자주주명부에 전자우편주소를 포함시키는 조항은 수정되어야 한다. 또한 개정안처럼 전자우편주소를 전자주주명부에 기재하고 전자주주명부의 관리업무를 전적으로 회사의 부담으로 할 경우 소집통지의 전자화에서 경험한 것처럼 제도의 시행에 어려움이 예상된다. 기업들은 현재보다 부담이 가중되는 제도는 수용하기를 꺼려하는 경향이 있기 때문이다.

6. 실질주주명부의 작성사유 추가 필요

개정전 상법상 실질주주명부의 작성시기는 발행회사가 주주총회의 개최 또는 유·무상증자 등 주주로서 권리를 행사할 자를 정하기 위하여 주주명부 폐쇄기준일을 정한 때와 공개매수신청서가 제출된 주식의 발행인이 실질주주 내역의 통보를 요청한 때이다.

현행 법규정상 인정되는 경우 이외에 "회사의 필요에 의해" 회사가 비용을 부담하고 실질주주명부의 작성을 요청할 수 있도록 하는 규정의 필요성이 제기된다. 실질주주명부가 총회나 법률의 규정에 의한 제한적인 경우에만 작성되기 때문에 적대적 M&A가 일어나는 상황을 가정할 때 공격자나 대상회사 모두 당시의 주주분포상황을 정확히 알 수 없는 상태이다. 이에 따라 회사가 적대적 M&A에 대한 방어를 위해 필요한 경우 등에는 실질주주명부의 작성을 예탁자나 증권예탁결제원에 요청할 수 있도록 하는 것이 바람직하다.

한편 주식 등의 전자등록제도가 도입되면 실질주주명부는 폐지될 것이다. 즉, 전자등록제도를 도입할 때 중앙등록기관이 전자등록부에 의해 계좌관리자뿐만 아니라 개별 투자자의 보유내역까지 관리하는 방식(직접등록방식)을 채택하게 되면, 개별 투자자의 보유내역을 실시간으로 파악할 수 있기 때문에 전자등록부가 주주명부의 기능을 대체하게 되므로 실질주주명부는 불필요하게 될 것이다. 그러나 중앙등록기관이 계좌관리자의 계좌는 직접 관리하지만 개별 투자자의 계좌는 계좌관리자가 관리하는 방식(간접등록방식)을 채택하는 경우에는, 개별 투자자의 보유내역이 실시간으로 파악되지는 않는다. 이 때 회사가 주주를 확정하려면 기준일을 지정하고 중앙등록기관으로부터 계좌관리자의 자기분 보유내역과 고객등록부의 보유내역을 통지 받은 후 전자주주명부를 확정하게 된다.[351] 이 경우 실질주주명부의 확정절차와 유사한 과정을 거쳐 전자주주명부가 작성되지만 등록된 자료가 전자화됨에 따라 신속하게 확정될 것이다.

제5절 전자공고

Ⅰ. 비교법적 고찰

1. 미국

델라웨어주 일반회사법 제232조 제(a)항은 회사법의 조항, 정관, 부속정관의 규정에 의해 회사로부터 주주에 대한 통지(주주총회 소집통지 포함)는 주주의 동의를 얻은 경우에는 전자적 송신의 방법(form of electronic communication)에 의할 수 있도록 규정하고 있다.

---

351) 손진화, 전게논문, 101~109면.

주주의 동의는 회사에 대해 서면통지를 함으로써 철회할 수 있다. 주주의 동의는 전자적 통지가 2회 연속하여 주주에게 도달하지 않고 또한 회사가 이 사실을 알고 있는 경우에는 철회된 것으로 본다.

주주에 대한 통지가 이루어진 것으로 보는 시기는 ① 주주가 동의한 팩시밀리 번호로 발송한 때, ② 전자메일로 발송한 때, ③ 전자네트워크상에 게재하고 별도의 통지를 주주에게 발송한 때는 게재와 발송 중 후자의 시기에, ④ 기타 전자적 송신방법의 경우에는 주주에게 발송한 때 등이다.[352] 전자적 송신이라 함은 문서의 물리적 전달에 직접적으로 관련되지 않고, 수신자가 보관, 추출 및 검토할 수 있으며 또한 수신자가 자동화 과정을 통하여 문서형태로 직접 재생할 수 있는 기록을 창출하는 통신방식을 말한다.[353] 이 정의는 의도적으로 광범위하게 규정되었으며 문서의 물리적 전달과 직접적으로 관련되지 않는 통신이라는 측면에서 이해되어야 한다. 문서가 없는 통신이 "전자적 전송"이기 위해서는 다음과 같은 두 가지 요건을 만족하여야 한다. 즉, 수신자가 보관, 추출 및 검토할 수 있는 기록을 창출하여야 하고, 자동화 과정을 거쳐 수신자가 직접 재생할 수 있는 기록을 창출하여야 한다. 따라서 전자적 전송은 팩시밀리 전송, 이메일, 웹사이트 게시, 데이터 테이프, 디스크 그리고 유무선 전보를 포함한다.[354]

델라웨어주 일반회사법의 시사점은 전자적 통지에는 사전에 주주의 개별적인 동의를 필요로 하며 철회가 용이하다는 점이다. 전

352) Del. Code Ann. tit. 8, § 232(b) (2000).

353) Del. Code Ann. tit. 8, § 232(c) (2000).

354) James L. Holzman & Thomas A. Mullen, "A New Technology Frontier for Delaware Corporations", <http://www.prickett.com>, Ⅰ.).

자적 송신에 의한 통지가 송달불능으로 반송된 경우에는 동의가 철회된 것으로 보아 우편 등에 의한 통지로 교체된다. 또한 전자적 송신의 방법은 제한이 없으며 팩시밀리, 전자메일에 의한 통지, 웹사이트 게재와 그 취지의 통지가 가능하지만, 웹사이트만으로는 통지할 수 없다.355)

2. 영국

영국은 전자적 방법에 의한 정보전달과 정보의 보존 등을 목적으로 2000년 5월 관련 법률의 개정을 위한 전자통신법(Electronic Communication Act)을 제정하였다. 동법 제8조의 위임에 따라 「1985년 회사법(전자통신) 명령(The Company Act 1985 (Electronic Communications) Order 2000)」이 발효되어 회사법 일부가 개정되었다. 1985년 회사법의 관련 조항은 2006년 회사법에서 일부 개정되어 수용되었다.

2006년 회사법 제307조는 공개회사에 대해서는 원칙적으로 정기총회의 경우 회일 21일 이전에, 임시총회의 경우는 14일 이전에 소집통지를 하고(동조 제2항), 폐쇄회사에 대해서는 정기총회와 임시총회 모두 14일 이전에 하도록 규정하고 있다(동조 제1항). 회사는 정관으로 이 기간을 연장할 수 있으나, 단축하기 위해서는 특별한 다수의 결의가 필요하다(동조 제3항 내지 제6항).

소집통지의 방식은 서면, 전자적 방법(electronic form), 웹사이트 방법에 의하거나 이러한 방식을 복수로 활용할 수 있다(제308조). 웹사이트 방법에 의한 소집통지가 유효하기 위해서는 회사가 주주에게 웹사이트상의 통지가 존재함을 통보할 때에, 당해 통보는 주주총회의 소집

355) 森本 滋 編, 「比較會社法研究 － 21世紀の會社法制を模索して －」, 商事法務, 2003, 120面.

통지에 관한 것이라는 점을 명시하고, 주주총회의 장소 및 일정을 구체적으로 제시하여야 하며, 공개회사의 경우에는 당해 총회가 정기 총회인지 여부를 언급하여야 한다. 또한 이러한 통지가 소집통지일부터 주주총회 종료일 까지 웹사이트상에서 접근될 수 있어야 한다(제309조).

개정법에 따르면 주주가 소집통지를 받을 목적으로 회사에 통지한 번호 또는 주소로 회사가 팩스 또는 전자메일로 소집통지를 하는 것은 동조의 문서에 의한 통지에 포함된다(동법 제369조 4A). 소집통지기간의 시작부터 총회종결시까지 웹사이트에 소집통지를 공표하고 주주에게 소집통지가 공표되었다는 취지 및 그 사이트의 주소와 접근방법을 통지하는 방법을 채택한 경우에도 문서에 의한 통지가 있었다고 본다(동법 제369조 4B). 단, 전자적 방법의 이용은 회사와 주주 모두가 합의한 경우에만 이용된다(제1144조 제1항, Schedule 4 Part 3; 제1144조 제2항, Schedule 5 Part 3).

2006년 회사법에 따르면 공개회사는 정기총회회일 21일 이전까지 주주 및 채권 소지인에게 결산서류, 이사회보고서 및 감사보고서의 등본을 송부하도록 규정하고 있다(동법 제423조 제1항, 제424조 제3항, 제471조).

3. 독일

NaStraG에 따르면 정관이 정하는 경우 전자정보매체를 이용하여 회사에 관한 공고를 할 수 있도록 개정되었다(주식법 제25조 제2문). 전자정보매체는 회사의 공고사항을 게재하는 회사공고지(Gesellschaftsblätter)로서의 지위가 인정된다. 또한 TransPuG에 의해 회사에 대한 공고지로서의 기능을 수행하는 독일연방관보에의 공고는 전자버전으로 된 연방관보에만 가능하므로(주식법 제25조 제1문) 주식회사의 공고는 완전히 전자화가 이루어졌다.

연방관보에 주주총회 소집공고를 하는 경우 전자연방관보에 하여야 한다(TransPuG에 의해 개정된 주식법 제25조 제1문). 정관으로 연방관보와 함께 다른 매체를 회사공고지로 한 경우 그 매체가 전자정보매체이더라도 상관없으므로 이 경우에도 소집공고가 전자적 방법으로 이루어진다(주식법 제121조 제3항, 제124조 제1항, 제25조 제1문). 전자연방관보와 함께 회사의 홈페이지도 정관이 정하는 경우에는 공고매체가 될 수 있다.

주주총회소집과 더불어 회의의 목적사항, 정관변경안, 의결예정인 회사계약안의 주요내용, 감사회 구성원이나 검사인의 선임안 등도 함께 전자연방관보나 기타 전자정보매체에 공고할 수 있다(주식법 제124조).[356)]

4. 일본

공고는 불특정다수의 자에 대하여 정보를 직접 전달하기 위한 방법이다. 등기사항은 회사의 현재 상황을 전달하기 위하여 계속적으로 공개되는 것인데 비하여, 공고사항은 주로 이해관계인에 의한 권리행사를 촉진하기 위하여(권리의 실질화 기능), 일정한 기간에 한하여 공개된다. 그러나 종래 공고수단이 관보 또는 일간신문에 한정되었기 때문에(개정전 일본상법 제166조 제5항) 이해관계인에게 정보를 전파하기 곤란하였으며, 이 점이 권리의 실질화에 장해가 되었다.[357)]

일본은 2004년 상법개정에서 공고방법으로서 인터넷 홈페이지에

---

356) 정대익, 전게논문, 231~233면.

357) 黒沼悦郎, "企業内容の公示・開示", 「檢證會社法 - 浜田道代先生還曆記念 -」, 信山社, 2007, 518面.

공고할 정보를 게재하는 전자공고제도를 도입하였다. 즉, 「전자공고제도의 도입을 위한 상법 등의 일부를 개정하는 법률」(2004년 법률 제87호)이 통과되어 2004년 10월 1일부터 시행되었다. 그 주요 내용은 ① 주식회사의 공고방법으로서 전자공고를 허용하고, ② 회사 등의 채권자보호절차에 대해 관보에 추가하여 신문공고 또는 전자공고를 한 경우에는 원칙적으로 개별최고를 생략하는 것을 인정하며, ③ 소제기의 공고 등 법률효과를 수반하지 않는 일정한 공고에 대해 회사 등의 공고의무를 폐지하는 것 등이다. 2004년 전자공고제도와 관련한 개정에서는 상법, 유한회사법 이외에 변호사법, 공인회계사법 등도 함께 개정되었다.[358] 또한 2004년 상법개정에 의하여 "전자공고에 관한 규칙"(2005년 법무성령 제3호: 이하 "구 전자공고규칙"이라 한다)이 제정되어 2005년 2월 1일부터 시행되었다. 이를 통하여 정보화 사회에 적합하고 주지성이 높으며 저렴하고 간편한 전자공고방법이 허용되었다. 이러한 전자공고제도는 2005년 회사법과 전자공고규칙에서도 거의 그대로 수용되었다.[359]

---

358) 2004년 일본의 전자공고제도 관련 개정에 대해서는 始關正光, "電子公告制度・株券等不發行制度の導入〔12～15〕", 「商事法務」 第1709号～第1712号 (2004)를 주로 참고하였다.

359) 신구 전자공고규칙의 차이점으로는 첫째, 규정의 일부가 개정된 점이다. 즉, 전자공고조사를 구하는 주체가 회사 또는 법인에 한정되지 않는 것(전자공고규칙 제13조 제3호), 회사법상 법인이 지분회사의 대표자로 되는 것이 허용되었으므로(회사법 제576조 제1항 제4호), 전자공고규칙에서는 그에 수반되는 조치를 강구함(전자에 대해서는 전자공고규칙 제3조, 후자에 대해서는 동조 제1항 제1호, 제4조 제1항 제1호, 제6조 제1항)과 더불어, 규정의 명확화를 위하여 필요한 정비가 이루어지고 있다(전자공고규칙 제2조 제1호 등). 둘째, 등기주소에 관한 특칙(동규칙 제13조)을 두고 있다. 셋째, "전자공고에 관한 등기사항을 정하는 성령"(평성18년 법무성령 제50호)을 제정한 점이다(相澤 哲・松本 眞・郡谷大輔・豊田祐子, "電子的方法・電子的記錄, 設立, 淸算, 持分會社, 電子

(1) 전자공고제도의 도입

(가) 전자공고의 방법

전자공고는 주식회사가 정관에 의해 선택할 수 있는 공고방법의 하나이기 때문에(회사법 제939조 제1항 제3호), 기존 주식회사가 공고방법을 전자공고로 하기 위해서는 우선 주주총회에서 공고방법을 전자공고로 변경한다는 취지의 정관 변경결의를 하여야 한다(회사법 제466조, 제309조). 정관에는 '당사는 전자공고를 공고방법으로 한다.'라거나 '당사의 공고방법은 전자공고로 한다.'고 정하면 충분하다(회사법 제939조 제3항).

전자공고를 공고방법으로 한다는 취지의 정관변경 결의를 한 때는 본점의 소재지에서는 2주일 이내에 그 변경등기를 하여야 한다(회사법 제915조 제1항). 공고방법을 전자공고로 한다는 취지뿐만 아니라 전자공고를 하는 홈페이지의 주소도 등기하여야 한다(회사법 제911조 제3항 제29호; 회사법시행규칙 제220조). 등기를 요하는 주소는 원칙적으로 당해 공고가 게재된 페이지의 URL이다. 전자공고를 하는 홈페이지에는 제한이 없으며 자기 회사의 홈페이지를 이용할 수도 있다. 홈페이지 주소를 등기사항으로 한 이유는 홈페이지는 편집에 의해 자주 변경되기 때문에 이를 정관기재사항으로 하면 홈페이지를 변경할 때마다 정관을 변경해야 하는 번거로움이 있어서 이를 예방하기 위하여 등기사항으로 한 것이다.

(나) 전자공고의 기간

전자공고를 하는 경우 공고사항의 종류에 따라 정해진 기간 동안, 공고해야 하는 내용인 정보를 홈페이지에 계속 게재하여야 한

公告", 「立法擔當者による新會社法關係法務省令の解説」, 別冊商事法務 No.300 (2006), 155~156面).

다(회사법 제940조 제1항).

전자공고를 하여야 하는 기간은 다음과 같다(회사법 제940조 제1항). 즉, ① 회사법의 규정에 의해 특정일의 일정한 기간 전에 공고가 되어야 하는 경우 당해 특정일, ② 결산공고에 대해서는 대차대조표의 승인을 얻은 일자 후 5년을 경과하는 일까지, ③ 공고에서 정한 기간 내에 이의를 제기해야 한다는 취지의 공고에 대해서는 그 기간이 경과하는 일까지 등이다.

(다) 예비적 공고방법

서버 복구하는데 장기간을 요하는 장해가 생긴 경우 등 부득이한 사유에 의해 전자공고를 할 수 없는 사태가 생긴 때에는 미리 정관에서 규정을 두고 있으면 정관에서 정한 관보 또는 일간신문에 의해 공고할 수 있다(회사법 제939조 제3항).

이는 천재지변 등에 의해 공고설비에 장기간 회복할 수 없는 손상이 생긴 경우 정관을 변경하지 않는 한 공고수단이 없게 된다. 그러나 이 때 정관을 변경하려면 임시주주총회가 필요하지만, 주주확정을 위한 기준일을 전자공고에 의해 할 수 없으므로 결국 정관변경을 위한 임시주주총회를 할 수 없게 된다. 이러한 시태를 예방하려면 전자공고를 도입하는 회사는 예비적 공고도 동시에 정관에서 규정하고 그 취지를 등기하여야 한다(회사법 제911조 제3항 제29호).

(라) 조사기관제도의 도입

전자공고의 경우 공고가 적법하게 이루어졌는지 사후 검증이 곤란한 문제가 있기 때문에 이를 해소하기 위해 전자공고를 하는 회사는 결산공고를 제외하고는 법무부장관의 등록을 받은 조사기관의 조사를 받아야 한다(회사법 제941조). 조사기관에 의한 전자공고 조사업무의 적합하고 확실하며 원활한 수행을 위해 조사기관의 결격사유, 등록기준, 조사기관의 의무, 행정명령, 등록취소, 보고검사 권한, 벌칙 등의 규정이 정비되어 있다(회사법 제942조~제959조, 제973조~제975조, 제977조).

조사기관은 공정하고 또한 전자공고규칙 제5조에서 정한 방법에 의해 조사내용에 따른 전자공고조사를 한다(회사법 제946조 제2항). 구체적으로는 공고해야 하는 내용인 정보가 공고홈페이지에 게재되고 있는지 여부에 관해, 공고기간 중 6시간 내에 1회 이상의 빈도로 자동프로그램에 의한 정보입수작업을 통해 서버로부터 수신한 수신정보와 공고정보를 비교하는 방법으로 한다(전자공고규칙 제5조 제1항 제1호~제3호, 제5호). 그리고 공고주소와 등기주소가 다른 경우 공고주소의 적격성에 대해서는 공고기간 중의 임의의 시기에 1회 이상 등기주소를 입력하는 방법으로 한다(동규칙 제5조 제1항 제4호).

(마) 결산서류의 전자적 공개

상법상 공고사항 중 결산공고는 이해관계인의 권리행사를 촉진하기 위한 것이기 보다는 회사와 이해관계인간의 정보의 갭을 메우기 위한 기업내용의 공시이다. 그러나 상법특례법상 대회사 이외의 주식회사는 대차대조표의 요지를 공고하면 충분하였기 때문에(개정전 상법 제283조 제3항) 정보량이 부족할 뿐만 아니라, 대부분 중소기업의 경우 공고의무가 이행되지 않는다는 점에 문제가 있었다.[360]

이에 따라 일본은 2001년 상법개정으로 인터넷 홈페이지 상에 대차대조표(상법특례법상 대회사의 경우에는 대차대조표 및 손익계산서)의 정보를 게재함으로써 공고에 대신할 수 있는 전자적 공개제도가 이미 도입되었다(개정전 상법 제283조 제7항, 구상법특례법 제16조

360) 黒沼悦郎, 前掲論文, 519面.

제5항). 이를 통하여 이해관계인은 회사의 대차대조표의 전문을 쉽게 접근할 수 있게 되었다. 계산서류의 전자적 공개에는 이사회의 결의가 있으면 충분하지만, 홈페이지 게재는 5년간 할 필요가 있다.

한편 2004년 전자공고제도의 도입을 계기로 결산공고의 경우 몇 가지 특례가 규정되었다.[361] 즉, ① 결산공고에 대해서는 조사기관의 조사를 요하지 아니한다(회사법 제941조, 제440조 제1항). 이는 관보나 일간신문을 공고방법으로 채택한 회사가 대차대조표 등을 전자적으로 공시하는 경우 조사의무가 부과되지 않기 때문에 형평의 차원에서 도입된 것이다. ② 전자공고를 채택한 회사가 결산공고를 하는 때에는 관보 또는 일간신문을 공고방법으로 채택한 회사와는 달리 대차대조표(대회사의 경우 손익계산서도 포함)의 '요지'만을 공고할 수 없고 반드시 '전문'을 공고하여야 한다(회사법 제440조 제1항, 제2항). 전자공고는 관보나 일간신문에 의한 공고와는 달리 공고료 부담이 적기 때문에 전문을 공개함으로써 결산정보를 충실하게 공시하고자 하는 것이며, 전자적 공시의 경우에도 같은 취지에서 전문을 공고한다. ③ 결산공고는 다른 공고사항에 대한 홈페이지와 링크되지 않는 별도의 홈페이지에 공고할 수 있다(회사법시행규칙 제220조 제2항). 이는 전자적 공시제도를 채택하였던 회사가 전자공

361) 결산의 '전자공고'와 '전자적 공시'는 양자가 대차대조표 등의 전문을 인터넷 홈페이지에 게시한다는 공고방법과 공고내용의 측면에서는 공통적이다. 그러나 양자의 차이점으로는 ① 절차상 전자공고는 주주총회 특별결의에 의한 정관변경이 요구되지만(회사법 제939조 제1항 제3호, 제939조 제3항, 제309조 제2항), 전자적 공시는 이사회 결의로 가능하며(회사법 제440조 제3항), ② 등기부상 홈페이지 주소의 기재장소가 전자공고는 '공고방법'란인데 비해 전자적 공시는 '기타사항'란이고, ③ 전자공고의 경우 다른 공고사항에 대해서도 모두 인터넷 홈페이지에 공고하여야 하지만, 전자적 공시의 경우에는 다른 공고사항은 관보나 일간신문에 공고된다는 점 등을 들 수 있다.

고제도로 이행하는 때에 기존에 결산공고를 하였던 홈페이지를 계속 활용하고자 하는 요청을 배려한 것이다.[362]

2005년 일본 회사법은 개정전 상법처럼 모든 종류의 주식회사에 대하여 결산공고를 의무화하고 있다(회사법 제440조 제1항). 전자공고를 공고의 방법으로 채택하지 않는 회사는 공고에 대신하여 법무성령이 정함에 따라 대차대조표의 내용인 정보를 정기주주총회 종료 후 5년까지 전자적 방법에 의해 불특정 다수의 자가 제공받을 수 있는 상태에 둘 수 있다(회사법 제440조 제3항, 회사계산규칙 제175조). 즉, 인터넷 홈페이지에 대차대조표를 표시하는 방법이다. 회사가 이러한 조치를 취하는 경우에는 당해 홈페이지의 주소를 등기하여야 한다(회사법 제911조 제3항 제27호, 회사법시행규칙 제220조 제1항 제1호).[363]

그러나 금융상품거래법 제24조 제1항에 의해 사업보고서를 제출하여야 하는 주식회사는 결산공고를 할 필요가 없게 되었다(회사법 제440조 제4항). 사업보고서에는 대차대조표, 손익계산서를 포함한 재무제표가 기재되어 있으며, EDINET에의 접근이 용이한 점을 고려한 것이다.[364] 또한 회사법상의 공고에 의한 정보보다도 더 상세한 정보가 EDINET을 통하여 공시되기 때문이다.[365] 계산서류의 전자적 공개제도에 대해 회사법은 커다란 변경을 하지 않았지만, 이처럼 사업보고서 제출회사에 대해 계산서 공고의무를 면제함으

362) 전자공고를 위해 등기할 수 있는 URL은 결산공고를 제외하고는 하나뿐이기 때문에 예컨대, 합병공고와 주식분할공고 등 복수의 공고를 동시에 할 필요가 있을 경우에는, 목차페이지나 홈페이지의 첫 화면에 링크를 함으로써 가능하다고 본다.

363) 江頭憲治朗, 前揭書, 561~564面.

364) 黑沼悅郞, 前揭論文, 517面.

365) 江頭憲治朗, 前揭書, 564面.

로써 공고실무는 크게 변경되었다.[366]

2006년 조사결과 공고방법으로 전자적 방법만을 채택한 회사는 580개사(전체의 29.9%, 전년비 42.5% 감소)로 전년에 비해 대폭 감소하였다. "전자공고로 대응한다"고 응답한 회사가 218개사(전체의 11.2%)이며, 양자를 합하면 790개(전체의 41.1%)이다. 특히 2006년에는 회사법이 시행됨에 따라 결산공고방법에 커다란 변화가 일어났다. 즉, 회사법 제440조 제4항에 따라 증권거래법 제24조에 의한 사업보고서를 제출한 기업은 결산공고가 면제되는데, 이러한 기업이 993개사(51.1%)로 큰 비중을 차지하고 있다.[367] 이 조항은 2006년 회사법의 경과기간이 종료되면 모든 상장회사에 적용될 것이므로 상장회사의 결산공고제도는 사실상 폐지되었다고 볼 수 있다.

〈2004~2006년도 일본의 전자결산공고제도 채택 추이〉[368]

연도	구분	전자적 방법만 채택	전자적 방법과 지면게재 병용	채용 + 전자공고로이행	미채용	기타	무응답	합계
2004	회사수 (%)	1,482 (77.0)	78 (4.1)		352 (18.3)	6 (0.3)	6 (0.3)	1,924 (100)
2005	회사수 (%)	1,404 (72.4)	66 (3.4)	141 (7.3)	318 (16.4)	2 (0.1)	7 (0.4)	1,938 (100)
2006	회사수 (%)	580 (29.9)	71 (3.7)	218 (11.2)	993* (51.1)	67** (3.5)	13 (0.7)	1,942 (100)

* : 회사법 제440조 제4항의 적용(사업보고서 제출)으로 결산공고가 면제된 기업
** : 정관에서 정한 공고지만 활용하는 기업

366) 黒沼悅郎, 前揭論文, 520面.

367) 商事法務硏究會 編, 2006年白書, 120面.

368) 商事法務硏究會 編, 2004年白書, 125面; 同, 2005年白書, 120面; 同, 2006年白書, 120面.

(바) 전자공고 중단에 대한 구제조치

서버의 고장, 해커에 의한 공고내용의 변경, 서버의 정기점검 등에 의해 공고가 중단된 경우에 반드시 전자공고를 다시 하여야 한다고 하면 공고를 하는 회사의 위험이 너무 높게 된다.[369] 이에 따라 공고가 중단된 시간의 합계가 공고를 게재해야 하는 기간의 10분의 1 이하인 때는 공고를 한 회사에게 악의·중과실이 있거나, 정당한 사유(정기점검 등)가 없는 경우를 제외하고, 신속하게 공고중단의 사실을 당초 공고에 추가하여 공고하면 당해 공고중단은 공고를 무효로 하지 않는다(회사법 제940조 제3항).

정당한 사유가 있는 경우로서는 공고설비의 정기적 점검을 위해 서버를 일시적으로 정지하는 경우 등이 해당한다. 중과실이 있는 경우로서는 서버의 점검을 위한 필요한 최소한의 주의를 태만하게 하여 서버가 다운됨으로써 공고중단이 발생하는 등 고의와 같이 볼 수 있는 경우에 해당한다.

추가공고의 방법은 당초 전자공고를 게재한 홈페이지와 같은 페이지에 당초 전자공고에 부가하는 형태로 중단이 생긴 사실, 중단이 생긴 시간 및 중단의 내용을 공고하여야 한다. 또한 추가공고 사실의 입증을 위해 조사기관에 추가공고에 대해 통보할 필요가 있다.

(2) 채권자보호절차의 간소화

주식회사의 각종 채권자 보호절차에 대해서는 관보공고 이외에 알고 있는 채권자에 대한 개별최고가 요구되는 것이 원칙이지만, 이러한 개별최고는 막대한 비용과 수고를 초래하는 문제가 있다.

---

369) 商事法務 編輯部, "「電子公告制度の導入のための商法等の一部を改正する法律案」の國會提出", 商事法務 第1689号 (2004), 5面.

또한 개별최고를 요구하는 선진국은 없으며 일본만이 구조조정에 과대한 비용과 노력을 요한다는 문제가 제기되었다. 이에 따라 회사법은 합병, 회사분할, 자본감소·준비금감소의 각 채권자보호절차에 대해 관보공고에 추가하여 신문공고 또는 전자공고를 한 경우에는 분할회사의 불법행위채권자를 제외하고 개별최고를 요하지 않게 되었다(회사법 제449조 제3항, 제740조 제3항, 제740조 제3항, 제764조 제3항, 제759조 제3항, 제764조 제3항, 제789조 제3항, 제799조 제3항, 제810조 제3항). 분할회사의 불법행위채권에 대해 개별최고가 계속 요구되는 이유는 회사분할의 경우 적극재산을 한 쪽의 회사에 집중시키는 한편 채무는 다른 쪽 회사에 집중시키는 등 남용의 우려가 있기 때문이다.

유한회사의 각종 채권자보호절차에 대해서는 주식회사처럼 개별최고를 생략할 수 있게 되었으며, 그 경우에 등기사항에 대해서도 규정의 정비가 이루어졌다(舊일본유한회사법 제88조).

또한 합명회사·합자회사의 합병시의 채권자보호절차에 대해서는 합병 후에 무한책임사원이 없게 된 경우(존속회사 또는 신설회사가 주식회사인 경우)를 제외하고, 주식회사의 합병시의 채권자보호절차와 동일한 이중의 공고를 함으로써 개별최고의 생략을 인정한다(회사법 제793조, 제802조, 제803조).

더욱이 합병시의 채권자보호절차에 대해 관보공고와 개별최고가 요구되고 있는 각종 법인에 대해서도 회사의 합병과 구별할 이유가 없기 때문에 관보공고 이외에 신문공고 또는 전자공고를 한 경우 개별최고를 요하지 않게 되었다(일본의 변호사법, 사법서사법, 토지가옥조사법, 공인회계사법, 세무사법 등의 개정).[370]

370) 商事法務 編輯部, 前揭資料, 6面.

(3) 공고의무의 일부 철폐

법적 효과를 수반하지 않고 회사에 의무를 부과할 이유가 없는 공고에 대해서 그 공고의무를 철폐하였다. 즉, ① 주주대표소송 이외의 소 제기가 있다는 공고(개정전 일본상법 제105조 제4항 삭제 및 동조를 준용하는 농업협동조합법, 증권거래법 기타 법률 법률규정의 개정), ② 사채관리회사가 사채발행회사로부터 변제를 받는다는 취지의 공고 및 통지(개정전 일본상법 제309조 제2항 삭제), ③ 담보부사채의 수탁회사가 사채에 부여된 담보권을 실행한 취지의 공고 및 통지(일본 담보부사채신탁법 제82조 제2항 삭제), ④ 주식회사와 유한회사간의 조직변경의 결의내용에 대한 공고 및 통지(일본 舊유한회사법 제64조의3 삭제) 등이다.

(4) 평가 및 전망[371)]

2005년 조사결과에 따르면 전자공고를 채택한 회사는 369개사(전체의 19%)인데, 이는 2004년 조사에서 채택예정이라고 응답한 회사가 33.9%였다는 점을 감안하면 좀 적다는 느낌이다. 향후 채택예정이라고 응답한 회사 228개사(전체의 11.8%)를 포함하더라도 2004년보다 부족하다.

전자공고는 단지 단순하게 정관에서 정하는 것 뿐만 아니라 법무장관의 등록을 받은 조사기관에 의한 조사가 필요하다는 등의 이유에서 채택이 지연되고 있는 것으로 보인다. 조사기관에 대해서는 이미 법무성령이 공포되어 법무장관의 등록을 받은 조사기관이 3개사이며 향후 더 증가할 전망이다.

---

371) 商事法務 編輯部, "「スタートする電子公告制度", 商事法務 第1720号 (2005), 86面.

2005년 조사결과 "채택을 검토 중"이라고 응답한 회사가 941개사(48.6%)이며, 2004년 조사에서 60%였던 미정이라고 응답한 회사의 대부분이 이러한 응답을 한 것으로 보인다. 또한 2004년 5.2%에 불과하였던 "채택예정이 없다"라고 응답한 회사가 2005년 조사에서는 387개사로(전체의 20%, 전년비 14.8% 증가) 증가하여, 여기에도 일부 포함된 것으로 추정된다.

전자공고를 채택하지 않는 이유는 "은행법상 채택불가"라는 법제도상의 이유가 다수 있었지만, 그 이상으로 많은 것이 "법정공고의 기회 자체가 적고, 메리트가 약하다"는 것이다.[372)]

전자공고의 장점으로는 공고비용을 절감하고 일정기간동안 계속하여 열람이 가능하며 공시기능이 우수하다는 점 등이 거론된다. 반면 결산공고 이외의 법정공고에 대해서는 조사기관에 의한 조사가 필요하고, 인터넷을 이용하는 경우 필연적으로 야기되는 서버의 고장이나 해커에 의한 내용변경의 위험이 존재한다. 더욱이 디지털

〈2004~2005년도 일본의 전자공고제도 채택 추이〉[373)]

연도	구분	채택	채택예정	채택여부 검토중	채택예정 없음	무응답	합계
2004	회사수 (%)		653 (33.9)	1,154 (60.0)	100 (5.2)	17 (0.9)	1,924 (100)
2005	회사수 (%)	369 (19.0)	228 (11.8)	941 (48.6)	387 (20.0)	13 (0.7)	1,938 (100)
증감	회사수 (%)	369 (19.0)	-425 (-22.1)	-213 (-11.4)	287 (14.8)	-4 (-0.2)	14

372) 商事法務硏究會 編, 2005年白書, 122~123面.

373) 商事法務硏究會 編, 2004年白書, 126面; 同, 2005年白書, 122面. 2006년 이후 발간된 주주총회백서에서는 전자공고에 관한 조사를 하지 않고 있다.

격차(digital divide) 문제도 있다. 그렇지만 단기간의 중단에 대해서는 구제조치를 두고 만일의 경우를 대비하여 정관에 예비적 공고방법을 규정하는 법적 수단을 강구할 수 있다. 또한 디지털격차의 문제도 인터넷의 보급상황을 고려하면 일간신문이나 관보의 구독자와 비교하여도 손색이 없으며 큰 문제는 아니라고 본다.

이처럼 전자공고에 대해 제기되는 문제에 대해서는 대처방법이 있고 선행하여 도입된 전자적 방법에 의한 결산공고가 이미 76% 정도의 회사에서 실시되고 있기 때문에 전자공고에 대한 저항감이 적다고 생각된다. 그렇다면 전자공고가 보급될 것인가 여부는 전자공고에 의한 비용절감의 효과를 어느 정도 얻을 수 있을 것인가 라는 점과 비용절감의 효과를 얻을 수 있는 법정공고의 기회가 어느 정도인가 라는 점이다. 비용절감이라는 점에서 보면 조사기관의 조사수수료가 어느 정도일 것인가 라는 점이 관건이며, 적어도 현재의 공고비용에 비해 상당한 정도 낮지 않으면 그 이용 의미가 희박하다. 비용절감의 효과를 얻을 수 있는 법정공고로서 우선 소재불명주주의 주식매각시 공고를 생각할 수 있다. 역사가 있는 대회사의 경우 소재불명주주가 많고 그 관리비용의 절감을 위해 소재불명주주의 주식매각을 검토하는 경우가 적지 않지만, 지금까지 실시를 미룬 것은 공고비용이 부담스러운 점이었다. 그러한 회사는 조사기관의 조사수수료가 합리적인 수준이라면 아마 정기총회에서 전자공고제도 채택을 위한 정관변경을 할 수 있을 것이다.

그 이외의 회사는 어떠한 움직임을 보일지 주목된다. 현재 이미 전자적 방법에 의한 결산공고(회사법 제440조 제3항)를 채택하고 있는 회사 중에는 정관변경, 홈페이지 주소의 등기, 조사기관과의 계약, 전자공고를 위한 홈페이지 마련 등 추가적인 부담을 생각하면 당분간은 관망하는 자세를 취하는 경우가 나타날 수 있다. 그렇다

하더라도 장차 전자공고가 주류가 되는 것은 의심할 여지가 없을 것이다. 조사기관의 조사수수료가 전자공고제도로 이행할 때에 장해가 되지 않도록 조사기관의 수수료 수준을 정해야 할 것이다. 실무상 문제로서 예비공고방법이 인정되는 "부득이한 사유"에는 어떠한 사유가 해당하는지 일정한 가이드라인이 필요하다.

전자공고에 관한 일본의 개정전 상법 및 개정전 상법시행규칙에는 그 외에도 실무계로서는 환영할 개정사항이 포함되어 있었다. 우선 채권자보호절차의 간소화 · 합리화이며, 지금까지 실무가를 괴롭혀 왔던 "알고 있는 채권자"에 대한 개별최고에 대해서 합병이나 회사분할(승계회사측)의 경우만이 아니라 자본감소, 법정준비금의 감소절차 등의 경우에 대해서도 관보에 추가하여 정관 소정의 일간신문 혹은 전자공고를 하는 때에는 생략할 수 있게 되었다. 이에 따라 자본감소나 법정준비금의 감소의안이 증가할 것으로 예상된다.

Ⅱ. 전자공고제도의 도입방안

1. 전자공고제도의 도입

우리 나라 상법 제289조 제3항에 의하면 회사의 공고는 관보 또는 시사에 관한 사항을 게재하는 일간신문에 하여야 한다. 관보는 관보규정[374]에 의해 이미 전자화가 이루어졌고 일간신문도 전자버전이 출간되고 있다. 그러나 개정전 상법의 규정은 전자관보나 전자신문을 상정하고 만들어진 것이 아니기 때문에, 주주총회의 소집통지처럼 전자화에 관한 개정이 이루어지지 않으면 현행 규정으로

374) 관보규정 제14조의2(전자관보시스템의 구축·운영) 행정자치부장관은 관보를 전자적 형태로 전환하여 제공하는 시스템(이하 "전자관보시스템"이라 한다)을 구축·운영할 수 있다(본조신설 2003.2.11.).

는 공고의 전자화를 할 수 없다고 본다.

따라서 정보통신기술의 발전에 따른 공고방법의 효율화를 위하여 우선 상법 제289조 제3항에 공고방법으로서 전자공고를 추가하고 관보, 일간신문 및 전자공고 중 어느 것이든 회사가 정관에서 정할 수 있도록 규정할 필요가 있다. 전자공고제도를 도입하고자 하는 회사는 주주총회에서 전자공고로 변경하는 취지의 정관변경 결의를 하여야 한다. 동 결의 후 전자공고를 한다는 취지와 전자공고를 하는 홈페이지의 주소를 등기하도록 한다.

전자공고가 제대로 실행되었는지 여부를 둘러싼 사후 분쟁에 대비하여 입증의 문제를 해결할 필요가 있다. 즉, 결산공고를 제외한 전자공고 내용의 정확성과 공고의 계속성을 담보하기 위한 제도적 장치의 마련이 필요하다. 일본은 이를 위해 조사기관제도를 도입하였으나 아직 정착단계는 아닌 것으로 보인다.

또한 공고기간에 관한 조항을 둘 필요가 있다. 특히 결산공고에 대해서는 제448조 제1항에 따라 5년간 공고하여야 할 것이다. 일시적으로 공고가 중단된 경우에 공고를 무효로 하고 다시 공고를 하게 되면 상당한 불편이 우려된다. 이에 따라 공고가 중단된 기간이 전체 공고기간의 극히 일부분일 경우(예컨대, 10분의 1 이하인 경우)에는 공고중단의 사실을 추가로 공고하면 원래 공고의 효력이 인정되도록 하여야 한다. 단, 회사가 선의이고 중과실이 없거나 또는 정당한 사유가 있어야 한다.

한편 천재지변 등으로 인하여 전자공고를 할 수 없게 된 경우, 다른 공고수단을 채택하기 위해 정관변경을 하려면 임시주주총회를 소집하여야 하나, 소집할 수단이 없게 된다. 이러한 사태를 예방하기 위하여 미리 정관에 대체 공고수단을 정하도록 하는 예비적 공고제도를 도입할 필요가 있다.

전자공고제도의 도입과 더불어 채권자보호절차를 간소화하는 방안을 검토하여야 한다. 즉, 관보에 추가하여 일간신문이나 전자매체에 공고를 한 경우 알고 있는 채권자에 대한 개별최고를 생략할 수 있도록 절차를 대폭 간소화할 필요가 있다. 또한 특별한 법적 효력이 생기지 않으면서 회사에 공고의무를 부담시키고 있는 공고사항 예컨대, 주주대표소송을 제외한 소송의 제기에 대한 공고 등을 공고대상에서 삭제할 필요가 있다. 전자공고제도 자체의 도입뿐만 아니라 회사를 둘러싼 공고제도를 간소화하는 방안도 동시에 추진되어야 한다.

2. 상장법인에 대한 결산공고 면제

상장법인의 경우 특히 결산공고에 대해서는 금융감독원이 운영하고 있는 전자공시시스템인 DART(Data Analysis Retrieval Transfer)[375]에 공시하는 것을 공고로 인정하는 방안도 바람직하다고 본다. 일본의 경우에도 2005년 회사법 제440조 제4항에 따르면 금융상품거래법(우리 나라의 "자본시장과 금융투자업에 관한 법률"에 해당) 제24조 제1항에 의해 사업보고서를 제출해야 하는 주식회사에 대하여 결산공고를 면제하여 주고 있다. 이는 우리 나라의 DART에 해당하는 일본의 EDINET에 대한 접근이 용이할 뿐만 아니라, 회사법상의 공고보다도 더 자세한 내용이 EDINET에 공시되기 때문이다.

Ⅲ. 법무부 상법개정안 검토

법무부 상법개정안 제289조 제3항은 회사의 공고방법으로 관보

---

375) 홈페이지 주소는 <http://dart.fss.or.kr>이며 주로 정기공시(결산공고)를 담당하고 있다. 또한 수시공시와 소집통지, 소집공고 등은 증권선물거래소의 KIND System이 관장한다.

또는 일간신문 이외에 전자적 방법에 의한 공고제도를 도입하고 있다. 개정안 제289조 제4항은 대차대조표를 회사의 홈페이지에 공고하는 경우 제450조(이사, 감사의 책임해제)를 적용하여 2년간 공고하도록 하고 있다.[376] 그러나 상법 제448조 제1항에 의하면 재무제표 등의 비치 및 공시기간이 5년인 점을 감안하면 공고기간을 5년으로 하는 것이 바람직하다. 공고기간을 2년으로 제한할 경우 2년 후 5년 이내에 주주가 대차대조표를 열람하려면 회사에 열람을 신청해야 하기 때문이다. 5년간 열람을 하게 하면 그만큼 회사의 부담은 줄어들게 될 것이다.

한편 결산공고에 관한 내용은 다른 공고사항과 구분하여 규정하는 것이 바람직하다고 본다. 공개회사의 결산공고의 경우에는 금융감독위원회의 전자공시시스템인 DART를 통해서 공시되기 때문에 이를 회사공고제도에 의해 이중적으로 공고할 필요는 없다고 본다. 한 종목 이상의 주식을 보유한 주주 입장에서는 DART에 모든 상장법인의 결산내용이 공시되기 때문에 개별 기업별로 공고웹사이트를 탐방해야하는 것보다 오히려 더 효율적이기 때문이다. 이를 위해 현행 증권거래법 제186조의2 제1항에 따라 사업보고서를 제출한 법인에 대해서는 결산공고를 면제한다는 규정을 회사법에 규정할 필요가 있다. 또한 비공개회사의 경우에도 결산의 전자공고에 대해서는 다른 공고사항과 구분하여 입증책임을 완화해 주는 것이 바람직하다.

시행령에 규정되게 될 전자공고의 방법과 입증문제는 신중을 기할 필요가 있다. 일본의 조사기관제도는 상당한 부담을 수반하는 제도로 보인다. 오히려 독일처럼 법원에 전자공고사이트를 개설하

376) 정완용, 전게논문2, 제28면.

고 여기에 의무적으로 공고하고 이에 추가하여 각 회사의 홈페이지에 공고하도록 하면 입증의 문제가 해결될 것으로 보인다.

한편 법무부 상법개정안에 다루고 있지 않는 사항으로서 전자공고제도의 도입과 더불어 채권자보호절차의 간소화가 필요하다. 즉, 법원의 전자관보에 추가하여 전자매체에 공고를 한 경우 알고 있는 채권자에 대한 개별최고를 생략할 수 있도록 하는 것이 바람직하다. 또한 특별한 법적 효력이 없으면서도 공고해야 하는 사항 예컨대, 주주대표소송을 제외한 소송의 제기에 대한 공고 등을 공고대상에서 삭제해야 한다. 전자공고제도의 도입과 더불어 회사 공고제도가 간소화가 필요하다.

또한 천재지변 등으로 인하여 전자공고를 할 수 없게 된 경우, 다른 공고수단을 채택하기 위해 정관변경을 하려면 임시주주총회를 소집하여야 하나, 소집할 수단이 없게 된다. 이러한 사태를 예방하기 위하여 미리 정관에 대체 공고수단을 정하도록 하는 예비적 공고제도에 관한 조항을 두어야 한다.

CHAPTER V

결 론

전자주주총회 제도는 당초 예상과는 달리 전 세계적으로 볼 때 별로 확산되지 않고 있다. 미국의 경우에도 2000년 델라웨어주 일반회사법에서 전자주주총회 제도를 도입한 이래 이를 채택하고 있는 주 회사법은 아직 없는 실정이다. 이처럼 현장주주총회를 전혀 개최하지 않고 가상공간에서만 개최하는 전자주주총회가 활성화되지 못하는 데에는 주주의 권리를 제대로 보호하지 못한다는 인식에 따라 주주들이 이를 부정적으로 보는 경향이 있기 때문이다. 그 이외에도 전자주주총회가 완전하게 작동하기 위한 정보통신기술이나 기반시설이 아직 충분하지 않다는 점도 거론된다. 또한 경영진의 입장에서는 각 의안에 대한 결의결과를 미리 예측할 수 없을 뿐만 아니라, 전자주주총회에 대한 법적 불확실성이 명확하게 제거되지 않는 점 등도 전자주주총회 제도의 도입을 망설이는 요인 중의 하나이다.

그러나 전자주주총회의 전 단계까지는 정보통신기술이 활발하게 활용되고 있다. 소집통지의 전자화를 비롯하여 일부 문서를 웹사이트에 공시하는 웹공시 제도가 발달하고 있다. 또한 의결권 행사를 전자적 방법으로 하는 전자투표제도나, 전자적 방법에 의한 위임장 권유제도가 활성화되고 있다. 그 이외에도 주주명부가 전자적 방법에 의하여 작성되고, 공고방법으로서도 전자적 방법에 의한 공고가 채택되고 있다. 또한 현장에서 주주총회를 개최하면서 이를 동시에 가상공간에서 중계하는 온라인주주총회도 도입되고 있다. 다만 현장에서 주주총회를 전혀 개최하지 않고 가상공간에서만 주주총회를 개최하는 버츄얼주주총회만은 아직 거의 채택되지 않고 있는 실정이다. 향후 정보통신기술이 발전하고 법적 불확실성이 제거됨에 따라 전자주주총회는 점진적으로 확산될 것으로 예상된다.

2008년 5월 입법예고된 법무부의 상법개정안은 주주총회 전자화에 관한 내용을 포함하고 있다. 즉, 전자투표, 전자공고, 전자주주명부 제도 등을 도입할 예정이므로 향후 우리 나라에서도 주주총회의 전자화가 빠른 속도로 진전될 전망이다.

본고는 제1장에서는 우선 전자주주총회의 개념을 네 가지로 유형화하여 정의하였다. 제2장에서는 전자주주총회 도입에 따른 법적 과제로서 주주총회의 회의체성을 확보하는 문제를 서면투표제도, 이사회, 버츄얼주주총회로 구분하여 논의하였다. 또한 전자주주총회가 기업지배구조에 미치는 영향을 검토하고, 전자주주총회에 따른 법적 문제점으로서 적법성, 출석과 퇴장, 의사운영, 주주총회 결의의 하자 등에 대하여 분석하였다. 한편 제3장에서는 주요국의 전자주주총회 도입현황을 검토하기 위하여 미국, 영국, 독일, 일본 등의 전자주주총회제도를 중심으로 비교법적 고찰을 하였다.

제4장에서는 전자주주총회를 우리 나라에 도입하기 위한 방안을 전자통지, 전자투표, 전자주주총회, 전자주주명부, 전자공고 등으로 구분하여 기술하였다. 또한 2008년 5월에 입법예고된 법무부 상법개정안의 문제점을 해당 부분에서 검토하였다. 우선 소집통지의 전

자화에 대해서는 현황과 문제점을 분석한 후 통지수단을 전자문서에서 '전자적 방법'으로 유연화하는 문제와 주주의 사전동의를 요건으로 하는 등 개선방안을 제시하였다. 또한 2005년 일본회사법에서 도입된 웹공시 및 웹수정에 대해서도 기술하였다. 의결권행사의 전자화는 현황과 문제점을 분석한 후, 도입에 따른 문제로서 주주확인, 수정동의, 의결권의 중복행사, 의결권행사기간, 공정성 확보 문제 등을 중심으로 검토하였다. 전자주주명부제도는 기준일제도, 주주명부폐쇄제도, 주주명부의 열람 및 등사 제도 등을 분석하였다. 그 이외에도 버츄얼주주총회제도 도입에 따른 문제점을 논의하고, 전자공고에 대해서도 미국, 영국, 독일, 일본 제도를 중심으로 비교법적인 고찰을 한 후 우리 나라에 이 제도를 도입하기 위한 방안을 검토하였다.

참고문헌 References

Ⅰ. 國內文獻

고재종, "가상공간상 주주총회의 운영에 관한 검토", 「상사법연구」 제21권 제1호 (2002).

곽관훈, "전자문서에 의한 주주총회 소집통지", 「기업법연구」 제11집 (2002).

권기범, 현대회사법론, 삼지원, 2001.

권재열, "주주총회의 전자화", 「비교사법」 제10권 제2호 (2003).

_____, "상법상 서면투표제도의 문제점과 그 해결방안", 「상사법연구」 제19권 제1호 (2000).

권종호, "주주총회의 IT화, 그 필요성과 방향성에 관하여", 「비교사법」 제11권 제4호(하) (2004).

_____, "버츄얼주주총회의 실현을 위한 법리적 과제", 「기업법연구」 제19권 제3호 (2005).

김대수, "주주총회에서의 전자투표제도 도입에 관한 연구", 「증권예탁」 제54호 (2005).

김동근, "인터넷기술을 이용한 주주총회제도의 법적 과제", 「기업법연구」 제20권 제1호 (2006).

김병연, "상법상 서면투표제도와 그 문제점", 「연세법학연구」 제7집 제

1권 (2000).

김선광, “가상공간에서의 주주총회에 관한 제언”, 「한독법학」 제15호 (2004).

김성탁, “전자주주총회의 법제화에 관한 연구 – 전자화시대에 있어서 기업지배구조문제에 대한 새로운 접근방법의 모색 –”, 「비교사법」 제11권 제3호 (2004).

김순석, “주주 의결권 행사의 전자화”, 「성균관법학」 제15권 제2호 (2003).

_____, 「주주관리비용 효율화에 관한 연구」, 한국상장회사협의회, 2005.

_____, 「주주총회 전자화에 관한 연구」, 한국상장회사협의회, 2006.

김재범, “서면투표제도를 이용한 주주총회의 운영”, 「경영법률」 제12집 (2001).

김진환, “전자거래에 있어서 문서성과 서명성에 관한 고찰”, 「법조」 통권 제515호 (1999).

박상근, “인터넷시대의 회사법을 위한 일시론 – 한국과 독일의 관련법 개정을 중심으로 –”, 「서울대학교 법학」 제43권 제1호 (2002).

박영길, “주주의 주주명부열람청구권의 정당한 목적 – 델라웨어 법원의 Compaq Computer Corp. v. Horton 사건을 중심으로 –”, 「기업법연구」 제8집 (2001).

박철영, “회사법 IT화에 관련 개정사항에 관한 고찰” 토론문, 「상사법연구」 제25권 제2호 (2006).

안동섭, “주주총회의 활성화를 위한 연구”, 「비교사법」 창간호 (1995).

안성포, “독일의 회사법 개혁과 최근 동향 – 2005년도 UMAG에 의한 독일주식법의 개정을 중심으로 –”, 기업법연구 제19권 제3호 (2005)

양만식, "상법상의 IT화 – 일본상법에 있어서의 주주총회의 전산화를 중심으로 –", 「인터넷법연구」 제1호 (2002).

우홍구,"서면투표에 의한 의결권행사", 「司法行政」, 1990년 5월호.

이철송, 「회사법강의 〔제15판〕」, 박영사, 2008.

______, "현대회사의 소유구조의 변화와 회사법논리의 재정립", 「법경제연구(Ⅱ)」 (한국개발연구원, 1995).

정경영, "전자투표제도 도입을 위한 법제 정비방안에 관한 연구", 「상사법연구」 제23권 제3호 (2004).

정경영, "전자주주총회의 법리에 관한 시론", 「비교사법」 제12권 제4호 (2005).

정대익, "전자공시제도에 대한 법적고찰", 「상사법연구」 제22권 제3호 (2003).

정완용, "바람직한 전자투표 인프라 구축방안", 「상사법연구」 제23권 제3호 (2004).

______, "회사법의 IT화 관련 개정사항에 관한 고찰", 「신용사회와 상법의 발전방안 – 상법개정안을 중심으로 –」 (한국상사법학회 2006년 하계학술대회 발표자료집).

정찬형, 「상법강의(상)〔제11판〕」, 박영사, 2008.

______, "주주총회 활성화를 위한 제도개선 방안", 「상사법연구」 제23권 제3호 (2003).

정쾌영, "주주총회의 전자화에 관한 입법론적 고찰", 「상사법연구」 제21권 제3호 (2002).

증권예탁원, 「실질주주 권리행사 실무」, 2003.

최기원, 「신회사법론〔제12대정판〕」, 박영사, 2005.

최완진, “전자주주총회에 관한 법적 고찰 – 주주의 의결권 행사의 전자화를 중심으로 –”, 「경영법률」 제16집 제2호 (2006).

최현주, “주식회사 기관운영의 전자적 방법 도입에 관한 법적 연구 – 주주총회의 운영을 중심으로 –”, 한국외국어대학교 대학원 법학박사학위논문, 2006.

한국상장회사협의회, “주권상장법인 정관 기재유형 분석”, 「상장협」 제367호(2005.7.).

________________, 「상장회사 주주총회백서」, 2005.

홍복기, “전자주주총회 제도의 도입”, 「상사법연구」 제22권 제3호 (2003).

_____, “주식회사의 지배구조에 관한 2006년 회사법 개정시안”, 「상사법연구」 제25권 제2호 (2006).

홍순철, “주주총회의 전자적 운용에 관한 법적 연구”, 연세대학교대학워 법학박사학위논문, 2005.

Ⅱ. 日本文獻

江原健志・太田洋, “平成13年商法改正に伴う政令・法務省令の制定(中)”, 「商事法務」 第1628号 (2002).

江頭憲治朗, 株式會社・有限會社法〔第4版〕, 有斐閣, 2005.

__________, 株式會社法〔第2版〕, 有斐閣, 2008.

郡谷大輔, “平成13年改正商法(11月改正)の解說(・完) — 杜式制度の改善・會社關係書類の電子化等”, 商事法務 No.1664 (2003).

大杉謙一, “株主總會の電子化とその審議の實質”, 「電子株主總會の研究(岩

村充・神田秀樹 編)」, 弘文堂, 2003.

落合誠一, "株主總會", 「ジュリスト」 No.1295 (2005).

弥永眞生, "電子的手段による株主總會召集通知等と議決權行使", 「商事法務」 No.1577(2000).

________, "株主總會のIT化", 「ジュリスト」 No.1271 (2004).

弥永眞生 外 編, 「ゼミナ—ル會社法現代化」, 商事法務, 2004.

法制審議會會社法部會第8會會議 (2001年 8月 8日) 議事錄 (http://www.moj.go.jp).

法務省民事局參事官室, 「會社法制の現代化に關する要綱施案補足說明」, 2003. 10.

服部榮三, "昭和56年商法改正の意義とその問題點", 「自由と正義」 第32卷 第9号 (1982).

北村雅史, "イギリスにおける株主總會に關する規整", 「比較會社法研究(森本 滋 編)」, 商事法務, 2003.

山田尙武, "會社運營の電子化 − 株主總會の電子化を中心に −", 「ズリスト」 No.1206 (2001).

________, "株主總會の電子化に向けた課題", 「商事法務」 No.1559 (2000).

森本滋, "主要國における株主總會の現狀と關聯改正の動向—序論", 「商事法務」 No.1584 (2001).

______, "書面投票の制度的意義と機能", 「商事法の解釋と展望」(上柳克郎先生還曆記念), 有斐閣, 1984.

森本滋 編, 「比較會社法研究 − 21世紀の會社法制を模索して −」, 商事法務, 2003.

上柳克郎・鴻常夫・竹内昭夫 編,「新版註釋會社法(4)」, 有斐閣, 1997.

商事法務研究會 編,「株主總會白書(2004年版)」,「商事法務」第1715号 (2004).

________________, "株主總會白書(2005年版)「商事法務」第1749号 (2005).

________________, "株主總會白書(2006年版),「商事法務」第1784号 (2006).

________________, "株主總會白書(2007年版),「商事法務」第1817号 (2007).

商事法務　編輯部, "「電子公告制度の導入のための商法等の一部を改正する法律案」の國會提出", 商事法務 第1689号 (2004).

________________, "スタートする電子公告制度", 商事法務　第1720号 (2005).

相澤 哲, 郡谷大輔, "會社法施行規則の總論等",「立法擔當者による新會社法關係法務省令の解說」, 別冊商事法務 No.300 (2006).

相澤 哲・細川 充, "株主總會等",「立法擔當者による新・會社法の解說(相澤 哲 編)」, 別冊商事法務 No.295 (2006).

相澤 哲・松本 眞・郡谷大輔・豊田祐子, "電子的方法・電子的記錄, 設立, 清算, 持分會社, 電子公告",「立法擔當者による新會社法關係法務省令の解說」, 別冊商事法務 No.300 (2006).

相澤 哲・葉玉匡美・郡谷大輔,「論点解說 新・會社法」, 商事法務, 2006.

西尾信一, "書面投票の實務的背景",「商事法の解釋と展望」(上柳克郎先生還曆記念), 有斐閣, 1984.

鮎瀬典夫, "株主總會制度をめぐるこれまでの議論と電子株主總會",「電子株主總會の研究(岩村充・神田秀樹 編)」, 弘文堂, 2003.

小塚荘一朗, "株式會社運營の電子化・IT化",「法學敎室」No.264 (2002).

小柿德武, "ドイツにおける株主總會に關する規整",「比較會社法研究(森本

滋 編)」, 商事法務, 2003.

松井秀征, "株主總會制度の基礎理論", 「私法」 第64号 (2002).

神作裕之, "株主總會のIT化", 「民商法雜誌」 第126卷 第6号 (2002).

神田秀樹, 「會社法〔第10版〕」, 弘文堂, 2008.

神田秀樹・神作裕之・中西敏和・千葉良雅, "〔座談會〕IT革命の展開とおが國會社法の課題", 商事法務 No.1583 (2001.1.5.).

始關正光, "電子公告制度・株券等不發行制度の導入〔Ⅳ〕", 「商事法務」 第1709号 (2004).

柴田和史・神田秀樹, "電子株主總會への展望", 「電子株主總會の研究(岩村充・神田秀樹(編)」, 弘文堂, 2003.

岩村充・坂田繪里子, "わが國における株主總會電子化の可能性と課題", 「電子株主總會の研究(岩村充・神田秀樹 編)」, 弘文堂, 2003.

野村修也・三浦亮太・石井裕介, "會社法下の株主總會における實務上の諸問題", 「商事法務」 第1807号 (2007).

鈴木竹雄・竹內昭夫, 「會社法 [第3版]」, 有斐閣, 1994.

元木 伸, "議決權の代理行使と書面投票等", 「商事法務」 第937号 (1982).

原田晃治 編, 「Q&A 株式制度の改善・會社運營の電子化—平成13年改正商法」, 商事法務, 2002.

林 勇, "株主總會運營の電子化・彈力化と株主總會制度のゆくえ", 「21世紀の企業法制(酒卷俊雄先生古稀記念), (株)商事法務, 2003.

長島・大野・常松法律事務所 編, 「新會社法〔第2版〕」, 商事法務, 2006.

前田 庸, 「會社法入門〔第11版〕」, 有斐閣, 2006.

前田重行, "株主總會の意思決定機構に對する株主のアクセスとその手段—

書面投票制度について", 「竹內昭夫先生還曆記念・現代企業法の展開」, 有斐閣, 1990.

中西敏和, "株主總會のIT化と實務の對應", 「商事法務」 第1625号 (2002).

_______, "會社法全面適用下における株主總會の留意点", 「商事法務」 第1791号 (2007).

池田順一, "アメリカにおける株主總會の電子化について", 「電子株主總會の硏究(岩村 充・神田秀樹 編)」, 弘文堂, 2003.

黑沼悅朗, "アメリカにおける株主總會に關する規整 —デラウェア州法を中心として—", 「比較會社法硏究(森本 滋 編)」, 商事法務, 2003.

_______, "企業內容の公示・開示", 「檢證會社法－浜田道代先生還曆記念－」, 信山社, 2007.

Ⅲ. 歐美文獻

Baums, Theodor (Hrsg.), Bericht der Regierungskommission Corporate Governance — Unternehmensfuhrung, Unternehmenskontrolle, Modernisierung des Aktienrecht, 2001.

Begründung des Regierungsentwurfs zum NaStraG, ZIP 2000.

Daniel Adam Birnhak, "Online Shareholder Meetings: Corporate Law Anomalies or the Future of Governance?", 29 Rutgers Computer & Tech. L.J. 423 (2003).

Elizabeth Boros, "Virtual Shareholder Meetings", 2004 Duke L. & Tech. Rev. 8 (2004).

Adam G. Brimer, "Getting Wired at the SEC: Reforming the Proxy Process To Account for New Technologies", 58 Ala. L. Rev. 179 (2006).

Department for Business Enterprise and Regulatory Reform(BERR), Companies Act 2006 Table of Commencement Dates, <http://www.berr.gov.uk/ files/file42847.doc>.

Brian Cain, "Companies Act 2006: Articles of Association", in Tolley's Company Law and Insolvency, Bulletin 5, November 2007.

Douglas R. Cole, "E-Proxies for Sale? Corporate Vote-Buying in the Internet Age", 76 Wash. L. Rev. 793 (2001).

DTI, Company Law Reform, 2005, <http://www.berr.gov.uk/files/file13958.doc>.

Michael D. Goldman & Eileen M. Filliben, "Corporate Governance: Current Trends and Likely Developments for the Twenty-First Century", 25 Del. J. Corp. 683 (2000).

Habersack, Mathias, Aktienrecht und Internet, ZHR 165 (2001)

Happ, Wilhelm, Namensaktiengesetz-NaStraG oder : Der Einzug der Informationstechnologie in das Aktienrecht, WM 36/2000.

Hasselbach/Schumacher, Hauptversammlung im Internet, ZGR 2/2000.

Internet Availability Of Proxy Materials, Release. Nos. 34-55146, IC-27671 (Jan. 22, 2007).

Michael L. Herman, "E-Proxy: Understanding the New Delivery Options For the 2008 Proxy Season", 1640 PLI/Corp 91 (2008).

James L. Holzman & Thomas A. Mullen, "A New Technology Frontier for Delaware Corporations", <http://www.prickett.com>.

George P. Kobler, "Shareholder Voting over Internet: A Proposal for Increasing Shareholder Participation in Corporate Governance", 49 Alabama

L. Rev. 673 (1998).

David B.H. Martin, David H. Engvall, Keir D. Gumbs & Andria M. Boateng, "Electronic Proxy Delivery: SEC Adopts "Notice and Access" Rules", SM 101 ALI-ABA 153 (2007).

Model Business Corporation Act Annotated 3rd ed., vol. 2, Prentice Hall Law & Business, 1993.

Modernising Company Law, Presented to Parliament by the Secretary of State for Trade and Industry by Command of Her Majesty (July 2002).

Geoffrey Morse, et al., Palmer's Company Law: Annotated Guide the Company Act of 2006, Sweet & Maxwell, 2007.

Rita Piko & Tino Preissler, "Die Online-Hauptversammlung bei Publikumsaktien- gesellschaften mit Namensaktien", AG 2002.

Quack, K., "Das 'Gesetz zur Namensaktie und zur Erleichterung der Stimmrechtsausübung' — ein erster Schritt zur 'virtuellen Hauptversammlung'?", in: Gesellschaftsrecht, Rechnungslegung, Steuerrecht: Festschrift für Welf Müller, C.H.Beck, 2001.

Broc Romanek & David Lee, "E-Communication To Shareholders Outside the Offering Process", 37 U. Tol. L. Rev. 387 (2006).

Shareholder Choice Regarding Proxy Materials, Release. Nos. 34-56135, IC-27911 (July 26, 2007).

Spindler, Gerald, Internet und Corporate Governance - ein neue virtueller (T) Raum? ZGR 3/2000.

Timm, Wolfram, Das Gesellschaftsrecht im Cyberspace, in : FS für Lutter,

S. 170 (2000).

Use of Electronic Media for Delivery Purposes, SEC Release Nos. 32-7233; 34-36345, 1995 WL 588462 (Oct. 6, 1995).

Use of Electronic Media by Broker-Dealers, Transfer Agents, and Investment Advisors for Delivery of Information, Exchange Act Release No. 33-7288, 1996 WL 242059 (May 9, 1996).

Use of Electronic Media Exchange Release Nos. 33-7856; 34-42728, 2000 WL 502290 (April 28, 2000).

Rodman Ward, Jr., Edward P. Welch & Andrew J. Turezyn, Folk on the Delaware General Corporation Law, 4th ed., vol. 1, Aspen Publishers, 2005.

Amalgamated Clothing & Textile Workers Union v. SEC, 15 F.3d 254 (2d Cir. 1994).

Medical Committee for Human Rights v. SEC, 432 F.2d 659 (D.C. Cir. 1970).

New York City Employees' Retirement System v. SEC, 45 F.3d 7 (2d Cir. 1995).

찾아보기 Index

ㄱ

ㄴ

ㄷ

ㄹ

ㅁ

ㅂ

ㅊ

ㅋ

ㅌ

ㅍ

ㅎ

저자 소개

김순석

성균관대학교 법과대학 및 동 대학원 졸업
미국 Southern Methodist Law School LL.M.
미국 University of Pennsylvania Law School LL.M.
성균관대학교대학원 법학박사
사법시험위원, 입법고등고시위원
일본 와세다대학교 방문교수
미국 뉴욕주 변호사
현 전남대학교 법과대학 교수

電子株主總會

인쇄 | 2008년 9월 5일
발행 | 2008년 9월 10일

저 자 | 김순석
발행인 | 김윤수
발행처 | 전남대학교출판부

등록 | 1981. 5. 21. 제53호
주소 | 500-757 광주광역시 북구 용봉동 300
전화 | (062) 530-0571~3
팩스 | (062) 530-0579
홈페이지 | http://altair.chonnam.ac.kr/~cnup

값 10,000 원

ISBN 978-89-7598-681-9 (93360)

이 도서의 국립중앙도서관 출판시도서목록(CIP)은 e-CIP홈페이지(http://www.nl.go.kr/cip.php)에서 이용하실 수 있습니다. **(CIP제어번호: CIP2008002766)**